謹以此書獻給中國人權律師團領袖唐吉田，
他於2021年12月10日在北京失蹤。

死磕正義

白信 著

709案

和中國的人權政治

就得不斷碰撞抗爭

—王全璋—

目次

輯I 709案件始末：事件與理論

第一章 「709」律師們 010

第二章 為什麼是他們？——事件作為方法 018

輯II 從維權到人權：中國人權律師群體的形成

第三章 維權中的敏感案件 038

第四章 超越「敏感性」 064

第五章 中國人權律師團的崛起 077

輯III 死磕正義：為權利而鬥爭

第六章 零號律師：莫少平 090

第七章 權利和法感 097

第八章 兩種死磕 104

第九章 為誰死磕，何種正義？ 116

輯IV 政法委專政

第十章 政法委的雙重決斷 134

第十一章 政法委的法外主義 149

第十二章 合法的法外主義 167

輯V　新人權政治：討論和展望

第十三章　「709」案的人權政治啟示　　　　　　　　208

第十四章　黨國的人權策略　　　　　　　　　　　　218

第十五章　新冷戰：新人權政治與新興中產階級　　　231

結論　人權的邊界　　　　　　　　　　　　　　　　247

附表1　「709」案受迫害人員名單　　　　　　　　　257

附表2　「709」案前中國大陸被懲誡的人權律師　　　284

後記　　　　　　　　　　　　　　　　　　　　　　291

「709案」始末：
事件與理論

從2020到2021年，在武漢爆發的新冠瘟疫和在新疆發生的人權災難先後隨著全球化網絡擴散開去，交疊地、永久地改變了中國與世界的關係，以彷彿回到「第一次冷戰」之初的方式加速進入到「新冷戰」。回顧第一次冷戰的起點時刻——1917至1919年，先是威爾遜推動美國介入一戰，後來則在布爾什維克威脅下，提出「世界主義」的理想道路，最終源自中國的西班牙大流感結束了大戰，卻也同時觸發了改變中國現代進程的「五四運動」。今天的世界，面臨著「一戰」後同樣的威爾遜式難題，該如何走出新冠危機後「新中世紀主義」的黑暗和時隔百年再度發生的「西方的衰落」？

「夫風生於地，起於青蘋之末」。這些難題也是海德格意義上的「最後的事件」（Ereignis），即所謂歷史性本身，由此標誌了二十一世紀新冷戰的升級。如何認識它們，卻不應該在這些「最後的事件」中，而是應該從阿蘭·巴迪歐所持與海德格相反的立場，即

I

具現化的歷史性、經由一個事件所呈現的歷史性情勢，關注此前已經發生的無數次「微型法西斯主義運動」。[1]例如從2013年初開始的「南周事件」、「淨網運動」、到2015年發生的「709」案件等等，中國的公民社會、互聯網、獨立NGO、知識分子、自由派媒體和人權律師等群體和領域先後遭受了針對性鎮壓。尤其七年前的「709」案件，在這場全國性鎮壓中，超過三百名人權律師被逮捕、拘禁、傳喚和警告，雖然大多數被拘禁的人權律師已經先後獲釋，但是至今仍然有人身陷囹圄，例如吳淦和唐吉田。在持續瀰漫的恐怖氣氛中，中國統治架構的極權主義傾向愈益強化，一場接一場的人權災難不可避免地到來了。

---

[1]　參見阿蘭・巴迪歐，《存在與事件》（藍江譯），第220頁，南京大學出版社，2018年。（Alain Badiou, 1988: L'être et l'événement, p.198, Editions du Seuil）

第一章　「709」律師們

　　像極了納粹時期，蓋世太保總是選擇半夜時分闖入民宅實施抓捕，針對中國人權律師的第一波抓捕也是在半夜展開。2015年7月9日的凌晨，北京鋒銳律師事務所的律師王宇，躺在家中的床上，門外就響起了激烈的敲門聲，隨後家中電源被切斷，電鑽聲響起，門被破開，二十餘位警察蜂擁而入，王宇向外界發送緊急求救的消息停止了，她穿著家常睡衣就被戴上黑頭套，押送到不知名的地方，被宣佈強制「監視居住」。而且，就在北京警方對王宇發動入室拘捕行動前稍早，凌晨兩點，王宇丈夫包龍軍（也是一位法律工作者）在首都機場與兒子包濛濛一同被拘押，包龍軍也被投入「監視居住」。

　　這幾次抓捕行動的跡象最早出現在一個月前，2015年6月11日深夜新華社即刊發了一篇未署名的文章〈「女律師」王宇打人致聾被判刑　拒不執行判決仍四處「接活」〉，全文扭曲編造謊言、誹謗王宇、汙名化她的人權辯護，旋即被環球網、第一財經、中國日報、觀察網、中國新聞網等網站轉發，顯示這是一篇經由中共最高宣傳機關製造和傳播的負面宣傳報導，為即將開始的鎮壓行動做輿論動員。[1]後來的消息證實，中國公安部在2015年7月7日下達命令，由天津市公安局作為主辦機關負責該項專案，天津市公安局7月8日正式立案，7月9日開始行動。[2]

---

[1]　參考〈「女律師」王宇打人致聾被判刑　拒不執行判決仍四處「接活」〉，環球網：https://china.huanqiu.com/article/9CaKrnJLXjl。

[2]　參考〈中國維權律師關注組709大抓捕報告〉（2016年），第11頁，引據程海律師2016年4月22日從天津市公安局警員李斌的消息：https://www.chrlawyers.hk/sites/default/files/booklet-b-content-chinese-output.pdf。

「709」案中所有被逮捕人員在經過最初審訊後都被集中在天津市關押或審判。

在新華社這篇抹黑人權律師王宇、頗有行動信號意義的文宣所提到的黑龍江慶安案件，一般認為可能就是當局發動「709」行動的導火線，觸發了中國安全層面的決策機制。在「709」前兩個月的2015年5月2日，黑龍江省慶安縣一位「訪民」徐純合被警察射殺在慶安火車站。旋即，全國各地多位人權志願者前往慶安。2015年5月29日，重慶游飛翥律師因要求會見「慶安槍擊事件」聲援公民而被黑龍江綏化市公安局以「尋釁滋事」為由行政拘留15日，馬連順、唐天昊、葛永喜、徐忠四位人權律師接受游飛翥律師家屬的委託，赴慶安為游飛翥律師提供法律援助，卻又遭到慶安縣公安局的15天的行政拘留。在人權律師團的感召之下，數十位律師到達慶安聲援，並有660餘名中國律師在一份〈關於黑龍江慶安警方大規模嚴重侵害律師權益事件的嚴正聲明〉中聯署簽名，創造了二十一世紀以來中國律師最大規模的一次集體行動。

而慶安案件中顯露的「連環鎮壓」模式，即抓捕抗議人士後抓捕辯護律師、再抓捕辯護律師的辯護律師，延至王宇以及王宇所在的鋒銳律師事務所，並且繼續擴大和分化為若干條行動路線，最終升級到「顛覆國家政權」的集團犯罪上，形成「709」案的基本框架。

在7月9日後的兩天，一場全國範圍針對人權律師、並且圍繞著幾條行動路線的大規模抓捕密集展開。第一條行動線是針對鋒銳律師事務所。7月9日當天，鋒銳律師事務所被搜查，主任周世鋒律師和若干行政人員被抓捕。該所律師除了王宇，還有劉曉原同時被抓捕、釋放後被驅離北京。參與慶安聲援行動和稍後在江西省高等法院前為「樂平」冤案抗議的該所法律工作者（非律師）吳淦已經在五月被拘捕，王全璋律師則在藏匿一個月後在濟南被抓捕。

第二條行動線針對參與在北京「七味燒餐廳」（湖北土菜館）2015年2月1日聚餐的15位政治活躍人士，其中除了周世鋒，還有發起人勾洪

國以及其他在京政治活躍人士，如教會長老和民運人士胡石根、李和平
律師等。其中一名參與聚餐者翟岩民早在2015年6月15日與劉星等數名
維權人士在山東省濰坊市抗議示威時被抓捕，在「709」後則以「電視
認罪」方式作公開指證。對他們的偵訊重點圍繞「顏色革命」、人權律
師和勞工運動的結合等展開，而關鍵人物則被訴以煽動顛覆國家政權和
顛覆國家政權罪。中共當局藉此為「709」案做了終極的政治定性。

在鋒銳律師事務所之外，被查抄的機構還有李和平的律師事務所和
李金星的律師事務所。前者從2014年以來執行一個與歐盟合作的「反酷
刑」法治教育項目，後者設有一個「洗冤行動辦公室」，都被看作是律
師集體行動的平臺。這些事務所的助手和律師家屬也多被同時關押，如
李和平律師的弟弟李春富律師、助手趙威。

第三條行動線圍繞中國人權律師團的骨幹展開，在全國範圍內二十
餘省施行了大抓捕，包括隋穆青、謝陽、謝燕益等著名人權律師，對外
圍人員則以約談、傳喚、訓誡等方式予以威脅，並視情況採取強制措
施。如謝燕益律師即在約談時因表現強硬而被拘捕。作為廣東省唯一被
強制關押的律師，隋穆青也在監視居住期間被警方告知當局在抓捕他之
後一段時間內仍未決定是否逮捕。一時間，全國瀰漫恐怖氣氛，也顯示
這次大逮捕行動本身所具有的「預防性逮捕」性質。

第四條行動線，是在上述第一波行動結束之後採取的第二波鎮壓，
威脅那些為第一波被捕律師辯護的人權律師和援助者。例如，在中國活
躍多年為人權捍衛者、獨立NGO和人權律師提供援助的瑞典籍人權活
動家彼得・達林（Peter J. Dahlin），在「709」案後結束初步援助動員工
作離開中國之際，於2016年1月3日在北京首都機場被抓捕，關押22天後
被驅逐。為王宇律師辯護的文東海律師在2018年被吊銷律師資格。為謝
陽律師辯護並且向外界披露謝陽遭受刑訊虐待訊息的江天勇律師在2016
年11月21日被抓捕，經過了半年的「監視居住」後於2017年6月被正式
逮捕。先後為謝陽和李和平律師辯護的陳志剛律師，在威脅之下於2019

年流亡美國。堅持不懈為王全璋律師辯護的余文生律師於2018年1月被
捕入獄。

結果，從2015年7月9日到20日，十天之內，就有236人受到抓捕、
傳喚、和約談，其中律師、律師助理和律所工作人員為132人，分佈24
個省。[3]到2019年7月，「709」案全部涉案人士累計超過321人，涉及25
個省份。[4]

＊　＊　＊

在大抓捕的第一波行動進行中，對人權律師的第一波處罰便以羞辱
式、汙名化宣傳的方式開始了。而且，這些人權律師最終被定罪和量刑
的懲罰其結局幾乎從這個開始，也就是戲劇性的官媒表演中，一場未
審先判的宣傳審判，如同1936-1938年蘇聯大審判的小規模再現，顯示
「709」案背後的決策層似乎更為重視該案的宣傳效果，而且並非針對
具體個人，而是特別針對特定群體，充分展現了中國司法政治其侵犯人
權的內在邏輯。那是法庭上的被告們曾經努力抵抗的，也是本書分析的
關鍵對象。

7月11日《人民日報》刊文，「公安部揭開『維權』事件黑幕」，
首先證實了三點：「709」鎮壓是由公安部統一部署、指揮的全國性行
動，而且以北京、黑龍江、山東和福建等地的抓捕為重點；此前逮捕的
吳淦和翟岩民的口供和相關線索被作為「709」專案的立案依據，即所
謂維權律師與「訪民」「相互勾連」的證據；北京鋒銳律師事務所被看
作一個「自2012年7月以來先後組織策劃四十餘起敏感事件，嚴重擾亂
社會秩序的涉嫌重大犯罪集團」。

---

[3] 參考〈中國維權律師關注組709大抓捕報告〉（2016年），第12頁：https://www.chrlawyers.hk/sites/default/files/booklet-b-content-chinese-output.pdf。
[4] 參見本書附表1。

　　7月12日《人民日報》繼續發文，「律師的戰場應在法庭」，指出了當局對人權律師影響公共輿論的不滿。7月18日新華網發文，「北京鋒銳事務所案追蹤」，承認警方已對周世鋒、王宇、李和平、謝燕益、隋穆青、黃力群、謝遠東、謝陽、劉建軍等9名律師和劉四新、吳淦、翟岩民等採取了強制措施，稱「已有多名犯罪嫌疑人進行了深刻反思，認為自己的行為嚴重破壞了法律實施，更嚴重損害了社會公平正義」。

　　緊接著，公眾看到「709」案的若干涉案人權捍衛者先後出現在中央電視臺的新聞專題節目中，在電視鏡頭前表示「認罪」，一如多年前中共在鎮壓法輪功期間法輪功信仰者「電視認罪」的重現。7月19日，中央電視臺首先播出了周世鋒的認罪影片，在一個可能是筆記本電腦的、清晰度較低的攝影鏡頭面前，坐在固定審訊椅上的周表示，「我認罪……律所方面確實有違法之處，這是毋庸置疑的」。這一報導同時播出了王宇律師稍早在法庭辯論的影片和吳淦的抗議行動等作為佐證。[5]

　　特別是，翟岩民作為早於「709」被抓捕的所謂「訪民經紀人」，在這一波「電視認罪」的宣傳攻勢中扮演了一個重要角色。「709」鎮壓前被抓捕的翟岩民，在2015年6月15日被羈押一周後出現在中央電視臺新聞節目上，供述從2014年以來參與和策劃了9起「集體性司法抗議行動」，包括慶安事件，並指證吳淦和其他人權律師群體。官方媒體據此發佈名為「組織僱傭『訪民』鬧事干擾司法成利益鏈」，抹黑鋒銳律師事務所和人權律師群體，為即將到來的「709」鎮壓行動做輿論準備。[6]

　　作為「709」案中第一個被定罪的（顛覆國家政權罪），翟岩民在2016年8月2日法庭宣判前的最後陳述中，再次表示認罪，表示「自己在一系列違法犯罪事件中擔任的是『現場總指揮』的角色，又承認2015年

---

[5]　參考《蘋果日報》，〈播律師「認罪」片　官媒被斥損司法〉，2015年8月0日：https://hk.appledaily.com/local/20150720/HHKCJK5V52WHP6ZOAUQTHABBPU/。

[6]　參看新華網，〈媒體：組織僱傭「訪民」鬧事干擾司法成利益鏈〉，2015年6月22日：http://www.xinhuanet.com/politics/2015-06/22/c_127937100.htm。

2月1日與其他相關人士的所謂『聚餐』，實際目的是要推翻共產黨，進行『顏色革命』」，以污點證人身份換得三年有期徒刑、緩刑四年的從輕量刑。儘管這一案件屬涉及國家安全，實際審判中通常採取法定的非公開審理，翟岩民的妻子也被拒絕旁聽，但是法庭在開庭和宣判時邀請了多家媒體旁聽，中國官方媒體也專門報導了翟岩民的法庭認罪。[7]

　　相比之下，始終拒絕認罪（包括電視認罪）的吳淦，雖然不是律師，只是一個從草根維權者加入鋒銳律師事務所的工作人員，法庭（2017年8月14日第一次開庭）選擇了不公開審判。[8]吳淦在2017年12月26日被一審判決有期徒刑8年，為整個「709」涉案人員中被判的最長刑期。吳淦的辯護律師葛永喜相信，這一重判「與吳淦堅持不認罪有關」，黨國認為你必須要按照他的方式認罪，才能被輕判、取保或緩刑。像吳淦這樣態度堅定，一定會被重判。」法庭最後判詞也證實了量刑有其懲罰性考量，斷定吳淦「犯罪行為積極，情節惡劣，社會危害性大，主觀惡性深」，因此「從嚴懲處」。[9]

　　類似翟岩民的電視認罪貫穿了整個「709」案，甚至貫穿了翟岩民之外如王宇等若干關鍵人物的關押全程，讓全案充滿了戲劇性。王宇律師後來回憶說，從2015年7月9日後被監視居住的第一個月內，審訊人員就不斷勸說她接受電視採訪，雖然屢屢拒絕，但是當審訊人員在2015年10月抓獲偷渡邊境的王的獨子包卓軒、並以之要挾之後，王終於妥協，按照公安部的要求，在影片錄製中譴責了所謂海外勢力。第二次上電

7　參看新華社，〈「訪民經紀人」的幡然醒悟──翟岩民顛覆政權案庭審內外〉，2016年8月2日：http://www.xinhuanet.com/politics/2016-08/02/c_129199751.htm。
但是，翟岩民在2018年「709」鎮壓三周年之際在推特上發表兩條推文公開為此懺悔。2019年1月，即「四年緩刑」的社區監管結束之後，他在一個公開的線上節目影片中表示，他在2015年的電視認罪是在警方威脅綁架其兒子之後做出，而法庭認罪也是基於他被監視居住所遭受的虐待所致，以污點證人交換從輕量刑。參看博聞社，2019年1月8日：https://bowenpress.com/news/bowen_202561.html。
8　參考美國之音，〈維權人士吳淦煽顛案天津庭審戒備森嚴〉，2017年8月14日：https://www.voachinese.com/a/rights-activist-wu-gan-on-trial-in-tianjin-20170814/3984471.html。
9　參看BBC中文網，〈「709大抓捕　超級低俗屠夫」吳淦判囚8年〉，2017年12月26日：https://www.bbc.com/zhongwen/simp/chinese-news-42481806。

視，則從2016年的4月到8月，經過反覆拉鋸式的談判，甚至經過了其間持續近一個月不成功的排練和錄製，包括一次被強行拉到中央電視臺時明確拒絕錄影，以及以取保候審和承諾王與丈夫、兒子見面作交換，最終在7月22日辦理取保候審手續後錄製了一段認罪影片，並在「709」案第一次開庭（即翟岩民案開庭）前的2016年8月1日在香港播出。[10]在這段影片中，王宇按照官方準備的稿件批評了其他人權律師，說他們追名逐利，並指責海外活動人士以人權捍衛者為工具，抹黑中國政府。[11]

此外，還有張凱律師，於2016年2月25日在電視認罪中警告說人權律師不要接受海外資金；江天勇律師在2017年3月4日的電視認罪中承認所謂散佈有關此前代理的謝陽律師遭到刑訊虐待的不實消息，爾後在煽動顛覆國家政權罪名下被輕判（有期徒刑二年，剝奪政治權利三年）。

在戲劇性的羞辱宣傳過後，緊接著王宇和翟岩民的電視認罪和法庭輕判，「709」案的兩位「首犯」胡石根長老和周世鋒律師，分別在2016年8月3日和4日的庭審中認罪並以「顛覆國家政權罪」被判處有期徒刑七年半和七年，結束了當局對「709」案的第一階段審判。截至2021年5月，「709」案中總計16人被判刑，除了11人分別緩刑、刑滿釋放、1人被免於刑事處罰（謝陽）之外，仍有4人（周世鋒、胡石根、吳淦和余文生）在押服刑，1人（歐彪峰）未結案（刑事拘留）中。其餘的，還有取保候審26人、撤銷指控1人、限制出境46人、其他被短暫拘留、強制約談和傳喚的有265人（參看本書附表1），其中律師和法律工作者（含律所工作人員）125人，基本上都是中國人權律師團的成員。史稱「709」案。

至此，從2010年以來、以「北海案」、「小河案」和「常熟案」三大案件為代表的中國人權律師群體的興起和他們所推動的人權運動遭受

---

[10] 〈王宇：我為什麼在電視上認罪〉，端傳媒，2018年6月5日：https://theinitium.com/article/20180604-taiwan-wang-yu-confession/。

[11] 參看前線衛士（Frontline Defenders）網頁：https://www.frontlinedefenders.org/zh/case/case-history-wang-yu。

了重大挫折。在此後持續數年的恐怖氣氛中，中國的人權狀況急遽惡化，新疆的維吾爾族、香港原住民和中國的企業家們先後遭受集體鎮壓。雖然還有零星的人權律師繼續堅持為這些新增的人權案件受害者辯護，但是幾乎在所有個案中都越來越難發現人權律師的身影和人權律師特有的「死磕」辯護了。最新的，例如在2021年4月重慶企業家李懷慶面臨二審前夕，李的妻子在北京感歎，「現在已經很難再找到一位敢於（為受害人權益）死磕的律師了。」[12]

---

[12] 在2021年4月5日北京舉行的「李懷慶案件研討會」上，李懷慶妻子包燕在會議上的陳詞，筆者在側。李懷慶在一審時被判處21年有期徒刑。

第二章　為什麼是他們？
──事件作為方法

　　「709」案件的另一種迫害，在於涉案人權律師歷經強制約談、傳喚、拘留、「監視居住」和有期徒刑等等警告和懲罰之後，還可能面對終身停業，被當地司法局吊銷律師執業資格。但是，問題也隨即產生，相對上述刑事處罰，吊銷律師執照在中國作為一種行政處罰，為什麼以後置性、補充性懲罰出現？中國的司法當局不滿足於在《律師法》[1]的框架內懲戒這些活躍的人權律師，而是訴諸一場全國範圍的大逮捕和大審判，以刑事指控代替律師協會的內部懲戒？

　　而且，對這些律師的刑事指控也少有依據通常為律師們深惡痛絕的《刑法》第306條，即「在刑事訴訟中，辯護人、訴訟代理人毀滅、偽造證據，幫助當事人毀滅、偽造證據，威脅、引誘證人違背事實、改變證言或者作偽證的」，而多數以危害中國國家安全罪項下的各項具體罪名批捕。這是用來對付政治異議人士的刑事指控，顯示「709」專案從一開始就被賦予的某種政治性質。

　　事實上，地方司法當局對維權律師的「吊照」早從維權運動之初便開始了，律師們爭取恢復執照的抗爭也從2010年唐吉田、劉巍律師的「吊照門」開始進入公共視野，讓世人和律師群體開始注意到維權運動當中的人權訴求。幾乎從「吊照」的最初案例起，就不限於單純專業意義上的律師懲戒，而是司法當局針對少數「政治」律師的獨特待遇。對

---

[1]　編案：本書所有法律法規及機關單位，若未特別註明，皆是指中國的法律法規或機關單位。

「709」案的追溯似可藉此前一連串的「吊照」事件──即「709」案的前傳──開始。

理論上，首先可以對律師懲戒做一個簡單的國際比較。按照《中華人民共和國律師法》（1996年通過，2012年修訂），律師的執業資格，由各級政府的司法行政部門根據滿足條件審批核准，且政府司法行政部門有權註銷執業資格。註銷理由有兩條，除了「申請人以欺詐、賄賂等不正當手段取得律師執業證書的」，《律師法》第9條第二款所規定之「對不符合本法規定條件的申請人准予執業的」其定義相當籠統，賦予了司法行政當局相當大的裁量權，並結合對律師事務所的年檢制度等，此規定因而也成為司法當局控制律師執業群體的達摩克利斯之劍。這種情形，政府的司法廳（局）擁有對律師執業資格生殺予奪的權力，即近乎任意的裁量權，從制度上將律師這個獨立執業和群體變成了事實上的國家律師。

然而，對比美國，對律師行為不端（misconduct）的紀律懲戒，傳統屬法庭的權力，只不過既非民事也非刑事，而是一種特殊程序，體現為一個法律共同體的內部事務。特別是有關律師執業資格，對律師個人具有重大意義，其執業「特權」是不應該被輕易或反覆無常地剝奪，儘管這一執業特權並不受美國憲法第14條修正案的保護。[2]

直到1956美國律師協會（American Bar Association）為各州頒佈了一個複雜、詳細的紀律懲戒模版規則的草案，美國各州律師協會下屬的紀律委員會或倫理與懲戒委員會參考也有權自行決定對律師行為不端的懲戒，通常包括訓誡、暫停、歇業和取消執業資格等四種懲罰措施。以得克薩斯州律協為例，考察律師行為不端需要顧及以下11種情形：

（1）執業行為失當的性質和程度；

---

[2]　參照美國1872年案例，Bradwell v. Illinois, 83 U.S. (16 Wall.) 130 (1872)。

（2）執業行為失當有關的嚴重性和環境；

（3）為顧客帶來的損失和傷害；

（4）為執業帶來的傷害；

（5）確保那些將來尋求法律服務的人能夠隔離這種執業行為不當；

（6）律師的獲利；

（7）避免重犯；

（8）影響差異；

（9）維持職業聲譽；

（10）在紀律調查期間的回應：

（11）被調查者的違紀史。

相應的，處罰措施細分為私下訓誡、公開訓誡、定期停業、完全停業、部分停業、取消執業資格，以及輔助性制裁等。吊銷職業資格則是其中最嚴厲的懲罰手段，但被吊銷資格的律師在五年後仍有權利申請恢復，條件之一包括重新通過州的律師資格考試。在2011-2012年度，有八位被吊銷者申請恢復執業資格，一位被擱置，一位被拒絕，另有六位處於考察中。[3]

在日本，對律師的紀律懲戒方式和美國大體可比，也在法院和律師協會組成的法律共同體內部做出，較美國多了專門《律師法》的約束，律師則能就被取消執業資格問題上訴至最高法院。[4]

而在前蘇聯，律師群體和律師制度的演變幾乎就是1949年後中國

---

[3] 參見美國德州律協網頁：https://www.texasbar.com/Content/NavigationMenu/ForThePublic/ProblemswithanAttorney/GrievanceEthicsInfo1/Misconduct unishment.htm.

[4] Kaname Ohira & George N. Stevens, Admission to the Bar, Disbarment and Disqualification of Lawyers in Japan and the United States-A Comparative Study, 38 Wash. L. Rev. 22 (1963). Available at: https://digitalcommons.law.uw.edu/wlr/vol38/iss1/3.

律師史的先行史。在1979年《蘇聯律師法》頒佈前的60年裡，律師群體首先經過了十月革命後無產階級專政的肉體消滅，律師人數從1917年的13,000人下降到1921年的650人，此後雖然有《蘇聯憲法》以及1922年《蘇聯律師條例》等的規定，律師群體總體上規模很小，律師地位較低，「律師制度無法起到實質的作用和功能。」[5]至於取消律師執業資格的權力，在1979年前，由1970年恢復設置的司法部掌握，規定很籠統，包括「經法院判定有罪、犯有有損蘇維埃律師稱號的過失、以及違反辯護人協會的內部規則」等；在1979年後，根據新的律師法，「律師被開除出律師協會已經成為了律師協會主席團的專有權限」，不再是蘇聯司法部和各加盟共和國司法部的權力，適用於那些「在組織上違反律師協會內部勞動規章或不認真履行自己職責、不經過法律顧問處收受金錢報酬、以律師名義進行非法活動，以及在進行的犯罪活動時具有明確的犯罪要件的，均可以開除出律師協會」。[6]

　　對照之下，不難發現，中國目前律師所面臨的執業環境──司法行政機關對律師擁有近乎絕對的懲戒權──在制度上，非常類似蘇聯1970到1979年間的狀況，那十年也是蘇聯戰後最僵化、停滯的布里茲涅夫（Леони́д Ильи́ч Бре́жнев，1906-1982，又譯勃列日涅夫）時代。而事實上，若從對律師的「吊照」這一最嚴重的懲戒角度來看，「709案」的處理結果，即大規模的律師吊照，其來有自，維權運動在2008年北京奧運會之後即在2003年孫志剛案件的五年發展之後開始轉折，遭遇人權的惡化趨勢，而中國的人權律師也在這一轉折時刻集體誕生。

　　根據國際大赦組織2011年的一份報告，這一轉折時刻發生在2010年。2010年4月中國司法部發佈第122號司法部令，頒佈《律師和律師事務所違法行為處罰辦法》並於當年6月1日正式施行；2010年5月，劉巍和唐吉田兩位著名人權律師被永久吊銷執業執照，且上訴無門，經過多

5　王海軍，《蘇維埃司法下的俄羅斯司法》，第213、215頁，法律出版社，2016年。
6　同上，第223頁。

番努力但是始終無法找到自我辯護和要求司法行政當局覆核、糾正的機會。與劉、唐兩位幾乎同時被勒令停業的還有福建林洪楠和廣東劉士輝律師，他們分別作為此前涉及互聯網言論自由的「福建三網民案」和廣東民主人士楊茂東（郭飛雄）案的代理律師。以吊銷和停業這四位人權律師執業資格為前奏，以司法部當年11月下發的《關於進一步加強和改進律師工作的意見》的內部文件為指導，中國司法部在2010年底發起了一場整肅律師運動，「確保中共對中國所有律師的日常工作、職業組織和行為方式的控制」。[7]

其意圖，重新強調「始終堅持黨對律師工作的指導」，即使不考慮翌年茉莉花革命爆發後中國政府的激烈反應，也可從上述文件看出，這是因應此前維權運動的高漲，以律師為「抓手」（突破口）展開對維權運動的反制。而2011年初茉莉花革命爆發給中共造成的衝擊和震撼則以自我強化的方式繼續了這一進程，直至2015年的「709」抓捕行動，並以2016年8月王宇律師的獲釋和2016年9月中國司法部發佈134號令頒佈修訂的《律師執業管理辦法》為標誌，為這一鎮壓行動暫時畫上了一個句號。

貫穿全過程的，正是從2009到2015年的一連串吊照事件（參看本書附表2），這些貌似個案、偶然的插曲性事件，連續構成了維權運動中的另類抗爭運動，從中催生了中國人權律師群體和以人權律師為主體的新人權運動。理論上，這些事件都是聯結時空的情境和關聯的實踐，反映著系統狀態、並且補充著結構。[8]事實上，這一連串吊照事件，正是始於《律師執業管理辦法》2008年7月頒佈，也終於這一《辦法》在2016年9月的修訂，反映著中共的黨國體系在中國維權運動興起之後、

---

[7]　參見《違背法律：中國加劇鎮壓人權律師》，國際大赦組織網站：https://www.amnesty.org/download/Documents/28000/asa170182011zh.pdf .

[8]　Luhmann, Niklas, [1984] 1995: *Social Systems*. p.353, p.67, pp.289-290, Stanford: Stanford University Press (translated by Johen Bednarz, Jr., with Dirk Baecker, originally as *Soziale Systeme: Grundriß einer allgemeinen Theorie*, Frankfurt am Main: Suhrkamp Verlag).

在2011年茉莉花革命前後如何逐步展開反制。

　　而且重要的是，這些事件如何一步步地聯結起從胡溫政府的「維穩體制」到習近平「安全體制」的過渡和轉型，展現一個人權政治意義上的「法外國家」：即現實所對應的，也就是國際社會從這些人權律師吊照案件中所觀察到的人權惡化趨勢，這些律師所捲入的人權案件，已經突破了通常的維權意義，進入到「不服從」的範疇，招致也暴露著中國政權拒絕和不承認國際人權規則，從而造成一種約翰・羅爾斯意義上的緊急權利（urgent rights）狀態，那正是律師們以人權律師出場的時刻。[9] 在上述吊照中，這一緊急權利體現為兩種情況：一是這些人權律師辯護的所謂敏感案件，二是這些人權律師自身所陷入的人身危險。

　　換言之，通過事件─結構的方法，我們才可能認識到這些事件，從「709」案件到吊照，如何以阿蘭・巴迪歐意義上的情勢狀態打破常規、撕開系統的帷幕。這既是本書的方法論，也是我們藉此認識中國人權政治的性質和可能，觀察中國的「法外政權」下「709」案所代表的人權運動的意義──可能是對羅爾斯的萬民法意義上人權政治的的創造性實踐。

　　特別的，中國人權律師們以特有的死磕方式堅持著程序正義，程序正義本來就是人權的核心；而且，他們所捲入或辯護的案件，涉及信仰自由、言論自由、結社自由等等在中國政治和司法語境裡被看作所謂「敏感案件」，無論其個案還是總體，抑或在「709」時刻率入人權律師群體的安危和存續，無一不彰顯羅爾斯意義上的「至關緊要的權利」（urgent rights）。這些案例和抗爭，正在艱難地為一個法外政權界定權力的邊界。當然，從盧曼社會學的事件──結構的理論和中國轉型社會現實的雙重意義上，他們也因此或許同時定義著他們所代表的一個形成中的正派社會，背後的新興中產階級。這在堅持所謂人民民主專政的當

9　約翰・羅爾斯，《萬民法》（陳肖生譯），第35、120頁，吉林出版集團有限公司，2013年。

政者看來，無異於顛覆政權一般的洪水猛獸。

　　中國維權律師關注組2015年3月彙集整理了「709」之前人權律師被吊照的案例。[10]這些案例可以追溯至倪玉蘭、李蘇濱和高智晟等，他們在2003年維權運動興起之前已經積極介入公民權益的維護案件。尤其高智晟，代表著維權運動當中最富國際知名度的律師，其「維權」工作已經包含了後來被人權律師們重點介入的領域，即為法輪功信徒、基督教地下教會以及民主人士辯護，特別是2005-2006年間，集中代理、辯護了一批典型的人權案件。

　　不僅如此，高智晟還在2005年發表了多封公開信和退黨聲明，呼籲保護宗教自由，表現出強烈的人權意識和積極的政治意願。特別是在2007年9月12日的一份致美國國會的公開信中，他以呼籲國際社會關注中國人權狀況的方式專門表達了人權立場，涉及八個具體問題：

- 正在發生著的宗教信仰方面的血腥罪惡；
- 對人民自由權利的野蠻壓迫；
- 對維權運動的兇殘打壓暴行；
- 對人民私有財產的劫持惡行；
- 環境災難必將斷送四分之一人類的前程；
- 涉農問題；
- 司法的反動已至極致；
- 日常化了的普遍災難。[11]

　　這些呼籲，一方面表明了當時聲勢高漲的維權運動所遇到的瓶頸，

---

[10]　中國維權律師關注組是香港的一家NGO，成立於2007年1月20日，最初為聲援廣東民主人士楊茂東（郭飛雄），創會成員包括香港著名人權律師和立法會議員何俊仁、立法會議員劉慧卿、張耀良大律師、黃瑞紅大律師、何慧縈大律師、關尚義律師、莊耀洸律師和浸會大學新聞系助理教授杜耀明。

[11]　參見https://www.epochtimes.com/b5/7/9/23/n1843537.htm。

即當維權律師從一般性個體權利延伸到人權範疇的公民權利和集體權利時所遇到的制度性障礙，另一方面也代表了中國律師的人權意識如何從此類超越個案的、關係人民利益的現象中產生強烈的直覺正義，並且歸諸人權案件，而採取超乎尋常的行動。

高智晟的人權辯護，即將人權問題訴訟化，同時團結了一小批志願律師和人權捍衛者，如郭飛雄以高智晟律所法律顧問名義進行現場調查，階段性地以發表公開信方式將人權案件連續化、公開化和國際化，尋求更大範圍的輿論支持和政治支持。相比1990年代或者更早的人權運動，高智晟的做法結合了維權運動的訴訟化模式和社會運動的政治動員。[12] 就當時而言，不啻為中國人權運動開闢了一條新的路徑，具有相當的衝擊力，也為其後的人權運動提供了一個效仿的模版，對促進人權律師群體的壯大和形成有著不可估量的鼓舞作用。

或許因此，2003年伊始的維權運動中所出現的人權案件儘管數量不多、人權律師也寥寥可數，卻極大地觸動了保守的統治集團和政法當局。他們隨後對高智晟採取了一系列的「專案」迫害，從2006年2月開始，幾乎完整預演了「709」案的全過程。高智晟本人於2006年8月15日失蹤（即「815」專案），律師執照隨即被吊銷，當年12月21日被北京市第一中級法院以「煽動顛覆國家政權罪」一審判決三年有期徒刑，緩刑五年，剝奪政治權利一年。從此至今，高智晟經歷了漫長的秘密關押，在持續的國際壓力下僅有間斷性的短暫自由。他以各種方式公開的一些文章和聲明中，透露在秘密關押期間所遭受的專政力度和方式，包括駭人聽聞的酷刑。

而且，圍繞對高智晟律師事務所其他律師的處罰和吊照，2008年7月中國司法部頒佈了《律師執業管理辦法》，加強對律師事務所的控

---

[12] 個人或聯合發表公開信是1990年代到21世紀初維權運動的常用手法，例如2003年孫志剛案件引發公眾關注後，許志永，滕彪和俞江等三位法學博士向中國全國人大發出公開信要求廢止《收容審查條例》；2005年當年，北理工大學胡星斗發表聲援民營企業家孫大午的公開信。

制，特別增加了對律師個人的年審制度，由此也激發更多律師的抗議，包括2008年北京律師開始發起律師協會自治選舉運動，和對所謂敏感案件的突破。當然，在高智晟以後從2008到2016年間對律師控制的加強和訓誡措施，確實不僅專門針對人權律師。但是，此種規模的律師懲誡，發生在「709」案後的第二年，而此前除了本書附表2所列人權律師被吊照之外，罕見如此懲誡。

很明顯，在「709」案之後，中國司法行政當局利用新的行政條例將領導層對「709」案的處理方針迅速制度化了，擴大到對整個律師群體的控制和威懾。例如，2017年一年，中國司法部吊銷了17名律師的執業證書，另有30餘位律師被停業。在這17位被吊照律師中，接近半數不僅介入律師與辯護人關係，而且涉及律師的言論自由，所涉理由包括：「冒用他人名義並偽造相關訴訟證據材料、發表危害國家安全言論、多次盜竊、『沒有主動報案人』的詐騙、幫助家屬勸說犯罪嫌疑人作虛假陳述、辯護人妨害作證、利用影響力受賄、行賄、信用卡詐騙、幫助偽造證據和酒駕」等十一項。

或者說，從2015年「709」案到2016年修訂《律師執業管理辦法》，甚至可以反推，即假設當局極有可能是為加強對律師整體的控制而不惜大規模製造了「709」案。這種控制，一方面是懲誡威懾的「制度真實」所指向的，另一方面是本書「附表2」被吊照律師們所涉案件指向的「社會事實」，沿著時間進程似乎逐漸彙聚到一個關鍵的認知地帶，也是一個在制度和抗爭之間的衝突地帶，就是那些敏感案件，或者敏感案件背後的所謂政治敏感性。

理論上，這一區間，發生在對中國社會對權利的認知性期望（kognitiven Erwartungen）和規範性期望（normativen Erwartungen）之間，也就是上述事件所指涉的具體結構。所謂認知性期望指的是，「當期望一旦遭遇失敗就去適應現實時，這種期望就被體驗為認知性的」；而規範性期望與此相反，「當某人並沒有遵循期望行事時，我們並不會

因此放棄期望。」[13] 按照盧曼對法律和社會關係的解釋，規範就是反事實穩定的行為期望，通過認知期望和規範期望之間的分化，也就是轉為具體的存在和應然的關係、真理和法律、正義原則和自由民主的關係，社會結構就可能容忍各種偶然性和複雜性、失望和期望，不斷進化，也可能反映結構上難以整合兩種期望之間差異的危險，例如羅爾斯意義上的法外國家。

當然，在中國，認知性期望和規範性期望與盧曼原意所指的真理與法律的關係正好相反，而接近存在與應然的關係。在現實語境中，前述的政治敏感性就是一種認知性規範的體現，以所謂敏感性的界限退縮在常規（安全）區域內，稍微逾越則為司法當局和黨的權力機器所恐嚇，亦是黨的政法機關的認知性期望。而人權意識，在中國的司法政治中卻體現為一種規範性期望，但並非來自中國法律體系本身，而是來自中國政府在1998、1999年先後簽署的兩個聯合國人權公約，即《公民權利和政治權利公約》與《經濟社會勞動權利公約》，後者在2001年被中國全國人大會議批准生效。前者雖然處於懸置狀態，對中國的民主人士、律師和知識分子，對國際社會來說，卻已經構成了一種規範性期望。

這種期望的形成，發端於中國政府為了加入世貿組織而準備簽署兩個聯合國人權公約的階段，即20世紀90年代末的人權觀念引入，特別是1998年美國總統柯林頓訪華時所談論的人權概念、和隨後在中國公民社會內部的熱烈討論。在當時新興的公民社會內，知識分子和民主人士開始討論這個對他們來說相對於1989年天安門運動的主題──自由和民主──而言全新的話題，包括聯合國的1948年的人權宣言。這種情形頗類蘇聯在各種無奈之下簽署1975年赫爾辛基協議（Helsinki Accords）後，因為協議中的人權條款，境內的政治異議以人權話語為武器變得活躍起來，最終導致蘇聯的崩潰。[14]

[13] 尼克拉斯・盧曼，《法社會學》，第81頁，世紀出版集團，2013年。
[14] Daniel C., Thomas, *The Helsinki Effect*, cha.5, Princeton: Princeton University Press,

　　在這個意義上，此後中國人權運動的興起幾乎就是必然。只是，其開端仍然循著事件─結構的模式，以偶發性的事件撕開鐵幕，然後以維權運動的溫和框架包裹著人權政治的內核，而律師和法學界在其中起到至為關鍵的作用：2003年孫志剛死亡被南方的自由派媒體報導引發廣泛社會關注之後，三位在北京三所高校任教的法學博士許志永、俞江和滕彪在2003年5月14日起草和發出了致全國人大常委會的一封信，挑戰公安機關限制公民人身自由的權力，要求全國人大常委會審查《城市流浪乞討人員收容遣送辦法》的違憲問題，並建議廢除。

　　這是1998年「小陽春」引入人權觀念後，中國社會出現的第一次要求違憲審查的公開請願。一個月以後，實行四十年的收容審查制度被廢除，翌年全國人大常委會新設立了「法規備案審查室」，專司審查下位法與上位法尤其憲法的衝突。雖然這只是一小步，卻鼓舞了中國法學界和法律界關注憲法審查、憲法訴訟和人權司法化的熱情。在隨後的維權運動進行中，中國的法學家們終於提出了憲法作為人權保障的聖經，主張人權保障才是憲法的終極價值，也是最主要功能。[15]相比1989年天安門民主運動以反對憲法中的四項基本原則為動員主張，這一波維權運動則從一開始就以推動人權保障和憲法權利作為動員路徑，將憲法的名義條款轉化為規範性期望，如維權運動中積極的憲法學家蔡定劍在運動之初的2005年所建議的，「先從保護憲法上的公民基本權利開始，並且從解決憲法權利受私權侵犯開始做起」。[16]

　　值得注意的是，對大多數「709」案的涉案人權律師來說，人權意識正是在此討論進程中、在維權運動的發展和實踐中逐漸獲得的，從他們對所謂敏感案件的接觸中逐漸明晰，也從法律界之外獲得。這也符合戰後人權發展的基本道路，即法律通過「創造人權來補救法定權利的失

　　2001.
[15]　胡肖華，〈論憲法訴訟目的的多維性〉，《法律科學》，2007年第2期。
[16]　蔡定劍，〈中國憲法司法化路徑探索〉，《法學研究》，2005年第5期。

敗」。[17]這首先反映了中國統治者最初在持續的國內和國際壓力下修改憲法的初衷，即2004年第十三屆全國人民代表大會第一次會議所通過的第四次修憲的修正案，在憲法第三十三條加入了「國家尊重和保障人權」的規定。在1992年改革開放之後的第12年，2003年中國維權運動興起的第二年，也是胡溫新政府向全國人大述職的第一次大會，這一「九字條款」作為憲法和人權原則，理論上，正是作為德沃金意義上的「規則之外所有可以用來支持個人權利的標準」。[18]它打開了維權運動訴諸憲法權利和人權的政治機會窗口，也反映了律師們的抗爭經驗，如何逐漸地自覺地開始人權辯護。

例如隋穆青，坦承直到2012年廣州「四君子案」發生之後才開始介入人權領域，而契機卻是當年與當地人權活動家郭飛雄的相識後的「心意相通」。[19]郭飛雄作為中國著名政治異議人士、民主人士和人權活動家，頗能代表中國的公共知識分子對人權觀念的促進和傳播，一個新的規範性期望的形成。

然而，與此同時，在人權律師的艱苦鬥爭和上述司法當局對人權律師的大規模「吊照」和「709案」所代表的殘酷迫害中，我們看到憲法的人權修正案所開啟的人權政治機會並非自動地帶來人權政治的改善，而是兩種期望的分化，和這種分化之下人權狀況的惡化。體制內的保守力量彷彿也是基於事件—結構的邏輯展開，第一時間就意識到這種人權政治的政治機會對他們的威脅，然後率先以所謂敏感案件的修辭建構一個法外空間，在塑造著人們的認知性期望的同時製造著一個隔離空間，並且逐漸擴展、鞏固、甚至合法化了他們的法外主義的控制和迫害體系，從修改刑法加入針對律師的「偽證」條款到濫用「監視居住」，從

---

[17] 參見科斯塔斯·杜茲納，《人權與帝國》（李亨復譯），第46頁，江蘇人民出版社，2010年。（Costas Douzinas, 2007: *Human Rights and Empire: The Political Philosophy of Cosmopolitanism*, Routledge）

[18] 參見羅納德·德沃金，《認真對待權利》（信春鷹、吳玉章譯），中國大百科全書出版社，1998年。

[19] 對隋穆青律師的訪談，12月13日，2019年。

針對法輪功信徒的「610辦公室」和「轉化班」到大規模設立以「去極端化」為名針對新疆少數民族的「再教育營」等等。

這樣一種系統性的鎮壓和控制，特別是物理暴力的運用，以盧曼的理論來看，顯然意在確立一種期望並保持一致，因而創立了法律。只是在中國的司法政治情形下，這種法律卻是以法外主義的方式存在，且與這個暴力主體自身訂立的形式法律相衝突。盧曼將這種物理暴力的濫用稱為「政治失敗的標誌」。[20]

不過，「政治失敗」並不意味著這種失敗政治不會延續，而且事實上可能相反，它在壓制國內反對、經受更大國際壓力的同時卻也得到不斷鞏固。其中，固然有政治策略的因素，但是理論上，這種鎮壓所指向的和力量展現的兩重性無不具有強烈的葛蘭西意義上的「歷史集團」特性：一方面，在業已承認人權是普遍標準的前提下，如此集合象徵性暴力和物理暴力的力量展現和持續，即對人權特殊性的期望的建構和維持，而彰顯這一主體所具有的歷史繼承性和保守性；另一方面，其鎮壓手法的多面向，即針對支持人權的意識形態、公民社會、知識分子、階級聯盟和特定群體的方式，也在在凸顯當局如何從1990年代「新左派」理論中汲取資源，並且轉化為對一個新興挑戰力量的「解構」式鎮壓。

在1930年代的獄中，葛蘭西以《獄中箚記》和書信的方式對革命理論做出了驚人的貢獻，尤其是所謂霸權理論，也是他的方法論。葛蘭西說道，「一個社會集團的霸權地位表現在以下兩個方面：即『統治』和『智識與道德的領導權』。」[21]特別是，如「709案」前後所展現的歷史轉折，即中共政權在融入全球化而得以維持其威權統治之後，如何從江澤民—胡錦濤時期意識形態的虛無主義化而轉向習近平時代的物理暴力，竟然完全合乎葛蘭西意義上的轉變：「統治社會集團一旦完成了其職能，意識形態集團往往會崩潰瓦解，那麼『自然』就會為『強制』所

---

[20] 尼克拉斯‧盧曼，《法社會學》，第144、147頁，世紀出版集團，2013年。
[21] 安東尼奧‧葛蘭西，《獄中箚記》（曹雷雨等譯），第59頁，河南人民出版社，2014年。

取代，其形式更少掩飾，更加直接，最終徹底付諸於警察的手段和政變。」[22]

如果置於一個具體的歷史情境和政黨背景下，這樣一種社會集團堪稱歷史集團（Historical Bloc），指的是「物質力量、制度和意識形態之間的歷史結合體，或更廣泛意義上圍繞一整套霸權理念所組織起來的跨階級力量聯盟，能夠給予各成員之間的凝聚和戰略方向」。[23]意味著，本書對「709案」人權律師的研究，不僅需要從事件入手分析人權律師群體的社會結構，借著盧曼的法社會學理論分辨在中國人權的普遍性和特殊性、以及兩者之間存在怎樣制度性的衝突，但絕不限於此種人權理論與實踐的窠臼。更重要的，是透過對「709」人權律師群體和操縱「法外主義」的政治主體的雙重分析，來發現葛蘭西意義上新舊「歷史集團」之間的競爭，從一個雖然源自二十世紀三十年代的葛蘭西理論，但對人權政治而言卻可能是全新的理論視角展開人權動力的分析。

如此，不僅有助於我們正確地評價中國人權律師的歷史意義，而且才能夠跳出「709」的事件本身，在一個更長的時間維度裡探究中國人權政治的本體問題，實現方法論和本體論的統一，為中國的人權政治演變提供一個可信服的理論框架和有關未來的趨勢分析。所以，在盧曼的兩種法律期望和葛蘭西的新舊歷史集團的理論基礎上，基於「709案」的研究，本書提出兩個有關中國人權政治的理論假說。

假說一：在「709案」背後的力量，也是中國人權律師所抗爭的對象，並非一個具體的審判機關或者警察體制，或者具體的政黨或者國家，而是一個抽象的歷史集團及其在司法領域的代理機構──隱藏在公、檢、法、司背後的「政法委」，並且以「法外主義」的方式操縱司法。

---

[22] 同上，第62-63頁。
[23] See Stephen Gill, 2002: *Power and Resistance in the New World Order*, p. 58, Palgrave, Macmillan.

　　這是需要從「709案」中總結的關鍵因素，包括它的鎮壓手法和暴力策略，如何以法外主義的方式自我破壞中國的法律和程序、並且迫害捍衛程序正義的律師和行使自身權利的公民。以葛蘭西的理論視之，這種霸權型態，控制著公民社會和經濟，還以說服性觀念、主張和倡議以建立、結晶化和發展其政治網絡和組織，不僅是政黨，而是「結構和上層建築形成的『歷史集團』」。政法委或為其中的代理機構，而且在這種歷史集團的意義上扮演著中國政治的保守主義代表和力量。

　　另一方面，如果我們承認這種歷史集團所意味的政治失敗，假設中國人權政治反映了葛蘭西意義上意識形態的極權主義下的結構矛盾，便有必要尋求這種結構矛盾中所「再現出存在著革命化實踐的客觀條件」的可能，即「新歷史集團」的可能，那麼，我們可從政法委設置的」敏感案件」推出黨國對一個挑戰性力量的政治化態度：黨國眼中的人權律師群體已經不再是一個法治政府的裝飾，而是一個構成挑戰的新歷史集團的代表。應該承認，這種視角自然頗得葛蘭西真傳，顯示一個自稱馬克思主義的政黨在變成國家以後，在承認市場經濟且融入全球化以後，如何認知一個「新歷史集團」的挑戰並且展開解構性的鎮壓。[24]

　　事實上，在中國人權律師群體的背後是更為廣大的公民社會和維權運動的背景。在維權運動中，律師們被知識分子主導的公民社會動員，也在持續的維護權利的個案中感受到對權利被侵犯的感受，尤其是在那些當局所定義的政治敏感性案件。如同19世紀的耶林，他們在維權中經歷著個人和群體的轉型，逐漸具有了對人權的敏感，哪怕是耶林意義上最原初的「包含敏感性，即感受權利侵害行為痛苦的能力，又包含行動力，是個人或民族面對侵權行為所採取的態度」。[25]

　　這便是「卡塔希斯」（Katharsis），一個源自亞里士多德的悲劇概

---

[24] 用中國今天時髦的社交媒體話語來形容，甚至可以說他們置中國人權律師群體於「社會性死亡」。參看安東尼奧·葛蘭西，《獄中箚記》（曹雷雨等譯），第438頁，河南人民出版社，2014年。
[25] 魯道夫·馮·耶林，《為權利而鬥爭》（劉權譯），第28-29頁，法律出版社，2019年。

念，葛蘭西用來形容「從純粹經濟的（或利己主義的──感情的）要素到倫理道德要素的過渡」，代表著中國維權運動到人權運動最為本質性的變化：從維權律師和底層階級對侵權的賠償主張以及相對應的當局的「人民幣維穩」的收買政策，轉向一個「道德性」的人權運動和當局的強力鎮壓，特別是對一個新歷史集團的鎮壓。由此，本書提出假說二。

假說二：中國維權律師們是在公民社會和知識分子的動員之後，由維權運動內含的「道德敏感性」驅動，集體突破「敏感案件」的政治禁區，堅決捍衛法律的程序正義，推動了中國的人權運動。

他們在「709」前後無數個案中的抗爭所展現的，是新的「人權概念和道德意識」。這些意識雖然生成於2003年以來的維權運動、甚至更早，卻超越了為「弱勢群體」尋求正義的、有關底層階級和中產階級的階級聯盟的維權運動。維權律師們匯入了一個，如拉克勞和墨菲所說的「有機知識分子」（organic intellectuals）主導的結構化進程，轉型成為所謂人權律師。其中，「知識分子和道德領導權構成了較高的綜合、集體意志……變成統一的『歷史集團』的有機混凝土」，即一個被黨國憂心忡忡的新歷史集團，也就是人權運動的形成。[26]

在方法上，本書所奉事件即方法，展開之後有著三重意義：首先，如上述對人權律師的假說所展示的，人權律師個體的個人經驗和認識變化作為結構分析中最為關鍵的部分，對這些個人經驗的再現和分析居於本書結構分析的中心。其次，這些具體的人權律師的親身經歷和個案代表著一系列事件的展開和過程，最終匯合成「709」案的全貌。最後，對中國人權政治而言，他們的個人經驗遠遠超出運動研究中「代表性個人」的範疇，而是因為每一個案在個體與整個司法體制的對抗當中，從個體角度的不同程度、不同面向獲得關於這個體制背後某種力量集團的

---

[26] 恩斯特・拉克勞，查特兒・墨菲，《領導權與社會主義的策略──走向激進民主政治》，第72頁，黑龍江人民出版社，2003年。（Ernesto Laclao, and Chantel Mouffe, [1985]2001: *Hegemony and Socialist Strategy: Towards a Radical Democratic Politics*, p.66, London and New York: Verso）

獨特體驗和知識，可能通過比較和拼湊，如破解謎局一般，展現出特定
事件的機制和結構的具體面向。

　　在此意義上，這些個案的方法論意義是有關人權實踐的人類學。進
而，藉由這些個案的總體和結構性闡釋，通過事件和案例分析、比較和
歷史分析的方法進行法的社會理論分析，幫助我們認識中國人權運動和
司法政治的兩個方面，即中國人權政治的運動和鎮壓的雙重結構。

　　結構上，本書分為五大部分，結論之外共15個章節，第一部分概
述「709案」的事件、前傳和理論框架。在接下來的主體部分，本書採
取結構分析和人類學挖掘兩種方法平行並進，通過對人權運動和鎮壓
的兩個方面的研究，即中國人權律師的形成和抗爭、中共政法委的法
外主義和人權政治，得出中國人權政治的一些基本理論，然後可能對
「709」案於中國人權運動的貢獻以及對中國人權政治發展的影響做出
前瞻性分析。

從維權到人權：
中國人權律師
群體的形成

如果把2003年視為中國維權運動的起點，恐怕不會有多少人異議；如果將2012年秋天十八大之後習近平正式上臺、特別是2013年初「南周事件」看作維權運動的終點，可能多少還是有些人有些不同意見。畢竟維權已經深入人心，在歷經十年以後自然不是當局的鎮壓能夠瞬間禁絕的，即使支撐維權運動的公民社會、自由主義媒體、公共知識分子和互聯網從2013到2015年間逐一受到大規模的有針對性的整肅，維權運動仍然在頑強的繼續。

但是，正是在維權運動的黃昏之際，從2012年到2015年間的「709」，以人權律師群體的集體亮相，彷彿維權運動的迭代，中國人權運動迎來了自1970年代末以來的一波高潮。理論上，這

II

一延續至今的人權運動既是十年維權運動的結果和發展，也可被視作未來中國抗爭運動的基礎；更因其在維權運動基礎上開創了中國人權運動的全新形式，顯然包含著承前啟後的歷史意義，而極富未來的政治想像空間，政治意涵不可限量。

當然，圍繞這一波人權運動的興起和發展，雖然因其與維權運動相比有著更多的國際認同基礎和明顯的中國式創新，使得國際社會對之投以巨大的關注，但中國各界有著殊為不同的認識。譬如，「709」是否意味著這波人權運動的結束，其起點又當從何算起等等，都是需要在結構和理論上予以進一步釐清，方能更全面、更深入地認識「709案」的歷史意義。

第三章 維權中的敏感案件

　　在人權概念被律師們普遍接受之前，在普通的維權案件之外，中國的維權律師們在維權實踐中往往會遇到一個無形的界限，就是官方司法話語裡普遍存在的所謂「敏感案件」，如同司法黑箱，也如禁忌一般阻礙著律師們的正常代理和辯護。但是，當律師們起初懵懂、爾後闖入、乃至無畏、技巧地進入這一黑箱，輿論往往大譁，中國的維權律師也就在高光中完成了向人權律師轉變的重要一步。因為這些對敏感案件的辯護，維權律師們被外界視作專門的人權律師，知識分子們和國際社會也開始認識中國語境下的維權運動正在向人權運動轉型。

　　具體來說，2003年開始的維權運動到2015年的「709」案，在上述所有被懲誡的人權律師經歷中，在他們所辯護、導致被懲誡的形形色色的個案中，我們都看到了大體相似的幾類案件：法輪功和家庭教會、農村選舉和群體抗爭、言論自由和政治異見、勞動教養和廢除死刑等。例如，高智晟，2004年代理了石家莊的法輪功信徒黃偉的行政訴訟；在2005年，為民主人士楊子立代理有關言論自由和結社自由的辯護案、為蔡卓華牧師辯護當局所指控的非法印刷聖經案、為被控煽動顛覆政權的作家鄭貽春代理辯護、作為參與地方維權和「太石村選舉」案的廣東民主人士楊茂東（郭飛雄）的代理人，而且進行了「蘇家屯事件」（法輪功信徒所在的勞動教養院）的調查，涉及法輪功和宗教自由、異議人士和言論自由等最基本的人權問題。

　　類似的，涉及「709」案卻早在2010年4月被吊銷執業資格的唐吉田和劉巍律師，他們被北京市司法局取消執業資格的書面理由是所謂擾亂

法庭秩序，該案案由是被告人楊明「涉嫌利用邪教組織破壞國家法律實施案」，即法輪功信徒相關案件，這在中國司法領域屬所謂敏感案件。

　　相對的，法輪功對中國公眾來說，更意味著不可談論的政治禁忌。這或許就代表著所謂「敏感」的實質。不過，包括律師在內廣大中國公眾在談論「敏感」這個中國語境裡普遍使用詞彙的時候，指涉的，不僅與法輪功有關，也有關基督教地下教會和伊斯蘭教等等涉及宗教自由的案件，還包括言論自由，例如對黨和政府的批評、或民主抗議和結社，甚至工人運動和所謂恐怖主義案件，而可能無限延展，代表一個廣大的政治空間，或者更準確地說，一個超出正常司法程序而高度政治化的法外領域，即司法黑箱。

　　在中國的司法政治話語裡，這些可能產生重大社會影響的案件被合稱為所謂「重大、敏感和群體性案件」。目前能夠查到公開的政府資訊表明，從2003年維權運動興起、翌年全國「維穩」政策開始到「709」案後，司法部要求各地方司法行政當局先後採取了所謂「重大、敏感和群體性案件」要求律師報備的制度。[1]例如，早從2004年深圳市司法局就要求律師在接受委託「重大群體敏感案件」三天內向管理機關報告。而這些「重大群體敏感案件」則少有的詳細列出如下，以法輪功案件居首，政治案件其次，重大刑事案件第三，然後則為較具體的人權和大規模侵權案件等：

　　（一）「法輪功」案件；
　　（二）涉及國家安全和利益的重大刑事案件；
　　（三）重大毒品、惡性刑事犯罪等在當地群眾中反映強烈、影響
　　　　　面廣的刑事案件；

---

[1]　參看《中華全國律師協會關於律師辦理群體性案件指導意見》（2006年3月20日六屆四次常務理事會通過並試行，該文件要求對所謂群體性案件的代理實行備案制，並做了一系列其他約束規定：http://www.acla.org.cn/article/page/detailById/21911。

（四）涉及人權、國家重大秘密、「一國兩制」內容或對「一國
　　　兩制」有影響的案件；

（五）涉及10名以上當事人或與企事業法人中公民的群體利益有
　　　密切關係的案件；

（六）因農村徵地補償問題引起的黨群幹群糾紛案件；

（七）因城建拆遷、房地產購銷合同及房屋物業管理等問題引發
　　　的民事糾紛案件；

（八）因國有企業改制過程中出現的職工下崗安置補償糾紛案件；

（九）政府部門因違法侵害群眾利益而引發的行政糾紛案件；

（十）部分群眾認為執法部門執法不公而引發的糾紛案件；

（十一）部分地區非法集資所引發的群體性金融糾紛案件；

（十二）因企業軍轉幹部和復員退伍軍人再就業困難、生活困難
　　　　導致的群體性糾紛案件；

（十三）領導機關批辦的重大案件；

（十四）其他重大案件。[2]

在實踐中，這些「重大、敏感、集體性案件」所構成的敏感領域正是中國人權律師的工作範圍。對他們來說，在人權案件與普通案件之間的界限是清晰的，而非模糊，雖然實際上「並不明顯」，屬律師們的「默會知識」。「709」案中唯一在廣東被關押且長達一年之久的隋穆青律師說，這種區別對律師們來說「一開始就知道」；而所有這些各類「敏感案件」的核心，就是「（政治）異議」。[3]

　　庭審時的便衣干擾和北京司法局對辯護律師的懲誡，意味著法庭以外的政治力量對審判起到更為關鍵的影響，後者並不在意公正審判和被

---

[2]　參看深圳市司法局2004年10月11日下發的《深司（2004）170號文件》《關於加強律師辦理重大群體性敏感案件報告制度的通知》，見深圳市律師協會網站：http://www.szlawyers.com/info/32ef0e58f17dab180f19b037af673699。

[3]　對隋穆青律師的訪談，12月13日，2019年。

告權利，而且這種對審判的干預顯然是系統性的、全國性的。例如，在法輪功案件中，通常由秘密的「610」辦公室，一個不公開的、專門負責處理法輪功和其他所謂「邪教組織」的、黨的政法機構，指揮不公開身份的特工，以秘密方式下達指令干預司法程序，包括口頭指令和審判期間的案卷「副卷」，這些對有權閱卷的辯護律師來說都無權獲知，也包括公然干擾庭審秩序，如唐吉田律師所經歷的。

　　圍繞著警方為核心的司法體制和人權律師之間的緊張和衝突，我們看到的是在不同層面展開的盧曼意義上的兩種法律期望，即認知性期望和規範性期望之間的落差。其中隱藏著尚待下一章進一步分析的司法黑箱，卻以所謂敏感案件或者政治敏感性提醒著這是一個不可說、不可接觸的模糊空間，也就是律師們面臨是迴避、還是直面的政治選擇，而非法律選擇。然後，在所謂「政治敏感性」所標示的人權領域，這些「敏感案件」反映的抗爭以及在司法過程中引發的二次抗爭，即人權律師介入後將人權侵害曝光於司法過程的程序性和公開性之中，便構成了中國人權律師群體所主導的人權政治。

法輪功

　　其起點可以追溯到1999年「425」法輪功集體上訪事件之後「中央防範和處理邪教問題領導小組辦公室」即所謂「610」辦公室的設立。自法輪功興起以來，雖然外界對法輪功本身以及法輪功所遭受的鎮壓和鎮壓體系有著較多關注，但對其鎮壓效應仍然欠缺足夠的認知。

　　大體上，中央防範和處理邪教問題領導小組和辦公室（即「610」辦公室），是根據江澤民1999年6月7日在中共中央政治局的講話而成立的一個直屬中共中央委員會的一個機構，與中共中央政法委平行，但是合署辦公。中央防範和處理邪教問題領導小組組長由政法委書記兼任，辦公室主任通常由一名公安部副部長擔任，組織結構平行於層級

化的中共政法委，擁有自己的「轉化教育營」，成員規模據估計接近15,000人。[4]

值得注意的，這一機構針對可能多達六到八千萬的法輪功信徒，[5] 江澤民卻在1999年6月7日的講話中將其劃為「敵對勢力」，在傳統的中共意識形態話語中意味著「敵我矛盾」，即不適用平民的法律。隨後，官方發現其現有司法矯正體系完全無法容納對法輪功信徒的大規模「轉化運動」，而另外開闢了集中營性質的「轉化學習班」，置於司法監管體系之外。[6] 而且，從1999年當年鎮壓開始，就伴隨著強大的宣傳攻勢，顯然「610」辦公室同時掌管著對中國官方媒體的控制，並且將這一警方行動和宣傳行動相結合的鎮壓套路拷貝到其後的鎮壓行動中。例如法輪功涉案人員頻頻以「電視認罪」、「現身說法」的模式「講述真相」，這也是後來「709」案件中常見的宣傳手法。本書將對此繼續深入分析。

重要的，是「709」案所代表的人權律師之所以區別於其他三十多萬律師，若以人權案件代理來劃分可能還比較模糊，但若以是否曾經代理過法輪功案件來區分則十分直接。至少就受訪的人權律師而言，代理這類數量極多的法輪功案件已經變成人權律師的業內評價標準。因此，如果說當局借「709」案對人權律師的大規模鎮壓是1999年後政法委對法輪功鎮壓的某種繼續，恐怕並不過分。

事實上，就在中國人權律師運動興起的2013-2016年間，就有約900餘名法輪功信徒被送進監獄。[7] 接受親屬委託主動代理這些法輪功信徒

---

[4] 參看Bitter Winter雜誌主頁對610辦公室的介紹，https://bitterwinter.org/Vocabulary/office-610/。

[5] Seth Faison, "In Beijing: A Roar of Silent Protestors", *New York Times*, 27 April 1999.

[6] James Tong et., "China's Politics toward Spiritual Movements", Roundtable before CECC (Congressional-Executive Commission on China), 111th Congress, second session, June 18, 2010.

[7] AFP, "20 years on, Falun Gong survives underground in China", available at: https://www.japantimes.co.jp/news/2019/04/23/asia-pacific/politics-diplomacy-asia-pacific/20-years-falun-gong-survives-underground-chinal; and Freedom House, China Religion Report (2016): The Battle for China's Spirit, https://freedomhouse.org/

案件，也變成司法行政部門辨認每個人權律師的標誌。這些律師往往在代理過法輪功案後，甚至從接下委託之日起，就被當地司法局「另眼相看」，伴以警告，爾後被「打入另冊」。[8]

　　例如王全璋，作為2015年「709」抓捕行動第一波的被捕人權律師之一，他個人與法輪功的關係確實相當有代表性，代表著法輪功在普通律師向人權律師轉型中的微妙和關鍵的聯結。簡單地說，他在律師從業之前，便相識一些信仰法輪功的朋友，認同他們的道德品性，是「好人」，也從2001年起幫助這些人做一些法律的救援工作。這種對公益和正義的樸素熱情可說是王投身律師的初衷，對法輪功案件的（過多）介入也佔據了王全璋律師執業生涯的大部，因此早在2013年加入中國人權律師團之前就被外界看作人權律師，這甚至是他2014年被迫離開原律師事務所而加入鋒銳律師事務所的主因。在被捕之後長達三年多的時間裡與外界隔絕，家屬、人權律師和國際人權官員均無法會見，而警方的訊問除了有關他與人權活動的關聯，還集中在他與法輪功的關聯，甚至在「監視居住」的隔離關押期間使用心理虐待的方式反覆測試他是否法輪功信徒。[9]

　　王全璋和其他人權律師所做的，在大多數情況下只是簡單地堅持正當的司法程序、行使正當的辯護權、捍衛被告的正當權益，往往就能相比那些接受指定律師的同類或者同案的法輪功信徒得到較輕的量刑甚至無罪開釋。儘管大多數法輪功信徒都未經審判就被強制進入「轉化學習班」或者勞教，而那些少數進入司法程序的法輪功信徒大多數卻是被迫接受司法當局的指定律師，基本上是配合著公訴部門和法官對法輪功信徒的指控和定罪。[10]

---

sites/default/files/FH_2017_BattleForChinasSpirit_Falun_Gong_0.pdf.

[8]　幾乎每個受訪律師都會談到代理法輪功案件前後當地司法局對他們個人的態度變化，即所謂「另眼相看」，爾後「打入另冊」。

[9]　參考對王全璋的訪談，5月1日，2021年。

[10]　參考對包龍軍的訪談，12月5日，2019年。

　　不過，在高智晟之後，隨著當局對刑法的修訂和對所謂邪教定罪頒佈補充的司法解釋，維權律師們逐漸發現如果局限於法律事實和程序的套路，辯護就進入了當局設好的「邪教」範疇。以2007年李和平、滕彪等六位律師為石家莊王博一案為標誌，維權律師們第一次因為法輪功案件而轉向訴諸憲法權利，並且出現集團辯護的新組織形式。在2007年4月27日王博案的開庭中，李和平宣讀了他和滕彪起草的辯護詞，「憲法至上、信仰自由」。辯護詞引用了1948年聯合國的《世界人權宣言》、1987年的《消除基於宗教和信仰原因的一切形式的不容忍和歧視宣言》和《中華人民共和國憲法》第36條，並且前所未有地在法庭上闡述了有關信仰自由的三個維度，即宗教自由原則、信仰自由原則，和政教分離原則，強調「信仰（思想）不構成犯罪、刑罰只懲罰行為」的刑法原則，為王博等三位法輪功信徒提出無罪辯護。也因此，對法輪功信仰群體來說，這次辯護有著爆炸性的鼓舞。[11]

　　當然，對當局來說，圍繞著法輪功案件的辯護上升到如此人權高度，也是極其震撼，其中所代表的維權律師向人權律師的轉型引發了當局相當程度的不安和警惕，這次辯護也成為「709」案期間李和平被反覆審訊的重點。[12]而當局對人權律師介入法輪功案件的「反介入」，在「709」案前，還可以追溯到2009年4月27日在四川瀘州中級法院的一次有關法輪功信徒的案件庭審。在這起對被告人楊明「涉嫌利用邪教組織破壞國家法律實施案」的二審開庭中，一些不明身份的便衣人員在法庭上頻繁隨意走動，拍照錄影，審判長不僅不制止，而且多次打斷被告的辯護律師唐吉田和劉巍的陳述。唐、劉二位律師最後以退庭抗議審判的不公正，卻在第二年被北京市司法局以「擾亂秩序法庭秩序」的理由吊銷執業資格。[13]

---

[11] 參見法輪功網站，〈王博案的辯護詞：憲法至上、信仰自由〉，《大紀元》，2007年8月21日：http://www.epochtimes.com/gb/7/8/21/n1808573.htm/amp。

[12] 對李和平的訪談，5月13日，2021年。

[13] 對唐吉田的訪談，12月12日，2019年；以及唐吉田在2010年4月22日北京市司法局的聽證

　　發展到「709」案前夕，真正標誌中國人權律師群體取得一個階段性行動高峰、中國人權運動達到一個小高潮的，仍然是與法輪功有關的「建三江」案的集體抗爭。為了抗議人權律師在代理辯護「建三江」法輪功信徒遭遇的干擾，中國人權律師在2014年3月組成一個規模龐大的聲援團，從各個地方彙聚到中國東北偏僻的邊境城市「建三江」，營救被扣留的律師。從整個事件的各個環節和進程來看，「建三江」案近乎完美地代表了一個敏感案件的（非）制度性的法外空間和它的崩塌，即兩種期望之間的張力。

　　首先，案件發生地建三江，不屬通常意義的行政市縣，而是黑龍江農墾總局下的建三江管理局，原為1969年的黑龍江建設兵團第六師，雖然已經不如全國各省區唯一尚存的新疆生產建設兵團，但仍在其龐大農場範圍內擁有相當大的獨立性。

　　其次，案件起因是九名法輪功信徒家屬慕名找到北京的幾位著名人權律師求助，他們的家人被長期關押在當地一處「法制教育基地」，即對法輪功信徒進行所謂「轉化教育」的小規模集中營，也被當地人稱作「黑監獄」。唐吉田、江天勇、王成、和張俊傑四位律師於2014年3月20日到達建三江，第二天上午，即被當地公安限制人身自由，後被正式拘留在「建三江管理局七星拘留所」。由於法輪功信徒的家屬們有著多年的抗爭經驗，在四位律師被拘押後的第一時間向其他人權律師、媒體和公眾發出了訊息，一場歷時近一個月的聲援人權律師的行動隨即開始。

　　根據中國人權（Human Rights in China, HRIC）2014年4月16日整理、發佈的一份事件日誌，我們看到了一個完整的抗爭行動過程，2013年才成立的中國人權律師團在得到四位人權律師被建三江警方拘押的消息後發起了一場營救行動。有關這次行動和組織的全貌將在下一節展開，這

會上的自我辯護，〈唐吉田：選擇退庭　何錯之有——在4.22聽證會上的申述〉，https://boxun.com/news/gb/china/2010/04/201004262154.shtml。

一節則集中在法輪功與人權律師的關係方面。從當事人的事後回憶和訪談中，我們可以觀察到法輪功案件中的極為突出的「敏感性」，體現在一些殘酷的細節中：

一，所謂建三江農墾管理局「法制教育中心」，又名青龍山法制教育中心，就在建三江七星（農場）公安分局後院，外部沒有任何標牌、標誌，但是這裡關押著數目不詳的法輪功信徒，包括此案四位律師的委託人的家屬，其中一位蔣欣波，據其丈夫丁忠野介紹，已經在此關押四個月，沒有任何法律手續。這對普通律師來說通常聞所未聞，例如在建三江被拘留的張俊傑律師有十幾年執業經驗，卻是在建三江第一次看到這樣的法外拘押場所。[14] 而類似「法制教育基地」、「法制中心」等在全國各地都有，可能多達幾百所。[15]

二，當地公安對待四位人權律師如臨大敵，異常粗暴，並施加嚴刑虐待。在拘留結束後的驗傷表明，四位律師有不同程度的肋骨骨折，四人共骨折肋骨24根，其中唐吉田骨折10根，其他被拘留者和後續聲援律師如王全璋也都受到不同程度的拷打虐待，王成還因此患上了嚴重的PTSD後遺症，在建三江案件後退出了人權律師工作。為此，國際大赦組織在當時發出了關於中國人權律師慘遭虐待的緊急呼籲。[16]

三，在2013年11月中共決定取消久受詬病的勞動教養制度後，這些所謂「法制基地」仍然存在，由警方特別是「610」辦公室在未經任何法律手續下無限期羈押，嚴重侵犯了公民權利。四位代理律師遭到當地警方無理拘留後，後續援助律師如王全璋也將關注焦點延伸到了中國警察的任意拘留權。與此相關的中國警方的任意拘押問題，也貫穿了

---

[14] 參見建三江被拘留四律師之一的張俊傑的回憶，http://wqw2010.blogspot.com/2014/03/blog-post_5916.html。

[15] 參見聲援建三江被拘留律師、也是「709」案件受害者王全璋律師的回憶，https://cn.nytimes.com/china/20140411/cc11wangquanzhang/。

[16] Amnesty International, "Amnesty International Condemns Torture and Detention of Human Rights Lawyers in China", March 28, 2014, https://web.archive.org/web/20140610163740/http://www.amnesty.org/en/library/asset/ASA17/018/2014/en/9b9951e7-247c-41b5-a9eb-890b8a554cb8/asa170182014en.html.

「709」案的始終，並未因為2003年收容遣送制度、2013年勞動教養制度和2020年收容教育制度的被廢除而好轉，反而因為近年來刑事訴訟法等法律的修訂而強化。如第一章所示，「709」案中不少人權律師都成為警方任意無限拘押權的受害者，親自見證著中國警方如何違反中國政府所簽署的《聯合國禁止酷刑公約》。且因此案發酵後的巨大國際影響，中國人權律師在建三江的大規模抗議，也成為一年後「709」大逮捕行動的導火線。[17]

四，不過，在拘留期間被審問的人權律師至少證實了重要的一點，當地警方和政法部門對有律師敢於維護法輪功信徒公民權利的舉動極其震驚，他們抱怨被關押的法輪功信徒在人權律師即將到達之前就已經發生改變，不再害怕和順從。事實上，當時在拘留所和「法制教育基地」外抗議的不僅有來自全國各地的人權律師和公民，也第一次出現了40餘名法輪功信徒的家屬，這在當地極其罕見。王全璋律師在趕往建三江的途中也覺察到該案在黑龍江當地政府體制內的影響之大，出乎意料。這或許可以部分解釋當地警方的粗暴和虐待，部分是出於對人權律師和正義的恐懼。

經歷了一個多月的抗爭，隨著建三江案當事人之一的蔣欣波於2014年4月23日走出「青龍山法制教育基地」，這家「黑監獄」也告正式關閉。[18]雖然代價巨大，如多位律師和公民都遭受了酷刑和拘押，但是他們在抗爭中表現出來的正義感，成功宣示了人權作為一種規範性期望的力量，迫使地方當局關閉了這一法外拘押場所，為建三江的人權律師抗爭劃上了一個句號。

---

[17] 同前註23。
[18] 見當事人蔣欣波作為最後一個離開青龍山「黑監獄」的見證，https://www.minghui.org/mh/articles/2015/4/24/%E8%A7%81%E8%AF%81%E5%BB%BA%E4%B8%89%E6%B1%9F%E9%9D%92%E9%BE%99%E5%B1%B1%E9%BB%91%E7%9B%91%E7%8B%B1%E7%9A%84%E8%A7%A3%E4%BD%93-307940.html。

宗教自由

如果說法輪功因為其1999年的「萬人上訪」而被貼上「邪教」標籤而打入另冊、極具所謂政治敏感性，那麼其他宗教案件因涉及信徒規模之大、宗教之多、與更多普通人聯繫之深，則更凸顯從法輪功到其他宗教案件的共同指向，都有關宗教自由和結社自由的基本問題。

換言之，雖然主要是新教和天主教的地下教會佔據著法輪功之外宗教案件的主體，但在人權律師的實際接觸中，也有相當數量的案件與藏傳佛教有關，而相對的涉及伊斯蘭教的案子則很少，卻不乏一些公開報導的審判，如2014年11月在新疆喀什的一次對22人的大規模宣判儀式上，大多數被判重罪的都與伊斯蘭教有關，但是被控以「宣揚極端主義思想」或「煽動民族仇恨和民族分裂」、「利用迷信破壞法律實施」等，成為當局打擊「宗教極端主義運動」的犧牲品，顯示後者在被貼上「極端主義」標籤後與內地人權律師隔離得更為徹底。[19]

在中國1979年後改革開放、政治放鬆和市場化的40年裡，各種宗教團體即中國近代以來天主教、新教、伊斯蘭教、佛教和道教等，以及這五大宗教之外的廣泛「民間宗教」（popular religion），在江、胡時期都因應中國人的精神真空而取得了迅速發展，呈現出一個前所未有的宗教復興運動。[20]

其中，新教組織的發展總體上也保持著政治中立的姿態，馴服於中國官方對宗教本土化、愛國化的要求下。[21]儘管如此，過去四十年的宗

---

[19] https://www.nytimes.com/2014/11/12/world/asia/xinjiang-court-sentences-22-to-prison-for-religious-crimes.html.

[20] 參見張彥（Ian Johnson）《中國的靈魂：後毛澤東時代的宗教復興》（The Souls of China: The Return of Religion after Mao, translated by 廖彥博、廖珮杏），新北：八旗文化，2019年。

[21] See. "Inside the House Church Movement in China", https://palladiummag.com/2019/08/19/inside-the-house-church-movement-in-china.

教復興運動之後，一個事實上兩元並存的教會體制已經形成，即1952年紅色中國推動的「三自愛國」教會運動（即官方認可的基督教會），和地下教會（也就是家庭教會）的共存。

按照于建嶸的保守估計，截止2010年官方認可的「三自」教會的信眾大約為1,800到3,000萬，而地下教會的信眾約為4,500-8,000萬，兩者規模對比懸殊，儘管這一數字可能遠低於外界的樂觀判斷。[22]另據李凡的估計，這些地下（家庭）教會的數量約有80萬個。[23]意味著，在官方認可和嚴密管制的正統教會之外，中國存在著一支規模更為龐大的、生機勃勃、難以控制的地下教會，其中又以更為分散的新教教會為多，對中共的宗教控制形成嚴峻挑戰。

在這一背景下，胡溫政府2003年接任以來，以其「和諧社會」主張推動了宗教政策的緩和與改革。國務院在2004年11月30日頒佈《宗教事務條例》（2017年6月14日由全國人大常委會修訂），對家庭教會施行「一手軟、一手硬」的兩手策略：一方面要求地下教會「登記」，即承認地下教會的存在或合法化，宗教管理機構將這些新興家庭教會納入管理範圍；同時視不登記的教會視為「非法聚會」而予取締，並且繼承和加強了江澤民時代對所謂「邪教」的打壓力度，也就是因應維權運動的興起從2004年起建立起完善的「維穩體制」。

應該說，這是在受到新興佛教組織法輪功的衝擊震撼後，中國統治集團對基督教地下教會的政治讓步，試圖化解或者平衡中國的新興宗教所帶來的政治衝擊，不再以「三自」作為其合法性的唯一標準。也在2004年前後幾年，如教會中人、也是更激進的王怡牧師所觀察的，「2003-2006年……一些新興的城市知識份子、中產階級信徒及傳道人，出現這一種論調：家庭教會與三自的分割，是上一代的爭戰，不再

---

[22] 于建嶸，〈中國家庭教會合法化研究〉，《戰略與管理》，2010年第3、4期。

[23] 轉引自Junqiang Han, Yingying Meng, and Siqi Qin, "House Church: Investigating Chinese Urban Christians' Choice of Religious Practicing Site in Wuhan, China", *Religion*, No.9, Vol.100.

是這一代的爭戰。」[24]家庭（地下）教會與三自教會、與黨國之間的關係儼然在胡錦濤政府的「和諧社會」主張下出現了至少表面的寬鬆。

但是這並不意味著宗教管理機構和警察部門放棄了對地下教會的控制。對已經登記的教會，在宗教局之外，中國的安全機關和公安機關還積極展開監控。例如張彥的宗教考察旅行中，他注意到了成都秋雨之福教會聚會活動中如影隨形的便衣監視。我在過去幾年訪問的所有宗教場所，無論傳統深山寺廟還是都會辦公室中的新教教會，從東北到福建、從北京到新疆和西藏，都能看到他們被強制要求安裝聯網的錄影監控設備，以利宗教管理局和警方監視敬拜場所的言論和行為。絕大多數所謂敏感案件往往就發生在宗教自由和結社自由與警察權力的衝突地帶。

在這一衝突過程中，新教教會與人權律師的聯繫異乎尋常的緊密，許多與新教教會關聯的所謂敏感案件也因此曝光，得到國際社會的關注。這一反饋似乎反過來也強化了後續此類案件的政治敏感性，讓中國的新教教會持續地站在中國有關宗教自由的抗爭前線。

如果從受訪的人權律師其代理宗教案例的維度，參照當局從鎮壓法輪功到地下教會合法化的宗教管理進程，我們可以發現對宗教的鎮壓方式近乎以「廣義邪教」來對待邪教名單之外的其他宗教團體，也即從一個法輪功到邪教類組織再擴展到對宗教組織的選擇性鎮壓，其政治考量標準相當的一致，處理手法也相近，能夠逐一展示所謂政治敏感性的內核和外延：

（1）邪教

2014年6月3日中國多家官方媒體同時發佈了一份《中國已明確認定呼喊派等14個邪教組織》的文章，列舉了14個此前由中共中央辦公廳（中辦）、國務院辦公廳和公安部三家「黨政」機關分別、多次認定的

---

[24] 王怡，〈屬靈復興與世俗化：對中國家庭教會的一個評價〉，見：https://www.liutongsu.net/?p=1358。

所謂邪教組織。這一名單的主體正是地下教會，少數為佛教組織，它們是：呼喊派、徒弟會、全範圍教會、靈靈教、新約教會、觀音法門、主神教、和被立王、同一教（亦稱統一教）、三班僕人派、靈仙真佛宗、天父的兒女、達米宣教會、世界以利亞福音宣教會等。背景為中國公安部的「中國反邪教網」隨後又補充了這一名單，包括法輪功、全能神、門徒會、中華大陸行政執事站、血水聖靈、華南教會。

　　這意味著，執政黨、中央政府和警察部門自行定義了至少20個宗教組織為邪教，要求司法機關予以刑事制裁；也意味著現有刑法存在著對主體界定的模糊，而且不止關於邪教的定義如刑法第300條，還有第120條關於恐怖組織、第110條關於間諜組織、第163條關於回扣等都「未做任何規定」，反映其立法原意在於分割定義權，將有關邪教、恐怖組織和間諜組織等等的定義權留置在司法體制之外。[25]類似的模糊設計同樣還包括一些專門罪名，從1979年刑法的流氓罪到1997年刑法的尋釁滋事罪等，這些罪名也被人權律師們稱作「口袋罪」，賦予了警方和檢方極大的裁量權，也廣泛地被利用來打擊人權律師，後文將會展開說明。

　　而中國刑法第300條，邪教的主要法條，即「組織、利用會道門、邪教組織、利用迷信破壞法律實施罪」，襲自1979年刑法的第99條「關於利用封建迷信進行反革命活動罪或者組織、利用會道門進行反革命活動罪」的內容，增加了邪教組織。同樣可以推出其立法原意是對有著紅色恐怖色彩的「反革命罪」的一個具體版本的保留，即假設邪教對「革命」也就是政權具有顛覆危害（參考反革命罪主體之演變為顛覆政權罪和危害國家安全罪），這恐怕才是中國統治集團對「邪教」的政治性質一以貫之的認識，也是所謂政治敏感性的根源。

　　另一方面，刑法避免對邪教本身定罪，而是集中在邪教與法律的衝突關係上，而這一衝突關係幾乎必然因為當局對邪教的定義而發生，近

似一種有意設計的法律陷阱的法律後果而不可預測，意味著任何維護或
者實踐宗教自由的行為即可能因為被行政當局定性為邪教而觸犯刑法第
300條。這一設定已經根本背離了薩維尼對刑法性質其可預測性的經典
規定。事實上，在上述20個所謂邪教組織的名單之外，近年來還有「華
藏宗門」2015年在廣東、「耶和華見證人」2019年在新疆均被以刑法第
300條罪名遭到指控。[26]

　　至於邪教，從1995年到2017年間，「兩高」多次專門針對邪教做出
司法解釋，1999年全國人大常委會還通過《關於取締邪教組織、防範和
懲治邪教活動的決定》。根據1999年10月20日最高人民法院、最高人民
檢察院發佈的《關於辦理組織和利用邪教組織犯罪案件具體應用法律若
干問題的解釋》，「邪教組織」指「冒用宗教、氣功或者其他名義建
立，神化首要分子，利用製造、散佈迷信邪說等手段蠱惑、矇騙他人，
發展、控制成員，危害社會的非法組織」。但是，有關「破壞法律實
施」的行為，卻分別適用「分裂國家罪、顛覆或煽動顛覆國家政權罪」
等，其第二款「組織和利用會道門、邪教組織或者利用迷信姦淫婦女、
詐騙財物的」，則分別依照刑法中的「強姦罪」和「詐騙罪」定罪處
罰，顯示刑法第300條之組織、利用邪教組織破壞法律實施罪本身是政
治定義邪教的法律結果，而非犯罪構成要件。

　　直到實際案例積累到2001年，當年6月4日最高人民法院、最高人民
檢察院才又追加發佈了《關於辦理組織和利用邪教組織犯罪案件具體應
用法律若干問題的解釋（二）》，將具體的傳教行為和宗教聚集行為
解釋成組織、利用邪教組織破壞法律實施罪，如「製作、傳播邪教傳
單、圖片、標語、報紙300份以上，書刊100冊以上，光碟100張以上，
錄音、錄影帶100盒以上的」，和「邪教組織被取締後，仍聚集滋事、
公開進行邪教活動的，或者為組織、策劃邪教組織人員聚集滋事、公開

---

[26] 參見：http://legal.people.com.cn/n/2015/0715/c42510-27310733.html；https://
chinese.uhrp.org/article/899487682。

進行邪教活動而進行聚會、串聯等活動，對於組織者、策劃者、指揮者和屢教不改的積極參加者，以組織、利用邪教組織破壞法律實施罪處罰」。

在前述「建三江」一案中，四名人權律師被拘留的名義也是參照刑法第300條的邪教罪名，根據《治安管理處罰法》第27條「組織、教唆、脅迫、誘騙、煽動他人從事邪教、會道門活動或者利用邪教、會道門、迷信活動，擾亂社會秩序、損害他人身體健康的」，將人權律師維護宗教自由和公民人身權利的代理行為等同於邪教行為。

更有代表性的，則為名列20個邪教名單之首的「呼喊派」，可能是法輪功之外規模最大的地下教會、最為中共所忌憚的「邪教組織」，並且因為被鎮壓而衍生出多個分支，如同列所謂「邪教名單」的被立王、主神教、全能神、中華大陸行政執事站等，以及另一個被打擊的「邪教」東方閃電。呼喊派起源於1950年代初開始的「三自運動」的緊張中，由李常受1962年正式在北美創立。

李常受是中國著名基督教領袖倪柝聲最為倚重的同工，1949年中國政局劇變之際接受倪柝聲委託前往臺灣傳教，形成臺灣的一波基督教復興，後赴北美於1962年創立呼喊派，傳承已經身在中國大陸監獄中的倪柝聲的屬靈思想和小群教會模式，然後在中國改革開放之初的1979年返回中國廣泛傳播，1980年代便受到中國公安部門的打擊，被看作試圖「破碎國內教會、清除擁護三自愛國會的人」、「在中國建立「神的國度」，妄圖推翻共產黨的領導，顛覆社會主義中國」。[27]從1983年起，呼喊派被列入「邪教」，1995年再被列入，也包括一些衍生教會，[28]而有趣的是，此前忠於倪柝聲繼續在中國本土發展的「地方教會」，雖然

---

[27] 李秀清，〈呼喊派的反動本質及其危害〉，《河南公安學刊》，1992年02期。

[28] 1995年8月28日，公安部在給安徽省公安廳《關於對「被立王」組織依法定性的批復》（公政【1995】第470號）中，認定「被立王」為邪教組織；1998年4月11日，中心辦公廳、國務院辦公廳下發《關於維護社會政治穩定工作的通知》（中辦發【1998】8號），明確「主神教」為邪教組織。

一部分加入了「三自教會」，未加入「三自」而保持地下狀態的教會卻未被列入邪教。[29]僅僅在倪柝聲的小群或者地方教會序列中，就包括了從「三自」到「地下教會」到「邪教」的豐富光譜，也聯結了1950年代初的「三自運動」和1990年代的反邪教運動。

（2）基督教會

　　如果說所謂邪教作為中國宗教管理的一個極端，那麼對宗教組織的主體特別是那些「登記」的「地下教會」或新教會而言，儘管總體上發展迅速、政治溫和，但是當局似乎一直試圖通過選擇性地對某些教會保持壓力而希望保持總體的控制。例如，在2004年11月30日國務院頒佈《宗教事務條例》開放地下教會登記之後，北京的守望教會其前身就是在2005年以此名義公開、轉型為一個完整正式教會，成為北京首家在辦公樓建堂的教會，並申請登記，但是屢被拒絕，開始了直至今日長達十數年的抗爭。其間，他們經歷了被禁止聚會，教會成員自購的敬拜場所被地方政府封閉、凍結、創始人金明日牧師被軟禁長達43個月等等迫害，信眾不得不經常在戶外禱告而引發國際關注，教會也被迫分散，成為二十一世紀中國宗教自由不彰的代表性案例。[30]

　　如同刑法第300條修訂之初都以其他罪名來提控，在司法實踐中涉及宗教自由的案件也常常以經濟罪特別是非法經營罪來起訴、定罪，避免直接觸及宗教自由。[31]例如2004年北京地下教會牧師蔡卓華被以非法經營罪定罪，也有最近的王怡案。王怡所在的成都「秋雨之福」，屬自封正統的改革宗，其宗教領袖曾經公開斥責呼喊派為邪教、支持當局對呼喊派的鎮壓。但是，秋雨之福在過去幾年一直遭受著與日俱增的政治

[29]　參看《寒冬》（Bitter Winter）雜誌對J. Gordon Melton的訪談，「地方教會、呼喊派、召會：倪柝聲各團體辨析」（by Massimo Introvigne），https://zh.bitterwinter.org/local-church-shouters-assembly-nee-tradition-analysis/。
[30]　參考朱肇華（2015）《兩岸政教衝突，北京守望教會與高雄錫安山個案研究》（臺北：學術致知出版社）對守望教會抗爭的記錄。
[31]　劉仁文，〈宗教的刑法保護與規制〉，《杭州師範大學學報》，2011年第2期。

壓力，王怡牧師則在2019年12月30日被以煽動顛覆國家政權和非法經營罪判處有期徒刑9年。

　　類似的控制也見諸2006年浙江蕭山一案，當地法院對沈柱克等八人控以「煽動暴力抗拒法律實施罪」，帶領信眾以身保衛教堂的沈柱克被判有期徒刑三年六個月。此案指控方式類似刑法第300條對「組織和利用邪教抗拒法律實施」的罪名，即政治與司法互相配合下的法律陷阱，但在當時也被其他自稱正統的教會人士認為咎由自取。[32]不到十年後，即「709」案前後變化的政治氣氛下，浙江大批教堂遭遇到了大規模強制拆遷，或者被強制拆除十字架，其中站出來保衛教產的也被指控抗拒法律實施，而且直接波及幫助這些保衛教產的人權律師。

　　衝突仍然開始於2014年3月，浙江省各地方政府展開全省範圍的教堂違建清理運動，持續到2015年底，涉及教堂包括天主教和新教教堂，一年間超過1200家教堂被拆除十字架。[33]有「中國耶路撒冷」美譽的溫州是這一拆遷運動最先開始的地區，也是重災區，有若干大型教堂如三江堂和救恩堂被完全拆除。另有寧波地區的著名古老教堂發生莫名火宅而被焚毀。

　　其中，以三江堂信眾保衛教堂的抗爭最為引人關注，在2014年7月21日的對峙中達到高潮。北京的人權律師張凱，從2014年7月開始介入維權。當時有14人被抓，張凱則動員了全國36位人權律師為其辯護，包括2014年7月21日當天在保衛「三江堂」現場做祈禱的牧師黃益梓。黃在當年8月3日被抓捕，後被以聚眾擾亂社會秩序罪判處一年有期徒刑。[34]

　　不過，在黃牧師刑滿釋放的當月，2015年8月26日，他的辯護律師張凱也被抓捕，無理由關押半年後才被釋放。張凱作為北京的一位人權

---

[32] 參見楊凱樂（華恩中國法律與宗教研究所，Washington D.C.）對此案的綜述，〈簡評2006年中國大陸教案─兼論基督徒與公民〉，博訊網：https://boxun.com/news/gb/china/2006/12/200612220041.shtml。

[33] 參見張彥，〈浙江兩年拆上千十字架，中國或進一步限制基督教〉，《紐約時報》，2016年5月23日，https://cn.nytimes.com/china/20160523/c23chinacross/。

[34] 參見：https://www.voachinese.com/a/china-zhejiang-20150324/2692499.html。

律師，也屬人權律師群體，整個關押與「709」案幾乎平行，因此也能從中觀察到人權律師和宗教自由案件的關聯。

當局為其清理運動所動員的宣傳理由有兩個：清理城市天際線；以此開啟基督教的「中國化」運動。[35]此時，距離胡溫政府上任之初發佈《宗教管理條例》正好十年。似乎，中國的統治集團發現不僅在政黨與宗教尤其是基督教之間存在信仰的競爭，這一競爭關係從1999年的法輪功事件的激化到2004年承認（登記）地下教會終於找到了一個「和諧社會」下的和諧關係模式，但在其強調依法治國的「新時代」政治下，他們還感受到日益強烈的法律與宗教的競爭。也就是維權運動的興起特別是牧師和人權律師兩個群體的活躍開始進入法律與宗教的關係維度，對當局的傳統宗教管理方式產生了挑戰。

這種關係變化不能簡單地從時間序列得出因果推論，而應當從事件的性質來認識兩種期望之間的互動，也就是一個統治集團和人權、法律和宗教之間如何通過一系列事件和運動的展開，自我增強地認識對方和相互關係。例如，伯爾曼曾經總結法律與宗教共享的四個要素：儀式、傳統、權威與普遍性。而對中國當局來說，前三者的緊張或許都可能通過「三自」運動或者「和諧社會」得以緩解，但是對第四個要素——普遍性，卻產生著越來越多的麻煩，也就是在普世主義和中國化之間的矛盾。

這或許是當局發動教堂拆遷運動的初衷，也自然包含對人權律師的鎮壓。其雙重目的，既有降低基督教的社會可見度，也有降低基督教的社會異質度，而這種統治者對宗教的干預不可避免地帶來對日常社會生活的廣泛侵入和對日常秩序的自我破壞。當人權律師介入後，便轉為宗教自由或宗教迫害的人權問題，而且因為當局對人權律師的迫害而暴露

---

[35] 參考曹雅學（美國changechina網站主編、中國人權觀察家）2015年接受美國之音的訪談：https://www.voachinese.com/a/voa-news-religion-china-20150730/2886954.html。

出，這種矛盾不僅存乎政治與宗教之間，或者政治與公民社會之間，也存在法律與宗教之間，還存在法律內部，即兩種法治期望之間的矛盾。

所以，主持抓捕張凱的是溫州當地政法委官員，他們在審訊張凱時最關心的是人權律師如何與溫州教會結合的問題。就案件本身來說，保衛三江堂一案迅速動員了36名人權律師到場，頗能代表2014年中國人權律師的動員能力、以及他們和宗教團體的緊密關係。對張凱來說，宗教案件對他個人也有著特殊意義。在執業之初，如同大多數民事律師，張凱在民商事案件中獲得成功。但是從2005年代理第一樁教會案件起，張凱就品嘗到了民商事案件所未層感受到的「巨大成就感」。

在溫州教案前，張凱個人代理宗教案件超過100樁，很能代表中國人權律師涉入宗教自由的廣度和有效程度。這些宗教案件遍及中國大部分省市，包括新疆和西藏，也發生在邊遠和農村地區。具體案由則很細碎，除了與「邪教」相關案件，有地方教會被當地公安禁止舉行聖誕彌撒，有被當地公安禁止舉行聚會的，更多的則是信眾和牧師被非法或任意拘留和教產受到侵害的。

雖然，這些代理案件有很高比例無法在法院立案，更鮮有勝訴的，但是代理關係一經確立、張凱到訪當地開始行使代理權後，大部分案件都出現轉機，或者代理人被釋放，或者禁止多年的聚會和彌撒得以恢復。例如2005年張凱代理的第一樁宗教案件，發生在偏僻的陝西漢中地區，雖然當地法院後來並未立案，但是僅此「代理關係」和張凱到達當地後的人權訴求就對當地公安造成了「震動」，困擾當地教會十幾年的敬拜阻礙也隨之消失。發展到後來，即2014年前的幾年，甚至出現張凱接受代理之後尚在途中被拘押的代理人就被釋放。[36]

充分顯示，公安執法機構面對人權律師的某種心理劣勢和這種心理劣勢背後對宗教自由的任意侵犯，而且這一侵犯或者衝突就發生在人權

---

[36] 同上。

律師和行政執法各自的兩種法律期望之間。在這意義上，張凱在溫州
所受的非法拘禁，甚至整個「709」行動，都可以看作中國政法機關在
維權運動十年不斷積累的挫敗之後的一次性報復，對人權運動的精確報
復，而且繼續著以國家機器進行法外報復的方式。

　　換言之，對所謂邪教，當局迅速採取政治化手法予以「邪教」的汙
名化，而對主流教會相關案件，並不敢將這些有著相對正統且有強烈城
市精英色彩的教會定性為邪教，通常採取去政治化方式處理，或者以非
法經營罪之類經濟罪名起訴，或者隨個案積累、言論和行動的積累，對
教會、教會領袖和代理的人權律師做累加的政治計算，展現一個性質相
對模糊的司法政治的敏感空間。只有待這一積累過程逐漸政治化，黨國
當局最終傾向將其領袖定性為煽動顛覆性質的政治人物，而採取刑事懲
罰的決定則依賴於政治時機的選擇，類似清算或者定點清除。

　　例如成都的秋雨之福教會和王怡牧師，在經歷多年的連續被監視和
其間數次被短暫拘押後，王怡終於2019年底被以「煽動顛覆政權」和非
法經營的罪名判處重刑。作為捍衛宗教自由的人權律師，張凱在押期間
被審訊人員指控的罪名則多達四條：顛覆政權、洩露秘密、非法經營、
和聚眾擾亂社會秩序，兼具針對此類宗教案件中以去政治化和政治化名
義定罪的常見罪名。

　　如此鎮壓也表明，在「邪教」的另一端，是主流教會領袖和教會被
視同「煽動顛覆政權」的情形，與「邪教」構成所謂宗教案件的再政治
化的兩端，共同印證中國的國家與宗教、政黨與人權之間的緊張關係。

（3）言論自由和政治異議

　　相比法輪功和宗教類案件的規模，例如前述2013-16年間有900多法
輪功信徒被起訴、更多法輪功信徒和許多宗教案件一樣都未進入訴訟程
序，涉及言論自由的案件其總體規模要小得多，但社會可見度高，更容
易引起公眾和國際社會關注，自然也是人權律師介入的一個重要領域。

　　衡量人權律師對這一領域的介入程度，可以從自由之家和記者無國界等組織每年對包括中國在內的世界新聞自由狀況報告得到一個基本參照。以「709」案發生的2015年為例，根據記者無疆界組織的統計，當年至少有23位新聞記者、84位博客作者被拘押。[37]而前一年的2014年，在2015年自由之家對中國媒體自由的評價中已經被認為是1990年代以來最糟糕的。[38]

　　實際情況則是習近平上任後，中國言論自由極具惡化：2013年1月「南周事件」以來，即中國南方的著名自由派報紙遭遇內部糾紛和被宣傳部門整頓之後，1980年代以來逐漸形成的自由主義和市場化媒體回歸宣傳機器下的嚴密控制；2014年，公安部發起「淨網行動」，互聯網遭遇大規模清洗和整頓，同時高校和科研系統的清理運動也開始，針對「公共知識分子」的汙名化也同時在中國的社交媒體上展開。這些都是在2013年中共中央的「九號文件」下貫徹意識形態領域「七不講」的清洗結果。一大批記者、知識分子、互聯網活躍作者、公民社會組織領導人和民主人士等先後因為言論自由遭到開除、拘禁、關押和起訴等懲罰，涉及言論自由的刑事案件激增。[39]

　　然而，在上述幾乎每個案例中，人權捍衛者在被捕和受審期間，都有人權律師在壓力下輪流為他們辯護，構成中國人權運動歷時數年的劇目。例如王宇律師曾經代理的曹順利和伊力哈木案件。而隋牧青，中國著名人權律師，是「709」案中廣東省唯一被關押的人權律師，遭受長期拘禁和酷刑。他也是在2013年1月「南周事件」前剛剛轉向人權領域，在2015年被關押前的不到三年裡，代理了大量人權案件，尤其對言論自由相關的人權侵犯、辯護和代價有著直接的經驗和深刻的認識。

　　在每況愈下、越來越收緊的言論管制下，中國的司法實踐中，因為

[37] https://www.refworld.org/docid/56c31ece15.html。
[38] https://freedomhouse.org/report/china-media-bulletin/china-media-bulletin-issue-no110-december-2015。
[39] 見第十二章。

政治異見的表達、因為對憲法權利的言論自由的使用和堅持，所涉及的還包括前述涉及宗教的許多案件其當事人，他們也多被指控煽動顛覆國家政權，其他罪名如誹謗罪、聚眾擾亂社會秩序罪、以及尋釁滋事罪也往往與言論自由相關。與宗教自由的案件相比，人權律師往往捲入這些案件——行動的關係更深，與警方和整個司法體制的對抗性也更強。與包括警察在內司法機關的較量，也是真正考驗人權律師素質的地方，不僅在法庭，更在發生抗議的現場。

　　在現場，律師們常常承受著兩種壓力：一是與警方直接的言語和法條交鋒，二是遭受警方的直接暴力威脅。例如，2013年1月的南周事件現場，南方週末報社外，當時有2012年開始的「南方街頭運動」成員積極加入聲援，遭遇當地警方控制和抓捕，特別是對現場演講人、廣州著名維權法律工作者、民運人士郭飛雄（楊茂東）的人身控制。隋牧青律師陪護在側，與警方現場指揮就查核身份證等執法問題展開交鋒，指出警方臨檢的法律依據不足，一度遏止了警方的搜捕行動，也保護了現場抗議者，但是隋牧青很快被兩名強壯警察架上警車，送往一間派出所，羈留半天。類似有關身份證和警方臨檢法律依據的爭執幾乎發生在每一個人權律師的辦案過程中，但以言論自由類型的現場抗議中最為常見，警方也往往以此作為檢控理由。

　　典型如許志永2012年參與發起的「新公民運動」，先後於2012年7月5日在教育部門口和2013年2月28日在北京市教委門口抗議，要求教育平權，但被指控為「在許志永的組織、策劃、煽動下，有百餘名學生家長赴教育部聚眾滋事，期間歪曲中國國家教育政策，辱罵」教育部官員，且不服從公安警員管理，嚴重擾亂了公共場所秩序。」在2014年1到4月，在北京市海澱區法院對許志永、丁家喜等「新公民運動」八位的審判期間，隋牧青參與了代理辯護，4月底許志永被一審判處有期徒刑四年。

　　發展到2015年6月19日，廣州市中級法院審理「南方街頭運動」代

表人物——唐荊陵、袁新亭、王清營，在庭辯發言的最後，隋牧青按照辦理煽顛案慣例，要求披露合議庭及審委會成員政治身份，要求合議庭及審委會的中共黨員迴避。他在法庭上說，「因為本案性質特殊，三被告皆因反對中共一黨專政而受審，如由中共黨員審理，既難免意識形態偏見，又與案件有明顯利害關係，同時也有違司法中立原則，無法保證公正審理。」律師團的李貴生律師補充說，「中共黨章明確要求黨員必須捍衛本黨利益，黨員法官審理此類案件不可能公正。」主審法官以他本人與被告和辯護律師「素不相識」的荒謬理由駁回後，唐荊陵當場解除與兩位律師的委託關係，退庭抗議，法庭氣氛陷入緊張，「審判長情緒似乎開始失控，不時發怒敲錘」。[40]

這不是隋牧青第一次在法庭上提出「申請黨員法官迴避」，但是經「廣州三君子」一案，同庭律師張雪忠系統化傳播開去，認為如果由專政集團成員審判其反對者顯失公平，違背了司法正當程序原則，引發了外界相當關注，對法庭的力量平衡，即壓制檢察官和法官的明顯不公的氣勢，有著明顯助益。由此形成的程序壓力，在庭審抗辯中提升到人權政治的高度，成為「709」案前人權律師群體最為高光的時刻之一。當然，這一對庭審程序的異議，也成為隋牧青此後被廣東省司法廳取消律師資格的主因。[41]

人權律師在其中的角色，在常常要經歷異常激烈的現場與法庭對抗之後，總體上總是有利於最終從輕量刑——這也是人權律師介入所有案件與其他律師或者官方指定律師的一個重要的客觀差別。可以說，某種程度上，完全因為人權律師的堅持不懈。對隋牧青來說，某種意義上或許也反映中國人權律師群體的總體認知，「異見」也就是言論自由所代表的案件才是真正的所謂敏感性案件，也值得他窮盡所有合法手段維護

---

[40] 見隋牧青律師的事後記錄，〈隋牧青：唐袁王煽顛案開庭目擊記〉，https://cmcn.org/archives/19293。
[41] 對隋牧青的訪談，2019年12月13日。

人權捍衛者的權利，以法律捍衛一個個具體個體的言論自由，捍衛著憲法第35條關於保障公民言論自由的權利。也因此，圍繞法庭辯論，人權捍衛者和人權律師們在法庭上暴露了所謂煽動顛覆國家政權罪的荒謬性，或者準確地說，該項罪名乃至圍繞所有該項罪名的指控和警察機關的運作，都是違憲的。

中國司法體制對言論自由案件的依據，來自刑法第105條第二款，「以造謠、誹謗或者其他方式煽動顛覆國家政權、推翻社會主義制度的，處五年以下有期徒刑、拘役、管制或者剝奪政治權利；首要分子或者罪行重大的，處五年以上有期徒刑。」這條煽動顛覆國家政權罪，源於舊刑法的「反革命煽動罪」，類似蘇聯刑法中的「煽動顛覆蘇聯罪」和「煽動誹謗政府罪」。

例如，在2009年四川成都中級法院對譚作人的一審判決，在羅列譚作人的相關行為和言論之後，未對誹謗或造謠做基本論述，也未論述這些言行和顛覆政權與推翻社會主義制度的任何關聯，僅僅簡單地描述為「譚作人對黨中央處理」六四事件」進行歪曲描述和誹謗……發表了大量嚴重詆毀黨和政府形象的言論」，然後匆匆做出結論，「本院認為，被告人譚作人以造謠誹謗的方式，煽動顛覆中華人民共和國國家政權、推翻社會主義制度，其行為構成煽動顛覆國家政權罪。」[42]

僅僅依據這些批評言論甚至（廣場）日記的寫作和發表本身就定罪為誹謗、造謠，將公民對執政黨對歷史事件的決議表達不同的意見就定性為煽動顛覆國家政權。而無論其主管故意還是其言行與否定國家政權與基本制度的關聯，成都地方法院都不知是懶於還是不屑或者難以論述，包括譚作人在內的所有煽動顛覆罪的被告也無從訴諸最高法院進行

---

[42] 參見〈四川省成都市中級人民法院（2009）成刑初字第273號刑事判決書〉，https://zh.wikisource.org/zh-hans/%E5%9B%9B%E5%B7%9D%E7%9C%81%E6%88%90%E9%83%BD%E5%B8%82%E4%B8%AD%E7%BA%A7%E4%BA%BA%E6%B0%91%E6%B3%95%E9%99%A2%EF%BC%882009%EF%BC%89%E6%88%90%E5%88%91%E5%88%9D%E5%AD%97%E7%AC%AC273%E5%8F%B7%E5%88%91%E4%BA%8B%E5%88%A4%E5%86%B3%E4%B9%A6。

憲法訴訟或者引述憲法條文。

再次例證了小哈里·卡爾文對這類罪名的評價，它是「全世界封閉社會的共同特徵……批評政府就是誹謗並構成嚴重罪行……政治自由將蕩然無存，這個社會就算不上自由社會。」[43]相對的，如1964年「紐約時報訴沙利文」一案中美國最高法院大法官布倫南對美國憲法第一修正案的維護，重要的，此案判決不僅全面改造了美國的誹謗法，改變了普通法中有關誹謗罪的訴訟程序，而且他提出了一個重要的觀點，美國不存在「誹謗政府罪」之說，並且政府不得玩弄法律魔術將各種批評或評論定性為「對政府官員的誹謗」。

也就是說，在中國的過去數年，是律師而不是法官在法庭上捍衛和解釋著憲法條文和憲法精神，捍衛著公民的憲法權利，對抗整個行政和司法機關對憲法的無視和顛覆。與此同時，特別是在這意義上，他們繼續著許志永等三人所代表的法律共同體在2003年孫志剛案後向全國人大常委會的上書所代表的憲政精神和政治期望，包括許志永在內被控煽動顛覆國家政權罪的幾乎所有涉及此項罪名的異議者所主張的。那是中國二十一世紀維權運動的起點，也是新人權運動的起點。這或許也是中國人權案件的性質和關鍵所在、所謂政治敏感性所在。

不過，在「709」案後，隨著人權律師群體不再活躍，儘管當局的言論管制越來越緊，記者無國界組織統計的中國新聞自由指數也從2014年的72.91的得分繼續惡化到2019年的78.48，全球排名則從175位掉到177位，涉及言論自由的案子不再引人關注。[44]直到2020年初武漢新冠病毒疫情爆發，中國公眾似乎才從「吹哨人」李文亮醫生的遭遇重新發現了「言論自由」，然而言論自由的惡化已經讓社會喪失了對公告危機的免疫能力，一切都發生了改變。

---

[43] 小哈里·卡爾文，《美國的言論自由》（李忠、韓君譯），三聯書店，2009年。
[44] 參考記者無國界網站：https://rsf.org/en/world-press-freedom-index-2014;https://rsf.org/en/ranking_table。

第四章　超越「敏感性」

　　對重大、敏感和群體性案件的代理，各地方司法行政管理機構有著各種各樣的限制、規定和懲罰，例如事前和事後的約談、對律師、律所的年檢制度、處分和吊銷執照的懲誡等，也有指定律師的安排等。這些指定律師通常起著配合檢控方、誘因被告認罪的角色，類似冷戰時期的蘇聯東歐集團國家內的律師角色。

　　然而，我們看到的是，從2003年以來，從高智晟到唐吉田、到「709」案件的人權律師群體，卻在對中國法治的某種規範性期望的激勵下，在越來越多的同道和群體激勵下，如同「脫敏化」一般蹈險地而入。在中共十八大後的中國公民社會也是人權狀況最困難的數年間，形成了一個相當規模的中國人權律師群體，開創了一個前所未有的中國人權運動進程。

道德敏感性

　　其中關鍵，或許就在所謂敏感性的政治化本身作為一種禁忌帶來的誘惑。羅爾斯在《政治自由主義》裡說，「合理的行為主體所缺乏的，是那種特殊形式的道德敏感性，而這種道德敏感性乃是人們介入公平合作，並按照那些可以理性地期許同樣平等的他人也會認可的條件也這樣做的欲望之基礎。」[1]

---

[1]　約翰·羅爾斯，《政治自由主義》（萬俊人譯），譯林出版社，2011年。

　　道德敏感性，羅爾斯是在公民的能力及其表現一節裡談的，指的是理性的個人，如何超越那種只對個人利益感興趣的病態化的自我主義，「通過終極目的對其整體生活計劃的意義來平衡各種終極性目的⋯⋯不限於手段——目的的推理」。羅爾斯強調，「純粹合理的行為主體可能缺乏一種正義感，認識不到別人要求的獨立有效性」，也因此「理性是公共的，合理性不是公共的⋯⋯正是通過理性，我們才作為平等的人進入公共世界」，形成為公平條款而行動的道德能力之基礎的道德力量，一種根本性的社會美德。[2]

　　換言之，所謂道德敏感性其實是一種理性個人在公共交往中獲得和體現的道德力量。最典型的或許就是陪審團的成員們在公正和獨立的審判程序下如何從合理性的行為主體轉變為有著正義感的理性個體，儘管在法庭他們身上的正義感可能更多地依賴一種正義的直覺，也是民意對刑法司法的影響所在。[3]而對中國的人權律師來說，在「人權」概念本身尚屬高度政治敏感的環境下，道德便成為人權的同義詞。如同著名人權律師也是刑事律師朱明勇為捍衛正義和人權，在他結集十數年的刑事辯護經驗的著作《律師手記：無罪辯護》的題贈上，寫下了「善良的心是最好的法律」。這甚至也是中國商業媒體能夠向公眾傳達人權概念的幾乎唯一方式。[4]

　　他們當然超越了合理性的行為主體即公眾或者普通律師對敏感案件的迴避，而是因為這些敏感空間的存在而發現共同的正義感並且逐漸集結。當然這種迴避的養成或者敏感性的認知就是盧曼所說的「一旦遭遇失望就去適應現實」，也就是認知性期望，當局通過法律以外的強制所達到的，而規範性期望則與此相反，並不會因為失望而放棄。[5]這種規

[2]　同上。
[3]　參考保羅・羅賓遜，《正義的直覺》（謝傑等譯）（*Intuitions of Justice and the Utility of Desert*, by Paul H. Robinson, Oxford University Press, 2013），上海人民出版社，2018年。
[4]　參見ElleMen中文版（睿士雜誌），〈大案律師訪談一：朱明勇〉，May 25, 2019: https://www.ellemen.com/person/a26925347/lvshi-4-190325/。
[5]　尼克拉斯・盧曼，《法社會學》，第81頁，世紀出版集團，2013年。

範性期望，在實踐中，特別是在道德社會而非政治社會的中國，往往具有了道德的力量或者以道德的形式出現。

這裡，引入羅爾斯關於正義的政治哲學概念，似乎有悖羅爾斯的原意：正義原則不僅在自由民主國家中擴展，而且延伸到合宜的等級制國家，但是不能延伸至所謂法外國家。法外政體（outlaw regimes）指的是拒不承認合理萬民法的那些政體，但是在這裡並不意味著循環論證，因為「人權是權利的一個特殊種類，他被設計出來，是要在適合當前時代的一個合乎情理的萬民法中扮演一種特殊的角色。」而且，作為一種普世性的權利，人權的外部邊界雖然止於法外國家，卻具有擴展到所有社會的道德力量，並且約束所有的人民和社會，「包括法外國家」。「拒絕寬容這些國家，是自由主義和正派性的結果……在萬民法之下，自由和正派人民就擁有不寬容法外國家的權利」。[6]

羅爾斯的萬民法當然只是一個理論建構，卻是有關人權的一個「現實的烏托邦」，且具有烏托邦的力量，向全球政府的建設提供了一個關於人權政治的自由主義解釋框架。且不論羅爾斯對法外國家侵犯人權時是否應該採取干涉行動的辯護其實是符合傳統的正義戰爭理論，譬如瓦爾澤（Michael Walzer）對戰爭的正義性和非正義性的劃分，[7]這種自由主義概念的建構卻不像羅爾斯自己所稱的，與一般意義上的實踐（行動）理性的推導無關，也與康德對實踐理性的先驗論「截然不同」。相反，他的這些冷戰後產生的思想——有關合乎情理的政治選擇，譬如「提出合作的公平條款」——卻合乎冷戰期間蘇聯和東歐集團裡發生的人權政治思想和實踐。

那就是哈維爾的「無權者的力量」所貫穿的「異議的哲學」，代表著一個曾經推動蘇聯東歐集團垮臺的「最後的烏托邦」。其中，哈維爾

---

[6] 約翰・羅爾斯，《萬民法》（陳肖生譯），第123頁，吉林出版集團有限公司，2013年。
[7] 羅爾斯承認他在戰爭正義性問題上的看法和瓦爾澤並沒有什麼差異（上註，第136頁），參考 Michael Walzer, *Just and Unjust Wars*, New York: Basic Books, 1977.

訴諸人權，從「77憲章」頻頻引用1975年《赫爾辛基協議》和聯合國的幾個人權公約開始，捷克的民主運動以人權為中心，包含著對「法律主義」的捍衛，以「持久和永不停歇地訴諸法律」來回應極權政權假惺惺的尊重人權。無論在當時還是現在看來，這種「普遍訴諸合法性以及人權法是最有希望的做法」。[8]

零八憲章

歷史地看，中國人權律師群體和人權運動的興起之初，幾乎是有意識地追隨了哈維爾和捷克的人權運動經驗。2008年劉曉波、張祖樺等人發起「零八憲章」運動，憲章文本號召紀念聯合國人權宣言發佈六十周年，訴諸人權為中國民主運動的核心，這是「零八」憲章運動與1989年天安門民主運動最主要的區別，儘管其他政治訴求相近、發起人劉曉波等也都是「八九一代」的遺存骨幹。在「零八憲章」的開篇，就是從聯合國人權宣言開始：

> 今年是中國立憲百年，《世界人權宣言》公佈60周年，「民主牆」誕生30周年，中國政府簽署《公民權利和政治權利國際公約》10周年。在經歷了長期的人權災難和艱難曲折的抗爭歷程之後，覺醒的中國公民日漸清楚地認識到，自由、平等、人權是人類共同的普世價值；民主、共和、憲政是現代政治的基本制度架構。抽離了這些普世價值和基本政制架構的「現代化」，是剝奪人的權利、腐蝕人性、摧毀人的尊嚴的災難過程。21世紀的中國將走向何方，是繼續這種威權統治下的「現代化」，還是認

---

8 塞繆爾・莫恩，《最後的烏托邦》（汪少卿和陶立行譯），第162頁，商務印書館，2016年。（Samuel Moyn, 2010: *The Last Utopia: Human Rights in History*, Harvard University Press）

同普世價值、融入主流文明、建立民主政體？這是一個不容迴
避的抉擇。

緊接著批評了中國的人權狀況，

二十世紀後期的「改革開放」，使中國擺脫了毛澤東時代的普遍
貧困和絕對極權，民間財富和民眾生活水平有了大幅度提高，個
人的經濟自由和社會權利得到部分恢復，公民社會開始生長，民
間對人權和政治自由的呼聲日益高漲。執政者也在進行走向市場
化和私有化的經濟改革的同時，開始了從拒絕人權到逐漸承認人
權的轉變。中國政府於1997年、1998年分別簽署了兩個重要的國
際人權公約，全國人大於2004年通過修憲把「尊重和保障人權」
寫進憲法，今年又承諾制訂和推行《國家人權行動計劃》。但
是，這些政治進步迄今為止大多停留在紙面上；有法律而無法
治，有憲法而無憲政，仍然是有目共睹的政治現實。

憲章還重申了人權的理念：

人權不是國家的賜予，而是每個人與生俱來就享有的權利。保障
人權，既是政府的首要目標和公共權力合法性的基礎，也是「以
人為本」的內在要求。中國的歷次政治災難都與執政當局對人權
的無視密切相關。人是國家的主體，國家服務於人民，政府為人
民而存在。

並且在一系列（19條）憲政改革主張中，要求：

切實保障人權，維護人的尊嚴。設立對最高民意機關負責的人權

委員會，防止政府濫用公權侵犯人權，尤其要保障公民的人身自由，任何人不受非法逮捕、拘禁、傳訊、審問、處罰，廢除勞動教養制度。[9]

對比兩個憲章文本，儘管兩者都以人權為中心，但是側重不同。「77憲章」明確避開了政治化鬥爭，而代之以法律化的道德，即強調公民和支持者的責任與團結：「七七憲章」並不打算變成政治反對的基礎。它的願望是為人類共同的利益服務，正如東西方很多類似的民權組織一樣，它並不打算提出它自己的政治或社會改良或社會變革的綱領。哈維爾在憲章提出的十年後，確認了這一道德化的路徑，「對於處在道德危機社會中的公民來說，唯一的、合乎邏輯的、有效的出路，就是從道德方面著手，尋求解決危機的辦法。」[10]

相形之下，零八憲章則提出了一整套憲政主義的政治體制改革方案，算是對1989年後有關憲政、民主問題多年討論後的知識分子和民主運動人士的基本共識。雖然總體並無激進之處，也未超過1989年天安門民主運動的要求，只是更具體，也更強調威權體制和社會危機的關係，人權則作為其中主要訴求和道義標準；但是，其發起人劉曉波還是遭到了殘酷迫害，最終於2017年7月死在獄中。

在首批303人發起之後，超過13,000人參與聯署。隨著劉曉波在2019年被捕、入獄、受審，以及當局對聯署人特別是首批聯署人的逐一調查和選擇性迫害的展開，以人權法律化為中心的中國人權運動逐漸展開，在憲章和聯署人的影響下，一批維權律師在很短的時間內轉型為人權律師，很快代替了民主人士參加聯署公開信這種傳統的民主運動群體和形式。

---

[9]　參見零八憲章全文：https://www.rfa.org/mandarin/pinglun/liuxiaobopinglunzhuanji/lxb-07132017104422.html。

[10]　瓦克拉夫‧哈維爾（Vaclav Havel），〈論《七七憲章》的意義〉，http://www.2008xianzhang.info/77.htm。

　　不過，在劉曉波2009年被捕、審判和2010年獲得諾貝爾和平獎後，憲章運動轉為一個持續的人權運動，由於聯署人和潛在支持群體的存在以及當局的鎮壓，造成人權狀況的惡化。坦率地說，某種程度上，這種模式和前述法輪功差別並不算大，1999年法輪功信徒集體抗議之後引發了鎮壓和圍繞宗教自由的抗爭運動，人權律師在此類案件中逐漸鍛煉、「脫敏」。另一方面，捷克式的人權運動卻不是自動地被複製，而幾乎完全由憲章支持者和人權律師們自發地堅持法律化行動而展開，並且逐漸社團化而自我增強其自覺性。標誌就是2012到2013年人權律師團的形成，律師團也因此成為「709」鎮壓行動的目標。

　　然而，這不是一個自動過程，或者對捷克和前蘇聯異議和人權運動的簡單重複；而是以「零八憲章」的動員為契機，民主人士和維權律師兩大群體相互間尋找到了正義——人權的共通性，將後者在司法實踐中遇到的「政治敏感性」轉為道德敏感性，自覺地發展出以法律化的道德為中心的人權運動形式，也改變了此前的維權訴訟和維權運動的性質，即「政治案法律化、法律案技術化」的「技術流」或政治中立的做法，越來越主動地探索人權辯護的方式，即「政治案政治化、法律案死磕化」的方式，窮盡法律主義和程序正義，並且借助社會運動的動員手法，把每一個人權案件、每一次庭審都變成一場人權行動。

結構化

　　在唐吉田、劉巍律師被吊照十周年之際，一個公民記者、維權運動人士的回憶重現了這一過程。當時在兩位律師的吊照聽證會會場外，聚集了從全國各地趕來的維權人士，不止是律師。接下來的幾年裡，高健的回憶重現了在人權律師團最終形成前的幾年，維權人士、訪民如何與人權律師們經常聚會聚餐、交流看法、互相認識的密集交往。他見證了許志永、滕彪、唐吉田、江天勇、艾曉明等著名律師和人權活動家如何

經常性地在這些聚會中介紹人權理念，促進最大範圍的團結。[11]

　　高健的回憶或許代表了很多「維權者」最初「懵懵懂懂」的人權認知，但對更多的人權律師來說，走向人權律師的道路，卻是他們的「道德敏感性」使然。例如隋穆青，自承始於2012年廣州當時的一次公民聚會上，在交換看法時與著名人權活動家郭飛雄「心意相合」：他們年紀相當，都參加1989年天安門民主運動，都簽署過「零八憲章」，都對憲政民主改革有著理想主義的追求，都對當下的政治腐敗有著嚴厲的批評。[12]更重要的，在這些惺惺相惜的共通之外，因為郭（楊）對民主運動的構思和隋對法律實踐的精通，兩人互相佩服、互相激勵，而深感人權運動作為兩人乃至許多同道者的共同事業是可預期、可操作的。隋牧青隨後成為2012年「南方街頭運動」抗議者的法律代理，然後在2013年初的「南方週末事件」中在現場和法庭為郭飛雄提供辯護，介入了隨後一系列重要人權捍衛者的辯護案件。

　　在隋牧青代理的人權案件中，有很強的「郭飛雄印記」。郭飛雄曾經叮囑隋牧青要「勤寫」，即要求人權律師的辯護不僅在法庭上，更要通過記錄留下歷史、擴大影響。隋牧青從2013年起便有意識地在每一件人權辯護案的審理期間或過後記錄到看守所和監獄的探望和在庭審的辯護實情，留下了大量第一手的照片和文字記錄。幾乎每一篇都引發廣泛關注，也引起外界對案件、人權捍衛者和審判公正問題的關注。

　　因為這種寫作和傳播意味著以社運的手法做庭外動員，喚起更多公眾的同情和正義感，對人權律師來說固然意味著增大被司法行政管理機構注意和被警方騷擾的風險，但也能夠增加對法官的輿論壓力，有利於人權律師的辯護。這在中國的審判環境下，尤為重要，既有利於增加這些人權捍衛者在庭審中和坐監期間與當局的談判籌碼，有利從輕量刑和

---

[11]　高健，〈我和人權律師相伴的公民行動十年總結和反思〉，https://zhongxuncn.blogspot.com/2020/04/blog-post_20.html。
[12]　參見2019年12月13日對隋牧青的訪談。

減刑，更有利於幫助他們得到一個較好的監所待遇。另一方面，在目前中國司法政治中，這也是幫助那些人權捍衛者的當事人積累社會聲望和政治資本。相比罪名和刑期，這是人權捍衛者更為在意和珍視的。

逐案書寫和傳播也因此逐漸演變成一種標準的人權辯護模式，逐漸被其他人權律師學習，並區別於普通刑事辯護。如隋牧青總結的，就是從代理關係建立伊始，即利用合法的探視機會，使用傳播手段，將人權捍衛者的聲音和意見傳給公眾，幫助他們抗爭形象的樹立和維護。在「709」案被強迫監視居住前，在極其困難的條件下，隋牧青利用每個探視機會盡可能地拍照、獲得代理人的書面聲明，並且盡可能多地撰寫和發表每個代理人權案件的總結，擴大案件影響、留下媒體記錄。這些珍貴的照片有黃琦、唐荊陵等，幾乎是外界能夠得到的的唯一來源。

至於郭飛雄，他在獄中的絕食抗爭和書面聲明等消息就是通過隋牧青律師的管道傳到海外媒體，他也在絕食後得到了讀書的權利及其他改善。人權捍衛者和人權律師的互相支持和團結完美地體現在郭飛雄和隋牧青的關係中，幾乎以他們兩人為軸心，直接促進了以郭飛雄為中心的「南方街頭運動」、「廣州三君子」等人權運動和代表人物的影響。而如此這般基於理性從私人交往進入公共領域的交往關係，在人權律師和社運界比比皆是，被圈內人士如范亞峰評價為「戰略行動者」的角色，是更大範圍人權運動內的地方化、「小圈子」基礎，推動了包括人權律師群體在內的民間力量多中心化網絡的形成。

例如，人權律師內部一個最為核心的團體便是新興的基督教徒團體。在高智晟2005年為北京牧師蔡卓華辯護之後，新教教會，當時還是地下教會，特別是在知識分子中較有影響的改革宗，與律師群體的紐帶就逐漸公開化，加入新教的律師越來越多，催化著他們向人權律師的轉型。2014年冬天，我便在蔡卓華牧師家中觀察到一群人權律師在聚餐後轉入查經，均是人權律師中的著名人士，他們以聖經信仰相互支持，也凝聚著人權律師群體。

　　而更重要的，這樣的紐帶很大程度上並不像郭飛雄和隋牧青的「心意相合」那麼簡單，還依靠著與人權律師和教會均有交集的知識分子、有著三重身份的范亞峰，對北京乃至全國的人權律師群體的凝聚做出了不可替代的貢獻。范亞峰是前中國社科院法學所的研究人員，也是改革宗信徒，早在2000年便創立「公法評論」和聖山網站，這也是1990年代末中國互聯網第一波發展期間留存至今幾乎唯一的公共學術論壇。以此為平臺，從2003年維權運動開始，特別是從2005年高智晟代表最初一代人權律師登上政治舞臺中心開始，到2010年范亞峰被強迫關押、被社科院解職的五年間，他積極組織北京知識分子、法律界、維權活動者和教會人士的聚會，促進不同群體的思想交流，組織基督教律師團，逐漸成為北京知識分子群體內的宗教領袖。

　　從2005到2010年，從事教會工作的同時，范亞峰一直堅持組織法律沙龍。這些沙龍不定期但是經常召開，規模在十人到數十人之間，形式上和此前北京知識分子從1990年代以來習慣的沙龍有很大不同：參與者圍坐的更緊密，每個人的自由發言也更積極，而不似傳統的一人主講模式；主題更面向行動和實務，更集中在法律理論和實踐上，富有現實感和操作感，而非一般公共論壇的務虛性或者批評性。2009年，我也在一次這樣的沙龍上遇到了從外省辦案剛剛回京的張凱律師，他在沙龍舉行的半程才趕到，和所有人分享在地方辦案的心得，眾人也有評點和交流，特別是在場的大學教師和社運活動家。

　　這種沙龍幫助維權律師的聚集和在整個法律界內部的社團化，並演化為基督教律師團，形成人權的共識。在觀念和組織層面，這一沙龍聯結著法律和基督教，結合著學術沙龍和團契的模式，頗類守望教會將民主神學應用在民主教權上的翻版。[13]在時間順序和形態上，聯結著1990年代公民社會沙龍和2010年代的人權律師，並且作為一種過渡形態，為

---

[13]　參見朱肇華，《兩岸政教衝突，北京守望教會與高雄錫安山個案研究》，第157頁，臺北：學術致知出版社，2015年。

稍後出現的人權律師遇到重大案件則召開研討會和集團作戰的模式做了準備。以范亞峰自己的總結，經過「2005到2010年的關鍵期，維權律師群已經形成」。維權運動在即將面臨嚴厲打壓而式微之際，已經準備好了自我升級。

與此同時，自2003年維權運動興起，律師們作為掌握一定話語權與制度資源的中產階級群體，特別是在經歷了2005年高智晟的高光、成為眾所矚目的維權律師群體之後。但是，至少到2010年唐吉田、劉巍律師被吊照之前，維權律師群體的光環遠沒有維權運動中的其他群體那麼閃亮，如自由派媒體和記者、NGO和NGO活動分子以及公共知識分子等。直到2010年後人權律師團的逐漸形成，這一景觀才發生改變，而且這一社團化的過程是在集結性的行動中展開，即維權律師的集體行動。

前述2014年的「建三江」案並不是「709」案前最後一樁大規模的人權律師集結，也不是第一次人權律師團的集結。在這之後，還有最後發生在2015年5月的兩次集結：黑龍江慶安的徐純合案，和人權律師在南昌抗議江西高院拒絕閱卷（「樂平冤案」）。而最初的集結，也就是人權律師以團體形式出現，則可追溯到2011年的廣西「北海案」、2012年的貴州「小河案」和2013年江蘇「常州案」。

這些案件，可以看作是此前人權律師介入的重大公共案件和死刑案件等類似案件的延伸：他們都不同程度地屬地方性案件，但是因為涉及重大公共利益、涉及最高法院的介入程序等普遍性因素而成為全國性案件，得到公眾關注；更重要的，這些案件不同程度地存在程序的瑕疵和政法委在庭審背後的操縱，在當局眼裡成為所謂「敏感性案件」，特別是因此發生了政法委機關、公安和法院等司法機關對律師辯護權、甚至人身權利的侵犯，從而產生了以人權律師團為標誌的結構化效應（structuration effects）。

所謂結構化，最初在英國社會學家吉登斯那裡是抽象地指代一個結構形成的動態過程，被用來形容和描述社會結構如何發生變化或變遷的

過程；在盧曼的法社會學意義上，這種結構化是通過意義構成的象徵性邊界和社會邊界之間的分化所構成的中介域——也是未來進一步結構化的機會空間——來完成的。[14]具體地講，就是「隨著認知性期望和規範性期望之間的分化的不斷增加，法律自身在社會水平上取得了獨立性，並且，在其意義結構上，實現了從更為具體向更為抽象的觀念的轉移」。[15]

對中國的人權律師們來說，從職業主義到維權律師到尋求人權標準的人權律師的轉型正是這樣一種結構化進程中的分化，他們的抗爭促進著這一分化，也幫助他們自身重整著與整個法律共同體的關係，貫穿著「709」案的前後。這些事件／案件所觸動的，不僅在於其本身所包含的普遍意義、關涉法治的根本問題，還因為司法當局對人權律師們在維權過程中的直接迫害而將這些普遍性問題轉化為捍衛法律共同體的更為根本、更為悲情的問題，被賦予了「捍衛法治」、「捍衛程序正義」、和「捍衛法律共同體和律師尊嚴」等關涉法治的二階意義。律師共同體的自我賦權超越了案件本身所涉及的被告權益或者表面的制度性問題，改變了普通刑事案件和刑事辯護的性質，也因此集結起越來越多的維權律師，並在悲情和思考中轉型為人權律師。

畢竟，如瓦爾澤（Michael Walzer）所說，律師們與他們所代理的人權捍衛者或者平行的人權運動不同的，是無法循著自由民主運動所要求的社會變化道路。[16]更進一層，在研究中國人權律師的愛娃・皮爾斯看來，他們所能做的，只有在已經形成的非正式網絡基礎上尋求建立獨立的自組織。[17]這或許才是以人權律師們為主體推動的人權運動與此前各

---

[14] Giddens, Anthony, 1977: *Studies in Social and Political Theory*, p.121, London: Basic Books; Luhmann, Niklas, [1984] 1995: *Social Systems*. p.124, Stanford: Stanford University Press (translated by Johen Bednarz, Jr., with Dirk Baecker, originally as *Soziale Systeme: Grundriß einer allgemeinen Theorie*, Frankfurt am Main: Suhrkamp Verlag).

[15] 尼克拉斯・盧曼，《法社會學》，第189頁，世紀出版集團，2013年。

[16] Michael Walzer, 2017: "The Politics of Resistance", in *Dissent* (Mar. 1, 2017).

[17] Eva Pils, 2018: "From Independent Lawyer Groups to Civic Opposition: The Case of

類民主運動的根本區別，也是在這些民主運動遭受鎮壓、其政治機會暗淡而人權律師們反而能夠逆勢而上的結構性原因。也因此，當中國人權律師從一開始就尋求「死磕」、自我歸類為「死磕律師」而區別於常規的維權律師，理論上並不完全是個人主義的選擇，訪談中可知大多數人權律師們最初也未自覺意識到這一點，更多的是他們個人化「死磕—抗爭」的結構化結果。

而且，這一結構化過程是伴隨著各地方司法當局對人權侵犯的性質愈加惡劣、規模愈加擴大而來的，維權律師們不得不從單打獨鬥式的以個人或以事務所為單位的死磕轉向集體行動、聯合行動，並且通過召開研討會和社交媒體的社團化，促進了維權律師們的結社和同時的政治化，也就是向人權律師的轉變以及人權律師團的正式形成。

China's New Citizen Movement", in *Asian-Pacific Law & Policy Journal*, 19 (1):110-52, p. 123.

第五章　中國人權律師團的崛起

　　從2011年到2015年的「709」，五年時間裡，中國的人權律師群體的結構化進程加速了。其中，彷彿蛻變一般的演化，是在行動主義和結社兩個層面上展開的：第一個層面，是隨著人權個案展開的，維權律師們先後在「北海案」、「常熟案」、和「小河案」三個案件中形成維權律師的集結。因為在常規的刑事辯護中，維權律師們第一次群體性地被司法機關羈押和起訴，為了維權律師們的維權，各地律師先後三次集結，為被羈押的律師們聲援和辯護。事後，在人權律師群體內部，這三次集結被稱為「三大戰役」式的「集團作戰」。在他們集體捍衛律師辯護權利、為程序正義的自我抗爭中，人權意識和人權行動出現了，推動了廣大維權律師們以人權律師相互認同。

　　在第二個層面上，隨著人權共識的形成和地方政法委干擾、迫害的加劇，也隨著其中人權律師領袖的出現，到2013年，人權律師們正式發起了人權律師團，並且在短時間內就得以擴展至數百名成員之多。此後，以人權律師為主導的中國人權運動逐漸升溫，雖然遭致2015年的「709」鎮壓，但仍堅持至今。

「三大戰役」

　　第一次大規模的律師集結，發生在2011年的「北海案」。「北海案」的起因是「北海裴金德等人涉嫌故意傷害案」，律師介入辯護後演變成為「北海四律師涉嫌偽證案」。刑事案情始於2009年11月19日，廣

西自治區北海市水產碼頭海域中發現一具男屍，死者黃煥海，被警方認定為他殺，裴金德、裴日紅等四人被認定為兇手。楊在新、楊忠漢等四名律師，作為四名被告的辯護人提出無罪辯護，在庭審中證明被告人裴金德等人沒有作案時間、並存在嚴重的刑訊逼供。該案於2010年9月26日第一次開庭，被告人當庭翻供，稱受到刑訊逼供，三名證人出庭作證。爾後，在北海市檢察院書面建議下，三名證人先後被公安機關刑事拘留。2011年6月13日，四名律師以涉嫌偽證罪名被分別拘傳和監視居住。[1]

　　在第一時間，北海市司法機關對刑事辯護律師的如此打壓和對《刑法》第306條的濫用在維權律師群體內激起了強烈反應。06月26日，各地律師紛紛自發趕往北海，包括王興、楊名跨、陳光武、李金星（伍雷）、張凱、朱明勇等著名律師，他們與當地的廣西百舉鳴律師事務所（楊在新律師所在所）主任覃永沛律師會合，為身陷囹圄的辯護律師及證人提供法律幫助，並正式成立「北海律師團」。這是律師團的概念第一次出現在中國司法實踐中，也因中國法律「甚至排除了律師團這一形式存在的可能」，引發了公眾極大關注。[2]

　　在2011年9月20日第三次開庭前，還有楊金柱、楊學林、覃永沛、周澤、徐天明、曾維昶等律師趕到加入辯護人團隊，律師李金星並於9月24日在互聯網上公開籌款，獲得75萬元，保證了律師團的順利工作。在10月14日第四次開庭後，連續審理到11月4日，創下大陸刑事審判開庭時長22天的紀錄，且法庭控辯激烈，出庭作證的警察甚至當庭威脅辯護律師。當然，他們已經這麼做了。2013年1月19到20日，楊金柱律師發起的「北海案研討會」在北海召開，全國各地的幾十位律師參加了會

---

[1] 參看青石（張磊），〈北海案和律師團〉，洗冤網，2014年7月25日：http://www.xiyuanwang.net/html/dlst_1251_1728.html（原載於：張磊，〈法律賦予的權利就要站直了爭取：「北海案」與「律師團」效應〉，《司法改革》第94期，2013年）。

[2] 同上。

議，並簽署了「立即釋放北海案各被告人的呼籲書」。[3]當年2月6日，北海市中級法院最終以尋釁滋事罪的罪名宣判三名被告有罪，但宣判日即刑滿釋放，另一名被告被宣告無罪，楊再新等四名律師被撤銷案件，獲得完全自由。

第二次戰役的「常熟案」，幾乎發生在「北海案」的同時，案件起因是2011年4月2日在江蘇省常熟市忠發公司內發生的一起群體互毆案件。當年8月15日，常熟市人民法院以聚眾鬥毆罪分別判處忠發公司的五名被告有期徒刑3年，闖入該公司行兇的另外24人未受追究。當地一熱心市民張洪峰隨後在中國社交媒體微博上發帖表示異議，認為五名被定罪的被告屬正當防衛。中國法律對公民的正當防衛限制頗多，法定的正當防衛權難以行使，這在中國公眾和法律界當中已經成為一個持續的焦點。張洪峰的微博言論因此引起了律師張凱的注意，在私下溝通後，2011年10月21日，張洪峰在微博上發佈「英雄帖」，宣佈律師團成立，報名律師多達15人，分別來自北京、上海、湖南等地，還有其他身居幕後的資深律師（周澤）和法學教授（易延友）等，並於當月底抵達常熟，開始閱卷、會見被告，準備二審。[4]

在與北海案幾乎同時成立的「常熟律師團」的壓力下，蘇州市中級人民法院並未直接召開二審，而是以「事實不清，證據不足」為由將此案發回重審。2012年3月21日重審開庭後，經過反覆溝通的律師團，以互相配合的戰術合力爭取到法庭的「非法證據排除」，成功啟動了中國刑事審判的第一次「非法證據排除」，喚醒了刑事訴訟法的一個沉睡條款。2012年4月12日常熟市人民法院仍以聚眾鬥毆罪名判定鬥毆雙方均有罪，但是「自衛」一方兩人被免於刑事處罰、其餘也從輕處罰，並對侵入忠發公司一方9人判處從三年零六個月到一年不等的有期徒刑。

---

[3]　參看王興（北海律師團成員之一），〈北海案大事全覽〉：https://chinadigitaltimes.net/chinese/278120.html。
[4]　參見李靖，〈常熟鬥毆案改判背後之控辯鏖戰：律師團自衛抱團〉，《京華時報》，2012年4月13日。

　　第三次戰役是「小河案」，整個過程漫長、複雜、艱鉅，如決戰一般，且影響深遠，可謂「709」之前最大規模、最廣泛的一次人權律師的集結，直接促成了人權律師團的形成，堪稱中國人權運動史上的一個里程碑。其案由，最初因貴州省貴陽市民營企業家黎慶洪[5]在2008年被貴陽警方確認為貴陽「花梨幫」頭領並於9月10日以「涉嫌賭博罪」的涉黑罪名刑事拘留（10月10日被批捕）。2010年3月25日貴陽市中院第一法庭開庭審理黎慶洪案，認定黎慶洪五項罪名成立，即領導黑社會性質組織罪、非法持有私藏槍支彈藥罪、賭博罪、聚眾擾亂社會秩序罪、非法採礦罪，判處黎慶洪有期徒刑19年，並處罰金30萬元。經二審前黎的辯護律師周澤的調查取證、向二審法院貴州省高級人民法院提交了近5萬字的無罪辯護的辯護詞後，2010年7月12日，貴州省高級法院裁定以「一審判決認定的部分事實不清」為由，撤銷一審判決，發回貴陽市中級法院重審。[6]

　　但是，經過所謂的「重新立案重新偵查」，黎慶洪等17名被告人被公安機關再次移送審查起訴，並被再次起訴，卻由貴陽中級法院指定基層法院的小河法院審理，自己擔當二審法院角色，規避了貴州省高級法院的二審可能帶來的不利。該案因此被律師界和媒體界冠之以「小河案」。而且，在二審開庭前的一年多裡，周澤律師十多次到看守所探訪當事人黎慶洪被阻擾，無法正常會見，被告的辯護權形同被剝奪；再審的共同被告還增加到57人，包括延請周澤律師的黎的妻子和幾乎所有黎的其他家人。

　　面對審判的荒唐進展，2011年9月3到7日，周澤在博客上連續發出

---

[5] 黎慶洪，男，1974年生，原貴州騰龍宏升投資開發有限公司董事長，原貴陽市第十二屆人大代表、貴州省第十屆政協委員。

[6] 參考許丹整理的，〈貴州小河黎慶洪案始末〉，濟南專業刑事辯護律師網：http://www.jnlls.com/NewsShow.asp?id=311242。在貴州省高院2010年7月12日發回重審前，除了周澤律師的調查和辯護詞，還有著名律師朱明勇自行前往貴州調查並在個人博客上發表〈神奇的貴州，蹊蹺的「黑幫」〉一文，質疑當地法院一審的定罪：http://blog.sina.com.cn/s/blog_4b5857fb0100j018.html。

「尋求律師同行支援書」、「響應周澤求助，眾多律師表示願意參與黎慶洪案辯護」、「我要不要宣告不再做刑案辯護？」，呼籲刑事律師加入「小河案」律師團，為多達57位被告辯護。至當年11月24日，周澤宣佈了一個「史上最強大辯護律師陣容」，包括了遲夙生、陳有西、楊金柱、楊學林、朱明勇、以及後來的斯偉江等知名刑辯律師，而願意免費參與貴陽「黎慶洪被涉黑案」的辯護律師多達200人。到再審開庭後的2012年7月，辯護律師們還另外組織了一個專家顧問團，包括江平、張思之、賀衛方、張千帆、童之偉、孫笑俠、徐昕等著名法學家，以及田文昌、趙長青、殷愛蓀、范忠信和李軒等；和一個律師觀察團，成員有許蘭亭、遲夙生、陳光武、吳革、張青松、李宵霖、郭建梅、魏汝久、李金星、楊名跨、劉志強、段萬金、王興、曾維昶和張穎等，主要是在開庭前就在政法委壓力下由被告解聘的和被司法局、警方驅逐的律師。

　　從2012年1月9日「第二次」一審開庭起，到2012年6月8日到7月23日的第二次開庭期間，集結在貴陽小河法院的律師們經歷了激烈的法庭攻防，圍繞管轄權、排除非法證據等展開了激烈攻防，檢方明顯存在偽證、起訴書漏洞百出，法官也製造了種種亂象，如禁止辯護律師發問、不給辯護律師基本時間閱卷、遲夙生律師被驅逐且「抬出法庭」、律師微博賬號被刪除、多達26名律師被不正常解聘或驅逐等等，被周澤律師後來稱為「司法流氓化集大成者」。[7]維權律師們除了在法庭上堅持抗辯和程序正義，則嘗試了各種「死磕」手法。

　　他們各自撰寫了大量文章發表在社交媒體上，僅張磊律師就連續撰文50餘篇，逾20萬字，楊金柱律師發表9篇質疑起訴書瑕疵的文章，遲夙生律師作為全國人大代表還在2012年3月「兩會」期間專門談論「小河案」問題。在「第二次」一審結束後等待二審期間，2012年8月周澤

---

[7] 周澤，〈「小河案」是司法流氓化集大成者〉，2012年8月30日，中國冤假錯案網：http://www.zgyjca.com/news_view.asp?id=239。

等律師兩次致信貴陽市中級法院，申請「黎慶洪案」二審公開開庭並要求通知證人出庭；9月5日周澤、李金星、張磊向貴陽市公安局遞交有30名律師參加的「集會、遊行、示威申請書」；同時，李金星律師發出兩份「就貴陽黎慶洪案給貴州省委趙克志書記的第二封公開信」，9月5日童之偉教授在博客上發表抗議黎慶洪案二審不開庭的文章；10月29日，周澤再次發表公開信「敦促貴州省政法委書記、貴州省公安廳長崔亞東引咎辭職書」。

結果是，按照經歷者斯偉江律師的形容，一列彷彿「蘇聯式公檢法案件流水線機器」的「烈火戰車」在社交網絡下維權律師們的集結和抗議的阻擊中「停了下來」。雖然最終判決變成了一場政治判決，保住了「法官不換、小河法院不換、黑社會罪名不換」的當局底線，但是第一被告黎慶洪量刑減少一年，多人被免於起訴，而且小河律師團們在歷經此次「戰役般」的集體協作鍛煉之後，贏得了公眾的極大尊重和聲譽，開始改變中國司法審判的遊戲規則。[8]更重要的，律師們在「道德感召、自帶乾糧」地奔赴中國一個偏遠省份為一個企業家做維權辯護的同時，中國人權律師團的雛形開始形成。

人權律師團的誕生

不過，在上述「三大戰役」前後，中國人權律師團的形成還可以追溯得更早，也在「三大戰役」進行中所營造的、不斷高漲的團結氣氛中呼之欲出。同時，這種自發而成的人權律師團，從一開始就面臨著結構性壓力，或者說各種去組織化的因素和選擇，決定了中國人權律師團在組織層面上的模糊狀態，也反映了中國人權律師團和人權辯護所面臨的政治壓力。

[8]　斯偉江，〈GAME CHANGING，規則改變：小河案回顧〉，2014年9月5日，隆安律師事務所網頁：http://www.longanlaw.com/legals/6239.html/。

　　在資深人權律師們的記憶中，最初的律師團嘗試，從一開始就和政治案件或者說人權案件相關，即2010年的劉賢斌案件。[9]2010年6月28日，四川著名的政治犯劉賢斌在兩次服刑12年後出獄不到兩年再被逮捕，第二天（6月29日）成都冉雲飛等發起有66人參加的「營救劉賢斌黃絲帶行動」公民關注團，貴州「人權研討會」同日加入，「我是劉賢斌」關注團隨後在安徽、湖南等省成立，第四天，2010年7月1日，由18位律師和法學家組成的「劉賢斌法律援助團」成立。北京著名的人權律師莫少平則成為劉賢斌的辯護人。這第一批「法律援助團」的大部分成員都是隨後的「三大戰役」和「人權律師團」中的中堅。[10]此後，「法律援助團」逐漸定型，變成「大案研討會」模式，結合了范亞峰從2005年起主辦的法律人沙龍的模式和骨幹，成為人權律師們應對「敏感案件」特別是大案的通常辦法，貫穿了「三大戰役」前後。

　　然而，在「三大戰役」的後期以及後來的「平度案」中，當局的陰影開始出現。例如，「小河案」之後，人權律師們不懈地於2014年8月30、31日在貴陽召開「小河案兩周年研討會」之際，遭遇當地警方種種干擾破壞，被迫在一處公園舉行。到2015年12月26日在北京召開「小河案三周年研討會」的時候，也是「709案」之後近半年，研討會規模已經大大縮小。雖然一方面在三大戰役和貫穿其間的各個法律研討會的推動下人權律師群體士氣高漲，但是另一方面，這些集團型辯護卻凸顯人權律師們面對個案的困境。

　　尤其是，在2010年唐吉田律師被吊銷律師執照的同時，李莊律師案的陰影貫穿著人權律師群體的集結進程。從2009年底開始，伴隨著重慶市檢察院和法院對李莊的一審和二審、到2011年6月11日李莊被釋放、再到2012年2月和11月李莊的助手馬曉軍和李莊分別起訴和控告重慶警

9　參考唐吉田（中國人權律師團發起人之一），2020年3月17日，通過Whastapp的訪談。
10　劉賢斌法律援助團成員有：張贊甯、郭蓮輝、滕彪、許志永、李和平、張凱、鄭建偉、劉士輝、張鑒康、江天勇、楊慧文、溫海波、唐吉田、劉巍、張立恒、劉正清、范亞峰、李仁兵等。

方，人權律師們處在越來越大的壓力之下，個案工作舉步維艱。當2013年9月北京新公民運動領袖也是兼職律師的許志永和資助者王功權被當局抓捕後，「敏感案件」的驟然升級顯然對既有的律師團模式形成新的挑戰。9月13日，唐吉田和王成、江天勇三位律師終於發起成立中國人權律師團，試圖以這種正式、公開的名義將此前參與個案律師團的律師們團結起來，以人權的高度進行政治辯護，並以人權律師的自我分類來保護自我，爭取更多的來自公眾和國際社會的支持，徹底扭轉人權律師們的困境。[11]

換言之，人權律師團的成立，很大程度上是迫於形勢，而選擇了快速的虛擬結社方式，試圖改變不利的抗爭態勢。一方面，這種結社嘗試可以追溯到更早2009-09年北京維權律師發起北京律師協會的直選改革，有著明顯的「法律人」定位，而非以此展開更大範圍的結社，或者追求更多的政治目標，如此前中國各類民主運動所嘗試的。如成立公告名稱所示，在唐吉田發起之初，另一位共同發起人江天勇為律師團還賦予了更為激進的「中國保障人權律師服務團」的名號，但經人權律師團內部討論後很快被廢棄，改以後來更廣為接受的「中國人權律師團」，試圖最大限度地獲取國際支持和公眾同情。

在成立之後，中國人權律師團很快就因不堪壓力而「風波不斷」，甚至因關於人權律師團的任務設定的分歧而發生分裂，導致唐吉田以外另兩位發起人在2014年先後退出。王成律師在2014年建三江案後因被拘禁期間的虐待和執業壓力而逐漸淡出。江天勇律師在2014年9月13日，即中國人權律師團成立一周年之際，因企圖引入非律師維權人士被律師團集體否決而宣佈退出，兩年後方重新加入。[12]

另一方面，在中國嚴酷的政治環境下，這一結社嘗試雖然只是一種虛擬結社，近似於人權律師群體的政治宣言，但是結構化的進程並未到

---

[11]　參考唐吉田（中國人權律師團發起人之一），2020年3月17日，通過Whatsapp的訪談。
[12]　參考唐吉田（中國人權律師團發起人之一），2020年3月17日，通過Whastapp的訪談。

此為止。在2013年9月13日的人權律師團成立聲明中，發起人不僅引述憲法之第二、第三十三、第三十五、第四十一條呼籲捍衛憲法權利，為「因行使自己的公民權利而被採取拘捕審判的公民提供法律服務，包括但不限於法律諮詢、刑事辯護、申訴、控告等」，還專門提及成立人權律師團的背景，也是人權在中國當下的迫切性，一種「緊急權利」的必要：

> 今年因眾多優秀公民因行使自己的公民權利被抓，律師界先後組織了多個個案律師團，但從今天王功權先生被刑事拘留來看，類似的事情還會有很多，這種為個案而組織律師團的方式不足以應對。[13]

其效果，至少在短期內為人權律師們介入人權案件增加了一個集體的平臺，大大鼓舞了中國律師們的士氣。在「人權律師團」成立之後的兩年間，中國人權律師團就法律修改、促進憲法權利、評選人權與法治案件，以及律師被任意羈押、失蹤和遭遇酷刑等的政治迫害發表了15份聯合聲明，也繼續介入了法輪功、基督教、徵地拆遷等類型化的人權案件和若干人權師被迫害的案件。[14]

---

[13] 參看王成、唐吉田、江天勇，〈中國保障人權律師服務團成立公告〉，2013年9月13日，中國人權主頁：https://www.hrichina.org/chs/content/6921。

[14] 參看〈風雨中我們一路同行：中國人權律師團成立兩周年聲明〉，2013年9月14日，中國筆會網頁：https://www.chinesepen.org/blog/archives/35228。該聲明列了15個聲明，如下：
  （1）中國「保障人權」律師服務團成立公告；
  （2）中國人權律師團關於廢除勞教、保障人權的共同聲明；
  （3）中國人權律師團律師對多名女性權益捍衛者被羈押一事的聲明；
  （4）法律人就《刑法修正案（9）》的法律意見聯署；
  （5）我們終將擁抱自由——中國人權律師團2015年新年獻詞；
  （6）呼喚「尊重和保障人權」的春天——中國人權律師團律師關於批准《公約》、踐行憲政的新年獻詞；
  （7）中國人權律師團關於唐吉田等四律師被拘的聲明；
  （8）法律人聯名要求國務院修改《公安機關辦理刑事案件程序規定》第374條，對國家安全犯罪嚴格範圍；

　　與此同時，因為人權律師團平臺的形成，人權律師群體的結構化就出現了加速趨勢。在周世鋒主導的鋒銳律師事務所之外，李和平律師主導推動了一個得到歐盟支持的「反酷刑」法治項目，從2014年起以研討班的形式組織模擬數次審判，尤其是有關陪審團的模擬和學習，對人權律師們的法治意識帶來震撼般的衝擊，甚至連參加模擬陪審團的廣西北海普通村民都以「流淚」的方式驚歎，「原來我們可以這樣當法官」。

　　也因此，當局借「709」案中被長時間監視居住的趙威之口，反映了北京方面的焦慮，他們擔心人權律師們作為推動中國法治創新的發動機而對既有的政法結構，造成無法想像的衝擊和改變。[15]他們將這些研討會汙名化為案件炒作，即「他們組織的所謂研討會無非是給『維權律師』和敏感人士提供認識和交流平臺，使這些人成為他們在中國進行滲透和平演變的幫手和棋子。」[16]

　　（9）聲援失聯律師王宇；
　　（10）中國人權律師團評選點評2013年度十大法治人權事件；
　　（11）中國人權律師團評選點評2014年十大人權法治案件；
　　（12）中國人權律師團強烈譴責貴州警方迫害劉士輝律師的聲明；
　　（13）關於北京益仁平中心3.24被查搜查事件的法律人聲明；
　　（14）撤銷《黑龍江省墾區條例》的聯署；
　　（15）中國人權律師團支持香港真普選，要求儘快釋放大陸聲援公民的共同聲明。
　　以及中國人權律師團從2013到2015年間介入的11件（類）人權案件，如下：
　　（1）建三江四律師被酷刑案；
　　（2）鄭州十君子被任意羈押案；
　　（3）余文生律師被酷刑案；
　　（4）謝陽律師執業中被毆打案；
　　（5）709律師被非法抓捕強迫失蹤案；
　　（6）崔慧律師被通州區法院毆打案；
　　（7）徵地拆遷案；
　　（8）基督教信仰案；
　　（9）天主教信仰案；
　　（10）法輪功信仰案；
　　（11）信訪人員被侮辱、傷害、任意羈押案。
[15] 李和平律師在「709」案中被審訊時，被審訊官申斥「中國絕不接受這種（陪審團）西方式的審判方式」。參考對李和平的訪談，5月13日，2021年。
[16] 參見「709案」一周年後，上海的《澎湃》網站發文，〈「人權律師」女助理取保後連發微博：否認遭性侵，想做律師〉。在這篇文章中，被迫認罪反省的趙威（李和平助手）做如是說。並援引稍早人民日報說法，稱這些研討會是炒作，即「北京鋒銳律所的多名成員自2012年7月以來，以『維權』、『正義』、『公益』為名，先後組織策劃炒作40餘起敏感案事件，嚴重擾亂社會秩序」，2016年7月10日：https://www.thepaper.cn/newsDetail_forward_1496379。

　　發展到「709」案前夕，2015年5月29日，重慶游飛翥律師因要求會見「慶安槍擊事件」聲援公民，而被黑龍江綏化市公安局以「尋釁滋事」為由行政拘留15日，而馬連順、唐天昊、葛永喜、徐忠四位人權律師接受游飛翥律師家屬的委託，赴慶安為游飛翥律師提供法律援助，卻又遭到慶安縣公安局的15天的行政拘留，在人權律師團的感召之下，數十位律師到達慶安聲援，660餘名中國律師在一份「關於黑龍江慶安警方大規模嚴重侵害律師權益事件的嚴正聲明」中聯署簽名。

　　而此刻，2015年中國人權律師團成立兩周年之際，其正式成員規模僅276人，還有更多未加入人權律師團的律師們以「外圍」身份在個案和日常聯絡中加入更大範圍的人權律師網絡。[17]當然，正式加入人權律師團的律師作為骨幹，也是同年「709案」偵調的主要對象，這也顯見「709案」背後的政治意圖。這正是本書後續章節繼續深入討論的內容，有關中國人權律師和人權運動對中國法治和政治的衝擊。

---

[17]　參看〈風雨中我們一路同行：中國人權律師團成立兩周年聲明〉，2013年9月14日，中國筆會網頁：https://www.chinesepen.org/blog/archives/35228。

死磕正義：
為權利而鬥爭

前兩部分已經回顧了人權律師在「709」案件中所呈現的基本面貌和人權律師團的形成脈絡。其中，律師們的道德敏感性扮演著將政治敏感案件轉為人權案件、進而將普通維權律師塑造為人權律師的關鍵。但是，中國的人權律師們何以走出不同於其他人權獲得者的一條特殊的抗爭道路，一般意義上的道德敏感性如何植入律師們的法律意識並且轉化為律師們的法律行動，需要更為具體和理論性的解釋。

在劉思達和哈里代教授（Terence Halliday）關於中國刑辯律師的政治學分析中，中國律師與司法機關所謂公檢法的「鐵三角」關係被假設為一種政治嵌入（political embeddedness），也即中國律師所面臨的在威權國家通常的一種司法困境：他們一方面為了當事人的權益而必須堅持程序正義並且不得不挑戰威權國家的權力，另一方面又不得不依賴他們與法官和警察機關的良好關係來解決實際問題、減少麻煩。[1]

這種緊張關係也被稱為威權國家當中司法實踐中的「政治自由主義」，如哈里代（Halliday）、卡匹克（Karpik）和菲利（Feeley）等人近年來所提出的理論，

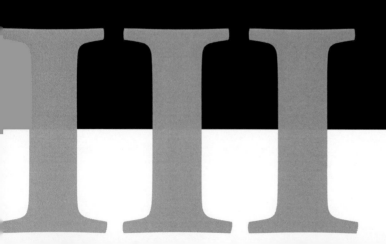

用來描述興起於1980年代末所出現的律師與司法政治變化的複雜關係，特別是在第三波民主化浪潮以及冷戰後階段在轉型國家的有限法律自由、政府權力和公民社會之間的互動。[2]這些律師在此種困境中的抗爭也因此被稱之為「政治律師」（political lawyering），扮演著對律師群體的動員和代言公民社會的雙重角色。[3]

例如前述組建人權師團的唐吉田律師，以及人權師團中的核心群體，他們在2014年公民社會遭受打壓之後成為逆勢發展的幾乎唯一的公民社會代言人，他們也自認那幾年裡中國公民社會最有活力的異議力量，即「死磕律師」（diehard lawyers）的興起和自我標籤化。[4]正是在這一代言過程中，他們超越代理的政治敏感案件而自身轉為政治敏感群體，遭致最後的鎮壓。皮爾斯形容這些人權律師以人權作為反對政治的替代和掩護，然而當局既不能容忍反對政治，也自然地視人權（律師）為顛覆性的。[5]這意味著「政治嵌入」的政治自由主義假說的失敗，還是中國人權律師們所代表的人權運動注定走向失敗？

[1] Sida Liu and Terence Halliday, 2016: *Criminal Defense in China: The Politics of Lawyers at Work*, p.1, Cambridge University Press.

[2] See Terence C. Halliday, Lucien Karpik and Malcom Feeley, 2007: "Introduction: The Legal Complex in Struggles for Political Liberalism", in Terence C. Halliday, Lucien Karpik and Malcom Feeley (eds.), *Fighting for Political Freedom: Comparative Studies of the Legal Complex for Political Change*, Oxford: Hart; Lucien Karpik and Terence C. Halliday, 2011: "The Legal Complex", in *Annual Review of Law and Social Science*, 7:217-236.: "The Legal Complex", in *Annual Review of Law and Social Science*, 7:217-236.

[3] Ibid, note 78, pp.3-4.

[4] Eva Pils, 2018: "From Independent Lawyer Groups to Civic Opposition: The Case of China's New Citizen Movement", in *Asian-Pacific Law & Policy Journal*, 19(1):110-52, p. 122.

[5] Ibid.

第六章　零號律師：莫少平

　　或許重要的不是成功或失敗，人權運動的成敗很難以短時間的鎮壓來衡量，可能也難以輕易地用是否具有創新性來衡量一個運動的貢獻。相反，外界還是觀察到，在所謂政治自由主義的張力之下，在「709」案的前後，在律師群體內部的分化，代表著盧曼意義的法律系統的內部分化，即兩種法律期望之間的分化。在這種分化中，人權律師獲得其獨立性和並塑造出成熟的人權觀念。

　　具體來說，這一分化實際沿著兩條路線進行，或者說出現了兩種有趣的分化結果：一是圍繞著對「敏感」案件實則人權案件的立場和態度，政治律師或人權律師群體與「紅色」律師或者官方律師群體的分化；二是人權律師當中「死磕派」或死磕律師的出現，因為對程序正義的執著，將許多看上去普通的刑事案件和私權性質的糾紛轉變為當局眼中的「重大敏感和群體性案件」，即人權案件，而招致當局對死磕律師或人權律師群體的忌恨和迫害。

　　理論上，律師們對公權力的挑戰轉換了耶林意義上以私法為基礎的抵抗，但是重複著耶林《為權利而鬥爭》的經典道路；而且，以人權律師團崛起為代表的針對公權力的挑戰，最終因「709」的集體迫害轉化為羅爾斯意義上的緊急權利問題，即政治性的人權問題，也凸顯了中國法律系統的困境——一個「法外國家」的性質。如果以人權律師為考察對象，他們的演變發展到2015年的「709」，正從人權的維度印證了中國逐漸向一個法外國家的定型。其中，道德敏感性似乎扮演著一個關鍵的參照，也產生了兩種律師的分化。

　　不過，當我們在談分化的時候，在系統論角度指的是盧曼意義上作為一個自創生再生產過程的結果，而且首先來自內部的社會問題，並非來自對環境的回應。[1]雖然無論北京當局還是國際社會，都傾向於將公民社會的興起和人權律師的抗爭等等看作改革開放下市場經濟與社會分化的結果，視為前者是受到「外部勢力」的影響、後者則為普世價值和國際公民社會的輸入結果，但是，在無法否認國際公民社會和國際人權運動的影響的同時，我們仍然有必要尋找中國的零號人權律師，如同探究武漢肺炎的零號病人一樣，才可能真正理解這一分化進程。

　　事實上，在對「709」律師的訪談中，這樣的「零號」幾乎無時不刻地存在著，律師們總是不經意地提到這位早在人權律師出現之前、甚至早在人權概念被律師、法律界和公眾接受之前一位曾經長時間孤獨地為異議者辯護的人權律師。這就是莫少平律師。在1989年天安門民主運動之後，莫少平開始為運動的被迫害者、也是他的朋友代理和辯護。在將近十年的時間裡，他幾乎是北京也是全國唯一一位活躍的為政治異議者辯護的律師。

　　他的代理名單幾乎包括了1990年代所有的中國著名政治異議者和民主活動家，如劉曉波、劉青、徐文利、江棋生、楊建利、陳小平等。在二十一世紀，尤其是「709」案的前後，他所代理的當事人則發生了戲劇性的變化，人權活動者變成了人權律師和法律界同仁，如高智晟、郭飛雄（楊茂東）、浦志強和最近的許章潤教授（法學）。也就是說，在1990年代到二十一世紀初很長的時間裡，莫少平幾乎以一人一所之力在擔當著中國政治異議運動的法律後盾，孤獨地堅持和開闢了人權辯護；在維權運動和人權律師運動興起的過去十數年，他仍然在其中擔當著中

[1] Luhmann, Niklas, [1984] 1995: *Social Systems*. p.193, Stanford: Stanford University Press (translated by Johen Bednarz, Jr., with Dirk Baecker, originally as *Soziale Systeme: Grundriß einer allgemeinen Theorie*, Frankfurt am Main: Suhrkamp Verlag).

堅，聯結著兩個時代，也聯結著中國政治異議運動和國際社會，因而在中國的司法體系和國際社會中都享有很高的聲望。

當然，另外還有一位從中國開始按照刑事訴訟法進行刑事訴訟、即文化大革命結束後審判「四人幫」時，為毛澤東遺孀江青辯護的著名律師張思之。相比莫，張在資格、聲望都堪稱前輩，也堪稱劉思達和哈里代的政治自由主義模式的律師典範：張是資深黨員，雖然持自由主義立場，卻受黨的信賴，與黨的政法機關保持著良好關係，深深嵌入中國高層的司法體系中。他們都共享一個政治自由主義的基本原則，即莫與張的政治辯護原則：政治問題法律化和法律問題程序化。

不過，相對於張思之更受黨的信任、與黨的司法高層保持著良好關係、經常出任黨的高官在遭遇腐敗指控時的辯護人，莫少平更傾向於站在民主運動一邊，相當程度地參與著北京自由派知識分子的活動，特別是2008年劉曉波等人發起的「零八憲章」運動。他是憲章的簽署者，雖然算是少有的一次公開表明政治態度的行動，但證實了他的「政治律師」的角色，有別於他的法學院校友、也有別於主流律師們，例如著名的「官方律師」陳有西。陳倒是很符合劉思達和哈里代的政治自由主義模式，作為黨員和前政法系統官員，備受官方讚賞，享有很高的民間聲望，也積極介入一些「敏感性」案件，但是和異議者案件以及莫少平為代表的人權律師群體保持著距離，譬如對他所在杭州市的「中國民主黨」的政治案件表現出「唯恐避之不及」的態度。[2]

換言之，與總體上均為「黨的律師」的主流律師相比，莫一直保持著某種「特立獨行」的姿態，與劉思達和哈里代所假設的以保持與黨國政法網絡良好關係為前提有很大不同。從1990年代初開始，莫即處在政治警察（後為正式的國保）的監視下，並且因為這種近距離的監視影響著莫的普通商業案件代理。關鍵的是，在他的執業生涯中，固然存在著

---

[2]　與莫少平的訪談，8月13日，2020。

法學院校友的聯繫網絡，但是他坦承並無刻意結交「公檢法」官員，與絕大多數中國律師們所依賴和經營的「法官—律師」關係有著很大不同。但是，有趣的是，在捍衛異議者當事人權益的時候，這種堅定的捍衛態度反倒讓他獲得了法庭和監視他的政治警察的尊重，他在法庭上少有遇到檢察官和法官對庭審程序的破壞或者不尊重；在法庭外，監視他的政治警察也會主動介入，幫助解決在看守所和監獄等拘押場所會見代理人時通常會遇到的障礙。

結果之一，在監視他的政治警察口中，莫少平和他的律師事務所成為中國代理所謂「敏感性」案件數量最多、歷史最久的律師和律師事務所。如此情形，頗似蘇聯時期著名的人權律師卡明斯卡婭（Dina Kaminskaya）。畢竟，整個中國司法制度事實上也是蘇聯司法制度的移植和翻版，但是直到1979年後才從一個持續30年之久的革命（臨時）狀態的司法體系轉向一個制度化體系。在以聯合國人權體系作為參照的同時，即便是粗淺比較兩國的律師制度、司法環境和人權律師的抗爭策略，也是非常必要的，有助於理解中國人權律師的起源。

作為一位戰後成長起來的資深律師，卡明斯卡婭為蘇聯時期的多位異議者提供辯護。這些異議者或異議案件包括1967年詩人Yuri Galanskov等四人出版反蘇案、1968年著名異議者（鬥士）Vladimir Bukovsky等人和平抗議審判Galanskov以及1968年幾個普通人（Larisa Bogoraz, Pavel Litvinov等）抗議蘇軍入侵捷克斯洛伐克等。無論案件多麼複雜，她都窮盡辯護手段，用她自己的話說就是「他們既非恐怖主義者也非極端主義者。他們只是用合法手段以抗議捍衛基本人權。而他們所期望的……是我的職業抗爭」。[3]卡明斯卡婭最終在1971年被蘇聯當局剝奪律師權利，1978年被驅逐出境。

在對卡明斯卡婭的迫害之後的1979年，蘇聯通過了新的《蘇聯律師

---

[3]　See Oleg Yegerov, "This Soviet lawyer fought her country in court", https://www.rbth.com/history/331469-soviet-lawyer-dissident-dina-kaminskaya.

法》和1980年的《蘇俄律師法》，開始鼓勵律師對公民權利的辯護，某種程度上可以看作1975年蘇聯簽署赫爾辛基協議的產物，也可以看作中國今天律師制度高度相似的前身。在1936年的大審判和蘇聯憲法通過之後，以1939年的《蘇聯律師章程》為標誌，蘇聯司法體系內律師其規模是有限的、作用也是有限的，他們並沒有民主國家律師們那種全力為代理人辯護的義務，反而有義務與法官和檢察官一起發現所謂「客觀真實、在加強社會主義方面相互合作」。[4]

　　儘管如此，基於大量回憶錄的新近研究發現，卡明斯卡婭不是孤立個案，無論是沙皇時代，還是最困難的史達林時期，以及延續到1970和1980年代的整個蘇聯歷史裡，律師們都扮演著俄羅斯社會重要的政治角色。律師們以有力、靈活的職業身份，在專業主義支持下，共同促進著自由、人道的政治趨勢，天然地反對著蘇聯的威權主義統治。[5]

　　整個中國司法制度事實上也是蘇聯司法制度的移植和翻版，但是直到1979年後才從一個持續30年之久的革命（臨時）狀態的司法體系轉向一個制度化體系。其中，律師制度的發展和律師規模的擴大、在法庭內外地位的提高則是姍姍來遲，直到1990年代初期律師總體規模才接近100,000人。特別是1989年天安門民主運動後的大規模鎮壓，如莫少平律師所見證的，在他代理的案件之外，大量異議者和民主人士都不得不採取自辯方式。而莫的意義卻不僅在於開創了中國人權律師的道路，更重要的，他這種正直、坦然地為通常律師所遠避的異議者的辯護工作，更具有辯護策略的意義，也能從中反映整個司法政治的內部分化，特別是「政治自由主義」辯護策略的成功與困境。

　　簡單地說，這種跳離更接近上述蘇聯時期人權律師的專業化態度和他們的天然反對，體現在莫少平律師在過去三十年所經歷的兩個階段的

---

[4]　王海軍，《蘇維埃政權下的俄羅斯司法》，第222、232頁，法律出版社，2016年。
[5]　Juliette Cadiot, 2016: "Accessory and Witness The Profession of the Lawyer under Stalin (1945–1953)", p.155, in *Annales Histoire Sciences Sociales* (English edition), 71(1):153-182.

辯護策略和困境中。首先，莫少平的政治辯護從一開始就堅持著「政治問題法律化、法律問題程序化」的專業主義原則，至今未變，也是他個人保持與人權運動和政治異議者辯護者其角色的關鍵。只是，前述陳有西等所謂主流律師也代表一種所謂專業主義，如施泰因和劉（Stein and Liu, 2020）所觀察到的一種國家支持的法律專業主義，卻更像是一種「偽專業主義」，或是「去政治化」的修辭，以避開所謂政治敏感案件的執業態度對待政治案件和人權案件，在程序問題上往往以配合主義的姿態迎合公安部門和檢察機關的指控。[6]

　　其次，在堅持這一專業主義辯護的同時，莫少平始終在個案上保持與國際媒體的溝通、與外交官和國際法學共同體的聯繫，以此彰顯其為異議者或人權捍衛者做刑事代理的政治辯護性質。這兩點策略作為中國人權辯護的基本經驗和原則一直持續到今天，理論上將政治自由主義辯護的嵌入條件，也就是辯護的合法性源泉擴展到了國際人權的範圍。換言之，從這一策略應用一開始，從著名被告到辯護律師，辯護就具有了人權辯護的性質和普遍性。

　　但是，在過去三十年的辯護生涯中，這兩項基本原則的成功踐行並不容易，來自當局的干預在不同歷史階段都不同程度地否定著這兩項原則。在1990年代的第一階段，在1989年後對那些著名政治異議者的審判中，莫少平代理的辯護重點，主要不在程序方面，例如控辯雙方通常都對證據沒有多少爭議，被告往往坦然承認自己的所謂「煽動性」言論，視為言論自由和批評政權的憲法權利，法庭辯論更多集中在法條適用和量刑上。而對後者，主審法官往往私下承認他們個人無權決定法條適用和量刑多少，形式上由主審法院的審判委員會討論決定，事實上由黨的政法委甚至最高層來決定，也就是政治審判。甚至因此，這些法官和法

6　Rachel E. Stein and Lawrence J. Liu (2020), "The Good Lawyer: State-Led Professional Socialization in Contemporary China", in *Law and Social Inquiry*, Vol.45, Issue 1, pp.226-248.

院反倒也只能十分注意程序上的正當，顯示其專業性和「依法審判」的公正性，減少在程序環節被國際社會批評的瑕疵。

　　然而，在2003年維權運動興起，這也是莫少平人權辯護的第二階段，情況開始發生變化：程序上的爭議和攻防變得普遍和激烈，在單方面的警方威逼下被告的認罪或者妥協情形也經常化，庭審辯論的焦點變得複雜化，譬如對事實的認定常常出現爭議。檢方往往任意地將普通行為「歸罪化」，反映了中國當局在二十一世紀更傾向於將公民正當權利言論和行為的「刑事化」態度。政治自由主義的人權辯護方式在這一階段開始形成、並普遍化，雖然促進了人權辯護的普及和人權律師群體的擴大，但也很快陷入困境。即，莫少平從他的人權辯護經驗中所總結的基本策略「政治問題法律化、法律問題程序化」，面臨著巨大困難。在日益加劇的黨政機構的威權濫用和司法當局對程序的不尊重之下，政治自由主義的刑事（政治）辯護策略越發難以實踐。其他人權律師正是在這一背景下開始嘗試更為激烈的辯護方式。

第七章　權利和法感

　　儘管莫少平的專業主義，即「政治問題法律化、法律問題程序化」，在過去二十年中國的人權辯護實踐中越來越困難，但是，仍然有相當一批律師在走上人權辯護道路之後，始終堅持這一原則，例如北京的梁小軍律師等。他似乎也因此僥倖地躲過了「709」的大抓捕。這並不意味著專業主義律師為人權辯護的貢獻有任何減弱、或者有任何退縮，其實相反。如莫少平始終作為人權運動的後盾，梁小軍律師也在「709」期間被司法局和國保警察口頭威脅後，不理睬「不得代理（709案當事人）、不得撰文（在社交媒體）、不得接受（媒體）採訪」的警告，以各種方式積極參與到「709」的救援行動中。

　　在實踐中，按照莫少平律師的經驗，主要圍繞法條適用、證據和程序三者展開，且在不同歷史時期其抗辯焦點不同。邏輯上，如莫少平律師的總結，是以對法律認知的三個假設為前提：一是法律提供正義而非相反；二是法院裁判的相對獨立；三是各方尊重司法程序，且律師有義務為代理人抗辯、也有足夠的抗辯權利。然而，隨著司法環境的惡化，人權辯護的重點越來越轉向對程序正義的堅持和追求。所謂死磕派律師正是在這一背景下出現的。

　　但理論上，中國人權律師從1990年代一開始所確立的這一原則，就大體對應了政治自由主義的三個基本條件：首先，個人擁有一些基本法律自由，並且這些自由得到了保護；其次，適度的政府權力，其中關鍵是司法獨立；最後是公民社會。從前述中國人權律師的抗爭個案也可以看到，人權律師，或者維權律師之形成，正是沿著這一政治自由主義的

路徑展開：他們假定法律對法律自由即人的權利的維護為當然，然後相信法院能夠在某種程度上做出公正的裁決，至少在地方層面上表現出相對的獨立性，並且以公民社會的支援作為抗辯的庭外支持力量，這既是中國法律話語自身所允許的（如以所謂「民憤」作為量刑參照）、也是並無真正獨立的中國司法中的公共輿論考量，藉以平衡過於強大的警方力量和背後的政法委裁量。

　　尤其最後者，如皮爾斯所強調的，可能正是中國人權辯護的主要特點，即「通過公開和民主的表達權利」超越法庭來曝光司法程序的各種障礙。[1]事實上，在前述幾乎所有的人權律師裡，從1989年後的莫少平到梁小軍、唐吉田、隋穆青、張凱等等，都共享著這一特點，也因此明顯地區別於其他主流律師。而司法部門對律師的控制往往也集中在這一點上，人權律師們與行政當局圍繞著公民社會的角色、圍繞著對案件的「社會影響」的控制，從1989年後到今天、特別是「709」案當中，展開著激烈的鬥爭。某種程度上，圍繞這一維度的鬥爭甚至超越了圍繞程序正義的死磕鬥爭。也因此，更激進的人權律師們往往採取了更為激烈的、近乎街頭運動的手法。這或許正是當局不惜代價發動「709」專案的初衷所在。

　　譬如，公眾更關注的，也是人權律師真正獲得巨大社會聲望的，通常不是上述有關宗教自由、言論自由等明顯等政治案件，而是與公眾利益和日常認知更直接相關的刑事案件，主要是那些爭議性較大的刑事案件。而且，這些案件往往涉及「死刑」判決，與最高法院的死刑覆核有關；或者涉及較大規模的「反黑」、「拆遷」或類似「毒奶粉」案件，凸顯重大公共利益，超出了普通刑事和民事案件的影響；也可能涉及律師自身權益，如「709」案之前2010年的「李莊案」、2011年的「北海案」等，因為警方和檢方對律師權益的蓄意侵犯而被維權律師共同體

---

[1]　Eva Pils, 2015: *China's Human Rights Lawyers: Advocacy and Resistance*, pp.236-239, New York: Reutledge.

視作衝擊法治根本的重大挑戰，導致輿論譁然。甚至在「709」鎮壓前夕，鋒銳事務所律師和法律助理吳淦遠赴江西南昌抗議江西高院拒絕律師閱卷權的行動，在引發廣泛社會關注的同時也成為「709」案的導火線。

當然，這類案件，即前述官方主導的司法政治話語中的「重大、敏感、群體性案件」，在實踐中是一個相當彈性、任意的概念，各地方政府會根據地方的「敏感度」有所調整，通常都是下調敏感度，甚至那些異議者也因為在北京和地方享有不同的「敏感度」對待。在北京看來不太重要、不太敏感、集體抗爭規模有限的小案子在地方層面就可能被放大，被當作重大、敏感和群體性案件，備受重視，對律師的言行控制也是層層加碼，導致大部分人權案件都是由北京律師代理辯護，地方律師通常採取迴避態度。譬如直到2016年北京市司法局的類似文件也還限於「報備」，並未明文限制律師的言行。而且，隨著社會矛盾發展和「維穩」強化，這些「重大敏感群體性案件」的清單也在不斷補充和加長。

比較而言，這種干預屬相對於政治自由主義的「非自由主義」一面。約西・拉賈（Jothie Rajah）對新加坡法治的分析發現，一些法規破壞著政治自由主義的上述特徵，用來擴大政府權力、限制法院、消解公民社會、漠視基本的法律自由，最終被新加坡政府當作摧毀政治反對派、壓制公民社會和推進人民行動黨各項保守、集權性安排的工具。[2]在中國，政治自由主義也好，或者從莫少平到梁小軍等踐行專業主義的人權律師，相比新加坡的口頭法治存著更嚴重的「缺乏、斷裂和覆滅」[3]，政治自由主義的三方面——法律自由、司法獨立和公民社會——其中前兩者被制度化的黨對司法的控制所扭曲，而人權律師唯一的支援力量——公民社會——則衝突最為激烈，並在「709」案之後

[2]　同上，第13、45頁。
[3]　約西・拉賈，《威權式法治：新加坡的立法、話語與正當性》（陳林林譯），第13頁，浙江大學出版社，2019（Jothie Rajah, 2012: *Authoritarian Rule of Law: Legislation, Discourse and Legitimacy in Singapore*, Cambridge University Press）。

遭受司法行政當局的嚴厲控制，從而凸顯「709」案和中國人權律師的衝突焦點所在，即是人權律師和公民社會的關係，也就是官方所擔心的「社會影響」或者對人權案件之「重大、敏感、群體性案件」的定性修辭。

由此，我們可以得出在人權律師與官方所展開的人權案件，其理論聯結在於人權律師和公民社會的聯結，不止限於通常的異議者、反對黨和人權捍衛者為主體的政治案件，也不限於言論、出版、宗教和結社等法律自由所相關的特殊人權、或者與刑囚虐待、強制失蹤、超期關押等有關的刑事虐待和程序問題，而是包括了更為廣泛的從私權利到民主政治訴求的公民權利問題。在這意義上，維權律師和人權律師的概念劃分和實際業務其實相當模糊，這或許也是二十一世紀初中國維權運動興起催生人權運動或者發生向人權運動轉型的原因。

其中最具代表性的，不是零號律師莫少平，也不是後來在人權律師團成立前後湧現出來的人權律師領袖，而是「709」案中與周世鋒（「集團」）並列的李和平律師，他聯結了早期人權律師為政治案件的辯護類型和後來為法輪功等宗教信仰案件的辯護類型，也聯結了人權律師團和海外人權法律團體。這些聯結點，以李和平參與、承辦的若干案件以及他在其中所做的人權辯護呈現出來：

（1）2002年，與張思之、莫少平等資深人權律師同台參與「新青年學會」案的辯護。作為後來成長為著名民主和社會活動家楊子立的辯護人，早於大部分人權律師，李和平在此案後開啟了人權辯護生涯，逐漸成為中國人權律師領袖；

（2）2004-2005年，參與浙江東陽畫水村鄰避運動的辯護，這是二十一世紀中國首起引起廣泛關注的環境運動（案件），李和平的辯護成功迫使當地法院在開庭審理後擇地再次開庭；

（3）2005年5-6月，作為高博隆華律師事務所主任，與江天勇、李春富律師等先後為山東臨沂地方反對強制計劃生育的運動領

袖陳光誠提供法律援助；

（4）2005年，與高智晟、滕彪一道參與營救因為陝北延長石油案
　　　民營企業家而被拘留、逮捕的朱久虎律師；

（5）2006年，作為基督教「三班僕人」教會「邪教案」第一被告
　　　徐文庫的辯護人，李和平做了無罪辯護，在法庭上特別闡述
　　　了宗教自由和教會財產權，引發國際社會極大關注；

（6）2007年，作為主要辯護人，為石家莊法輪功信徒王博一家三
　　　位被告做了無罪辯護，其辯護詞「憲法至上、信仰自由」在
　　　法輪功信眾和海外媒體中再次引起極大關注；

（7）2014年初至2015年「709」，李和平律師主導推動了一個受歐
　　　盟支持的「反酷刑」法律倡導項目。

　　這些主要發生於維權運動早期的人權法律工作，在幾乎每個具體領
域都是開創性的，也奠定了李和平作為中國公認的人權律師領袖的地位
和貢獻。而對他個人、對整個人權律師群體來說，出身華北貧苦家庭的
他對勞動大眾疾苦的感同身受和強烈的同情心，卻是他自己更看重的特
質和驅動力，讓他有著超乎常人的對正義的敏感性，也是和其他人權律
師的紐帶。[4]

　　而理論上，早在十九世紀德國法學家耶林的名著《為權利而鬥爭》
中，法感（Rechtsgefühl）作為一個關鍵概念，聯結著權利和人格，也聯
結著國家和法律，被看作「為權利而鬥爭之社會義務」的基礎，與本書
所強調的中國人權律師的「道德敏感性」幾乎是同一個詞，也因而是理
解中國人權律師其抗爭運動的關鍵。在耶林看來，法感就是人對所遭受
侵害的事實上的反應程度，而權利的本質便是法感，既有關人們最斤斤
計較的利益，又站在人類理想的高地，即利益和道德性的統一。它包含
敏感性，即感受權利侵害行為痛苦的能力，又包含行動力，是個人或民

---

[4]　參考對李和平的訪談，5月13日，2021年。

族面對侵權行為所採取的態度。[5]

　　尤其後者，耶林強調的是面對恣意侵權時所表現出來的勇氣，是區別於原始的復仇情感，即依賴個人的品行和社會的團結，形成崇高的道德理念，包括：對法律的高度尊重、對法律神聖性的信仰、真實的能量和健全的法感。然後，在此基礎上，因為人人堅持為權利而鬥爭，政治和國家才成為可能，即耶林所說是通過生活中的瑣碎關係一點一滴地形成、彙聚成力量，國家才可能積累必要的道德資本力量，也就是通過私法，而不是國家法，才是所有國家進行政治教育的學校。相反，權利也成為不僅是檢驗個人人格是否健全的試金石，也是檢驗國家道德合法性（即韋伯意義上的正當性）的試金石。

　　對比前述羅爾斯意義上的道德敏感性，與此幾乎沒有什麼不同，只是更專門地從權利抽象化與「專門設計出來」的人權概念聯結，作為一個很大程度上是政治概念的框架，賦予權利一個更普遍的道德坐標系。換言之，其敏感性的主體不僅是普通個體，更主要地由人權活動者、律師、媒體和政客們來擔任，並且可能聯結不同的道德群體即更廣泛的公民社會，對侵犯人權的行為、法律、制度和政治做出審查，即人權的審議政治（deliberative politics）。作為人權運動之深層結構化，這正是人權律師團成立後到「709」被鎮壓前夕的短短幾年內，在已經極其兇險逼仄的政治空間裡最後嘗試的。

　　相對的，當道德敏感性被反向地由國家主體來承擔，表現為對人權的不承認，對所有的人權批評持拒絕的態度，甚至對內部的人權批評者和人權活動家實施鎮壓和迫害，那麼，這樣的政體被羅爾斯稱為「法外政體」（outlaw regimes）。這樣的法外政體和那些因為固有的歷史、社會和經濟狀況而難以組織有序的政體並列為萬民法之外的非理想狀況。[6]

5　魯道夫・馮・耶林，《為權利而鬥爭》（劉權譯），第28-29頁，法律出版社，2019年。
6　約翰・羅爾斯，《萬民法》（陳肖生譯），第34、35頁，吉林出版集團有限公司，2013年。

　　這種囿於民族國家傳統「法外政體」和具體的道德群體相互穿透，就很容易發生分化，甚至在某些方面容易走向人權的特殊性而非普遍性，陷入與強調人權特殊性、國別性或在地性的人權迫害國家（威權國家）陷入某種意義的話語同構然後再度發生分化。

　　所以，有必要從中國模糊的維權與人權的劃分中深入下去，探討中國人權律師的演變與法外國家的鞏固這一平行進程。其中，耶林的法感轉為道德敏感性，扮演著一個關鍵的參照，聯結著人權律師與包括國際公民社會在內的公民社會，也產生了相對於專業主義辯護而言的兩種死磕律師的分化。

第八章　兩種死磕

　　從人權律師的零號律師莫少平的人權辯護生涯來看，如果說其人權辯護始於1989年的民主運動作為中國人權辯護的起點，那麼1989年的民主意識可能代表著人權辯護最初的「法感」來源，可以在前述幾乎所有被訪談的律師當中發現它的存在。然而，隨著1989年後民主運動的式微，公民社會的引入和發育，人權辯護的「法感」有了更多的來源。在法律和法學之外，人們開始尋求更為直接的道德資源和政治概念，特別是從這一時期活躍的多元思想潮流和社會運動當中汲取正義的支持。然後，幾乎自2003年維權運動興起的一開始，我們就能看到後來人權律師的興起和興起同時發生的兩個面向──殉道派和死磕派的分化。

　　在通常的法庭對抗制下，人們用「熱忱辯護」（zealous advocacy）指代那些在法庭內外表現出更多激情的辯護方式。[1]與之相比，莫少平、梁小軍等專業主義的辯護風格也已經相當「熱忱」。這種熱忱仍然相對應地體現在三個方面：與被代理人以及被代理人所處的群體或運動交往密切，有著關於法律自由和更大範圍的理念認同；堅持在每次代理案件時都與包括國際媒體、國際NGO在內的媒體和NGO通報情況，甚至發表評論和意見；然後，更重要的是，以堅持專業主義和保持社會影響增加法庭上的抗辯能力，增加法庭外與政法委等黨政機構討價還價的籌碼。

---

[1]　參見：門羅・弗里德曼（Monroe H. Freedman），《對抗制下的法律職業倫理》（*Lawyers' Ethics in an Adversary System*），吳洪淇譯，中國人民大學出版社，2017年。

以此，因為人權律師在理念、媒體和法庭上的對抗性增強、與媒體和學院內法律共同體一道推動法庭抗辯實踐，逐漸形成公眾在過去二十年所看到的「死磕」印象，其實只是從律師角度單方面地增強中國法庭的抗辯色彩，並讓公眾更多地關注庭審，改變此前無論是糾問制下的不利局面或者庭審的「形式主義」問題，迫使庭外的決定力量面對公眾的質疑，從而認真考量辯護律師的辯護意見，盡可能地回歸庭審和程序本身。

在這個意義上，最初的專業主義人權辯護與後來的「死磕」律師在辯護方式上並無本質差別，死磕律師們只是在最後環節有著更多創新，更經常地拷貝了社會運動的媒體策略和街頭抗爭的手法，並且更經常地將自身職業聲譽與案件或代理人綁在一起、同進退。例如，建三江案中人權律師以集體和接力絕食抗議、「709」前夕江西高院前律師和訪民群體的街頭抗議等等。特別的，在鋒銳律師事務所的雇員中，「屠夫」吳淦並非律師卻是著名的「維權鬥士」，擔當著抗議戲碼的設計和組織者，也成為「709」案中被判刑最重的人。

在「709」逮捕後陝西省律師協會發佈的《陝西省律師協會關於律師參與辦理重大、敏感及群體性案件的指導意見》中，我們可以看到中國司法當局所在意的這些「死磕」是什麼。這封文件明確針對「死磕」律師和「死磕」行為，做出了清晰的但是政治化的敘述。該文件規定：

> 不得對案件進行歪曲、不實、有誤導性的宣傳和評論，不得攻擊、詆毀辦案機關及其工作人員，不得以發表公開信、鼓動助推輿論炒作、組織網上狙擊、圍觀、聲援等方式製造輿論壓力和社會影響，不得在辦案中公然違反憲法確立的根本制度、基本原則，發表危害國家安全等《律師法》禁止的言論或發表與社會主義法律工作者使命、職責、身份不符的言論。

> 不得煽動、教唆案件當事人或者其他人員採取擾亂社會治安管理
> 秩序和國家機關正常工作秩序等非法手段向辦案機關施加壓力，
> 不得鼓動、發起、參與案件當事人或其他人員以非法串聯、集
> 會、遊行、示威、聚眾擾亂公共秩序等方式表達訴求，以輿論炒
> 作、造謠生事、攻擊詆毀等方式干擾案件依法辦理。

對未參與辦理重大、敏感及群體性案件的其他律師，該文件也
要求：

> 不得以干擾案件辦理結果為目的，對正在審理的案件公開發表意
> 見和評論，不得組織、參與、支持任何形式的聲援團或以在網上
> 聚集、圍觀、聲援等方式製造輿論壓力和社會影響。[2]

基本上，這些要求一方面旨在限制所有律師在接受委託「重大敏感群體
性案件」時的言論和行為，約束人權律師的代理自由，試圖切斷這些案
件通過辯護律師與公民社會建立起的聯繫；另外一方面，也反映了人權
律師曾經嘗試的主要「死磕」手法。

例如，在「709」前的「建三江」案中，影響最大的一段情節不是
第二章曾經描述的那些人權律師如何探訪、被拘留以及被監禁的法輪
功學員如何最終獲釋等，而是一批人權律師、人權活動者、同情者等
不斷從外地自發趕赴建三江，參與在拘留所外的集體靜坐、守夜和絕
食，抗議當地公安任意拘留人權律師。最早趕赴現場聲援的人權活動
者向莉回憶說，2015年3月25日，在七星拘留所外聽聞與被押人權律師
王成同監而剛釋放的被拘留者目擊王成被警察用鞋底打臉後，在場聲

---

[2] 參看《陝西省律師協會關於律師參與辦理重大、敏感及群體性案件的指導意見》，2015年
9月15日，陝西省律師協會網站：http://www.sxlawyer.org/newstyle/pub_newsshow.
asp?id=29005248&chid=100180。

援的張磊和李金星律師開始48小時的絕食，抗議警方對律師的無理拘留和虐待。當晚，兩位絕食律師和向莉以及其他聲援者在看守所牆外守夜。[3]

絕食，作為可能僅次於自殺的激進抗爭，也是人權律師們迄今為止最為極端的死磕形式。他們在看守所外的抗議現場絕食，穿著大衣秉燭守夜的照片，吸引了中國互聯網、公眾的關注和國際媒體的廣泛報導。甚至當地「黑監獄」被長期非法拘禁的法輪功信徒蔣欣波，也是四位被拘留人權律師所代理的，也在被拘禁狀態下從看押警方手裡看到了他們的「燭光守夜圖」，而且證實了北京方面的多位官員不得不遠赴邊陲、尋求解決方案，直至2015年4月23日她被釋放，稍後不久「黑監獄」被關閉。[4]

「屠夫」吳淦和死磕的藝術

在死磕的技術方面，更具代表性的可能算是鋒銳律師事務所的吳淦。他以「屠夫」的網民著名，將死磕發展成為一項社會運動的藝術，並有總結其死磕藝術的《殺豬寶典》的小冊子流傳在中國互聯網上。從2009年的鄧玉嬌案開始，吳淦冒起在維權運動的前線，然後逐漸融入人權律師群體，儘管他個人始終以一位維權行動者自居，並非一位職業律師，只在「709」案前不久加入鋒銳律師事務所，作為一位法律工作者繼續人權捍衛的工作。

與其他維權者不同，他的行動富有創意，往往能在第一時間吸引社交媒體乃至傳統媒體的關注，促進案件的推動。他的《殺豬寶典》猶如中國維權抗爭的教戰手冊，包含一些可操作的激進主義行動策略，類似

---

[3] 向莉，〈親歷建三江事件〉，2020年月28日，見：https://www.epochtimes.com/gb/20/1/28/n11827190.htm。
[4] 參見前注29。

索爾・阿林斯基（Saul D. Alinsky）的社運原則的中國版。例如：

- 針對一個單位和部門永遠比針對領導個人來的笨和無效……針對具體人才是最有效的方式；
- 充分利用互聯網成本低傳播快的特點，微博、推特、G+、Facebook、BBS論壇等都要充分利用，要和外界保持資訊暢通渠道；
- 網上網下可以採取各種形式的訴求，各種行為藝術，惡搞，抗議，罷免，申請作惡官員財產公示，舉報控告，聯名等等，要懂得用別的案子來揭露它們……；
- 線下多參與本地和相鄰地區訪民、網友的交流和「飯醉」，團結才有力量，要大家同心，有事一起圍觀吶喊。

其中，通過行為藝術一般的維權表達，而且針對地方官員個人而非部門機構，是被地方官員最為忌憚所在。例如，在前述「建三江」案剛開始階段的2014年3月23日，吳淦即以拍賣艾未未「發課」借款收據方式籌款、組織聲援；當地負責人的腐敗醜聞也同時不脛而走。因此，當屠夫2015年4月在江西高院門前就樂平死刑冤案聲援要求閱卷權的律師而進行抗議時，被警方逮捕、訴以誹謗和尋釁滋事，宣傳機器全力開動對他的行為藝術維權方式大肆汙名化。

　　而且，屠夫的每次行動，其實都建立在互聯網的眾籌和傳播、專業支持和他對行動方案的精密設計基礎上，然後每每在困難的情形下發現真相、扭轉正義。[5]典型如2011年初錢雲會一案，在于建嶸、許志永等公知各組公民觀察團、而地方當局又極力掩蓋的背景下，溫州現場僅有膽大心細的屠夫在後援支持下獲得了關鍵證據，超越並扭轉了其他公民

---

[5]　參考2013年4月11日對吳淦的訪談。

觀察團對輿論的誤導，最大限度地證實了地方當局對錢雲會之死負有責任。這已經不是簡單的行為藝術，更不是製造互聯網或者街頭噱頭，而是行動的藝術了，屬有政治目的的直接行動，在最有限的空間裡試探行動的可能。在這個意義上，吳淦對維權運動的貢獻，其角色像極了1968「五月風暴」中德國的弗里茨‧托福爾（Fritz Teufel）。

弗里茨‧托福爾是德國68運動的著名領袖，「6月2日」組織的創始人。作為自由柏林大學修讀文學和戲劇的學生，弗里茨在街頭抗議中創造了一種「趣味游擊戰」的抗爭方式，以喜劇、幽默的方式嘲笑、戲弄當局，也即他倡導的「發酒瘋」理念，將一個敵視社運的僵化政治的荒誕變成街頭抗爭劇目，充當去政治化的橋樑，動員更多的市民和同情者。在這個意義上，趣味游擊戰便意味著鼓勵社運從生活場景出發，「展現抵抗全能政府及其受益者的可能，並且組織這種抵抗」，其中自然需要也包括藝術與社運的結合，創造各種行為藝術樣式，向公眾展示抵抗的可能。這一思想對社運和藝術兩者後來的發展都影響極大，如對博伊斯（Joseph Beuys）的影響，並且成為1968後社運的標準劇目，誠如1999年西雅圖街頭抗議中出現的「海龜力量」的裝扮隊伍。

可見，即使是表面最為激進的吳淦，其死磕也更多地以行動藝術的趣味方式表現出來，有意降低對抗性和對抗烈度，而不是一味「死磕」。在社運空間極其逼仄的威權環境下，避免直接對抗是社運最通常的策略選擇，也是大多數NGO組織以去政治化方式維繫生存或者在官方設定的非政治化框架內活動甚至合作的一個主要背景。那麼，將抗議行動藝術化，或者以各種搞笑、詼諧、嘲諷的方式進行抗議，便是一種偽裝的去政治化，意在包裝對抗性、降低對抗烈度，使行動成為可能，也從公民社會角度支援著人權律師們在法庭內外的活動。

只是，儘管是高度個人化的，吳淦「殺豬」式的死磕卻以行動聯結著互聯網、公民社會和人權律師群體，而且在律師事務所內部為其他人權律師提供直接行動的支援。後者在法庭上的合法對抗尚不見容於威權

當局，他們連律師的程序正義追求都難以忍受，又怎能容忍屠夫的對抗，哪怕這種對抗經過了包裝？因此後來的事態發展證實了，表面最為激進的吳淦被刑拘，果然只是針對人權律師群體進行大規模鎮壓的序幕。

張凱和基督教殉道派

與之對比，還有一種死磕更多地來自信仰。例如張凱，他和其他一些基督徒人權律師的死磕有著強烈的宗教色彩，常常因此為其他人權律師所側目，直到今天仍然是殘存的中國人權律師群體內部頗有爭議的一種死磕。在他們的死磕行動上，顯現出兩種身份的重合，既是一個人權律師也是新教徒。這是他在「溫州教案」中能夠第一時間、迅速大規模動員人權律師形成法律保護牆的原因，而遭致當地政法委的極度痛恨，而不惜採取法外手段抓捕、拘押，早於「709」便身陷囹圄。

當然，信仰身份本身也不自動成為張凱以如此熱情介入宗教自由和整個人權事業的理由，這種驅動既需要理念，也需要人的紐帶。他在2003年獲得律師執照的同一年接受了洗禮，從2005年開始接觸宗教案件，十年間代理的宗教案件超過100件，在教會內部享有相當高的名望，被溫州當地教會委以信任，也是地方當局視他為「清理運動」的障礙而採取「隔離」措施的主因。[6]

而更重要的，這樣的紐帶很大程度上並不像郭飛雄和隋牧青的「心意相合」那麼簡單，還依靠著與人權律師和教會均有交集的知識分子、有著三重身份的范亞峰，對北京乃至全國的人權律師群體的凝聚做出了不可替代的貢獻。范亞峰是前中國社科院法學所的研究人員，也是改革宗信徒，早在2000年便創立「公法評論」和聖山網站，這也是1990年代

---

[6] 2019年11月26、28日對張凱的訪談。

末中國互聯網第一波發展期間留存至今幾乎唯一的公共學術論壇。以此為平臺，從2003年維權運動開始，特別是從2005年高智晟代表最初一代人權律師登上政治舞臺中心開始，到2010年范亞峰被強迫關押、被社科院解職的五年間，他積極組織北京知識分子、法律界、維權活動者和教會人士的聚會，促進不同群體的思想交流，組織基督教律師團，逐漸成為北京知識分子群體內的宗教領袖。

　　在2013年的一次訪談中，他從2009年以來遭受迫害的北京守望教會談起，高度讚揚基督教對中國普通人權觀念的重塑，可能產生「忠誠於內心的反抗」；類似的，他也高度評價王怡在成都秋雨之福教會的作用，稱其影響超過了王怡此前對互聯網的影響，意義深遠。這些新型教會的發展，在他看來，特別是以守望教會為代表的改革宗，較為中國知識分子所心儀，其成員大都是受過高等教育的城市職業精英，其意義就在於凝聚「高智慧群體」，朝向各地方「核心觀念社群」的建設，從而在平行於維權運動發展的同時，不僅壯大地下（家庭）教會的力量，而且可能改造和影響維權運動。[7]

　　以秋雨之福為例，同樣是法律學者出身的王怡牧師，雖然不至於像「三自教會」的宗教領袖一般將相對草根的靈恩教會（膜拜團體）抨擊為邪教，卻批評他們「只是大戰之後的游擊戰，只能得人，不能掠地；只能擾敵，不能攻城。因為一種反正統、反神學、反系統、反信條的泛福音派的信仰立場，已漸成為台港、北美華人福音派教會的主流，因此，中國家庭教會需要自覺的認識自身的基要派傳統，以及與當代中國社會的全面關係，就變得十分重要了。」[8]

　　他主張回到基要派，使用的卻是改革宗在北美相當傳統的神學話語，即「兩個國度」（Two-Kingdom Theory）的理論，包括「上帝之

---

[7]　參見與范亞峰的訪談，2013年4月22日；也可參考鄧穎翹，〈北京家庭教會的身份坐標守望教會（個案部分）〉，《杏花》，2012年冬季號，http://www.pacilution.com/ShowArticle.asp?ArticleID=3966。

[8]　同前註35。

國」和「地上之國」、也有「彼時國度」和「此時國度」的論述，來解釋教會與國家的關係，特別是秋雨之福教會的存在與民政部登記之間的關係，反對官方在最近幾年有關「基督教中國化」政策，批評1949年以來的「三自愛國運動」是一場敵基督的運動⋯⋯企圖建立一個依附於政權的『民族主義教會』⋯⋯是真信仰淪為假宗教。」[9]

王怡牧師的激進抗爭立場，無疑有著強烈的殉道色彩，特別是反對當局「基督教中國化」的態度。他在2018年發起「牧者聯署：為基督信仰的聲明」，反對國務院2017年9月頒佈的《宗教事務管理條例》，共有439名牧者聯署，直接招致2019年被以「煽動顛覆國家政權罪」定罪並判刑9年。

相比之下，范亞峰的立場更合乎北美現代基要派神學家例如卡爾・亨利（Carl F. Henry）的社運主張，「往往必須為了社會改良與非福音派團結起來⋯⋯恰恰是因為福音派沒有佔據主流地位」，並且支持「福音派需要一個統一的聲音來表達」，例如牧者聯署這樣的集體聲明。[10]事實上，他所做的一直以來就是以社運的方式而非僅僅強調救贖來尋求福音派和非福音派的道德共通，形成正義的共識，並將人權律師視作兩種類型——死磕派和殉道派的團結。前者指代教會外的律師以堅持程序正義的方式捍衛人權，後者則指代那些有著強烈基督教信仰的律師。

對個人來說，他也以自己的殉道預演了後來「709」期間的律師遭遇，以個體聯結著宗教和法律兩個團體和兩種理念：在2009年11月1日北京守望教會為捍衛敬拜場所、實現從家庭教會向堂會模式的公開化而發起大規模戶外敬拜之後兩天，范亞峰被中國社科院法學所解職；2010

[9] 王怡，〈我們對家庭教會立場的重申（九十五條）〉，《生命季刊》第75期，2015年9月，見：https://www.cclifefl.org/View/Article/4248。
[10] 卡爾・亨利，《現代基要主義不安的良心》（Carl F. Henry, *The Uneasy Conscience of Modern Fundamentalism*, Wm. B. Eerdmans Publishing Co., 1947），陸迦譯，第68-69頁，上海三聯書店，2018年。

年4月守望教會抗爭繼續堅持之際，范亞峰慘遭關押和酷刑，爾後長期處於被居家軟禁和監視狀態。五年後，張凱律師在溫州被關押（名義上的監視居住）期間，隔絕數月後的一天清晨，突然聽到密閉的窗外傳來可能是清潔女工向上帝的祈禱聲而淚流滿面。[11]

理論上，那正是伯爾曼意義上法律和宗教共享的普遍性所引發的「法律情感」最為高光的時刻，「是把法律所體現的正義理想視為生活終極意義之一部分的充滿激情的信仰……訴諸人們對於生活的終極目的和神聖事務的意識，相信那法律是他們的」，[12]而相當程度地區別於王怡等教會人士對世俗法律的保留態度。對王怡所代表的整個基督徒人權律師團體、具有很濃原教旨主義色彩的中國新興教會來說，他們因為信仰而激發起的個人尊嚴感已經大大超過壓迫性的世俗法律。這是超越甚至否定鄂蘭對基督徒之個人生活被現代國家生活所佔據的著名論斷，而表現為「基督徒不僅將日常生活，還將每個個人的生活，特別是社會犧牲者的生活恢復並神聖化，而且賦予每個人一種重新建立起來的尊嚴」。[13]

換言之，很大程度上，是宗教信仰所喚起的神聖感和個人尊嚴感在支撐著基督教團體投身中國的人權事業。可能正是這一宗教情懷的「熱忱辯護」，才符合如張凱等許多中國人權律師是從介入法輪功和教會案件開始意識到然後轉向職業的人權辯護的發展路徑，即從法輪功引發的宗教自由向普遍化權利的擴展。這種宗教性的法律情感一方面將基督徒和律師的雙重身份演化為一個從「上帝之城」向「地上之國」轉向過程中的新公民身份，作為「一個世俗象徵和負有基督徒天職的標誌，給予

[11] 參見與張凱的訪談，2019年11月26、28日。
[12] 梁治平[1987]，〈死亡與再生：新世紀的曙光（代譯序）〉，《法律與宗教》（哈羅德‧伯爾曼，Harold J. Berman），第5頁，中國政法大學出版社，2003年。
[13] 讓‧愛爾斯坦，《公共的男人、私人的女人》（葛耘娜、陳雪飛譯），第65、67頁，三聯書店，2019年（Jean B. Elshtain, 1981: Public Man, Private Women, Princeton University Press）。

人們一種投入到有意義的事業的承諾」，[14]猶如傳統基督教社會對宗教自由造就好公民品質的意義，很自然地聯結著2010年許志永等人發起的新公民運動。

　　我們可以看到新公民運動在因為鎮壓而式微階段轉向皈依基督教，也有轉向更激進的人權運動，如運動發起人許志永和基督徒律師丁家喜、運動被鎮壓後皈依基督教的王功權等人的結合關係，也包括前述郭飛雄和基督徒律師隋穆青的結合關係。只是，皮爾斯觀察到了新公民運動展現了與以往運動所不同的韌性，也注意到了新公民運動的「同城聚餐」和許志永的以愛為中心的訴求，卻忽視了它深層可能的宗教情感支持。這或許正是中國人權律師群體的基督徒核心其殉道情懷的關鍵，具有濃厚的個人宗教體驗感的法律情感，造就不僅新公民運動的不屈服，也造就了「709」案絕大部分被關押人權律師的不屈服，媲美莫少平律師在1990年代時代所代理的老一輩政治犯的堅強。

　　與二十一世紀之初人權運動萌芽時期相比，人權律師作為一個自組織的群體顯示了它的存在——以多數個體在被鎮壓之後的堅持意志，證實其「初心」之關於人權的道德敏感性已經轉化為一個群體的共同倫理，也就是抗爭的內化，將「死磕」從法庭延伸到了監獄，從為被代理人的死磕辯護延伸到了自己被拘押、審問和審判時的審訊室、監所和法庭。這可能是「709」案中最閃光的部分，殉道般的宗教情感自然在其中扮演著極其重要的精神支撐角色。

　　另一方面，當然，隨著這一抗爭倫理的顯現，也就是如何堅持的問題，人權律師內部的差異也上升到了關於人權和人權運動的倫理根基的分化和爭論。在2012年以來中國的公共空間和公民社會逐漸喪失、守望和秋雨之福等教會，以及新公民運動本身都遭受迫害、打壓之後，這種個人化的神聖感沿襲甚至放大了教會的「凱撒的歸凱撒」，重新構

---

[14]　參見前註，第81頁。

造——事實上是把它縮小到最低的限度，從而在缺乏對個人價值和公共生活的嚴肅審視下，出現了無視人權普遍標準和無視其他國家人權受侵害的問題，倒向政治的極端保守主義，如美國南部的保守主義。[15]在當局嚴厲的打壓之下，中國人權律師和自由主義群體內部，殉道派的出現，展現了與尋求程序正義的死磕派、與傳統的專業主義政治辯護分化的複雜面向，走到了1980年代以來自由主義的反面。

　　圍繞人權和正義的認知，包括對中國人權律師們所堅持的死磕正義的認知，各種分化正在逐漸顯現，包括人權律師和人權運動內部對法律和人權的兩種期望也出現分化，為外界如何理解中國人權運動的性質、發展、瓶頸和失敗打開了窗口。這種有關人權和法律的認知性期望和規範性期望的分化，或許也從實踐的維度印證著理論界對人權、正義特別是程序正義的各種爭論，而從這些現實分化和理論論爭我們又看到了不同人權路徑的競爭。

---

[15] 例如，作為中國自由知識分支和基督徒人權律師的精神領袖，劉軍寧在對追隨者的回答中明確地否定政教分離原則，認為「精神世界屬雅威的，物質的、世俗的世界也是屬雅威的⋯⋯當拿撒勒人站在凱撒的土地上傳道的時候，他就已經不承認凱撒的歸凱撒了」。見劉軍寧，〈《飛躍5000年》答書友問專題講座〉（文字版），2020年。

第九章　為誰死磕，何種正義？

　　理論上，對死磕律師們來說，他們所追求和捍衛的程序正義，其理論基礎首先追溯要到約翰・羅爾斯的《正義論》。在這本里程碑的著作中，羅爾斯的主要貢獻之一是論述了「不完全的程序正義」和「純粹的程序正義」。他不認為存在一個對程序正義可能產生正義結果的評判標準，寧願把純粹的程序正義看作是一種接近賭博的情形。羅爾斯特別地以刑事審判為例，作為不完全的程序正義的例證，用來說明「雖然對於正確的結果有著一種獨立的標準，卻沒有肯定會產生正確結果的切實可行的程序」。同時，「相反，如果沒有對於正確結果的獨立標準，而只有一種正確的或公平的程序，而只要這種程序得到恰當的遵守，那麼純粹程序正義也就存在了」。[1]

　　羅爾斯的這一政治自由主義思想從1990年代起在中國自由知識分子中大受歡迎，羅爾斯關於純粹程序正義的理念也潛移默化地進入中國新興的律師群體中，成為最重要的「死磕」思想來源。對他們來說，假定不存在一個「對於正確結果的獨立標準」等同於一個去政治化立場和同時對「法治」的信心，藉此擺脫當局的「重大、敏感、集體性案件」即所謂政治敏感性案件的束縛，致力於純粹的「程序主義」或「專業主義」，以此為當事人提供最大限度的法律服務。

　　不過，圍繞這一問題，在羅爾斯和哈貝馬斯之間發生過一場著名的論戰，也有助於我們理解中國人權律師的複雜處境。他們一方面受到當

---

[1]　約翰・羅爾斯，《正義論》（謝延光譯），第76頁，上海譯文出版社，1991年（John Rawls, *A Theory of Justice*, The Belknap Press of Harvard University Press）。

局對「死磕」的極力汙名化和管制,另一方面在法庭內外都遭遇越來越普遍、越來越惡劣、越來越「不完全」的程序障礙,即司法體制故意不遵守基本法定程序的法律環境。意味著,事實上不存在所謂純粹的程序正義,只剩下人權律師們形單影隻地向公眾呼喊法典的程序法條,尋求道德層面的聲援。

而對哈貝馬斯來說,問題幾乎一樣,主張商談倫理(discourse ethics)的他質疑純粹的程序正義,他引用理查德·羅蒂對羅爾斯的批評:羅爾斯的(無知之幕)理論毋寧代表了一種歷史主義和反普世的態度,是從美國人民今天流行的歷史—社會的正義直覺出發的,而非道德—政治的程序正義觀。[2]

這一批評似乎也隱含了中國人權律師對待程序正義的分化線索,即有關普世和反普世的態度上。羅蒂的人權觀是反基礎主義的(anti-foundationalism)、反形而上學的,主張文化的、背景的和偶然的知識性的理解,強調感傷也就是sentimentality、特別是感傷教育對人權的意義。他傾向於休謨而不是康德,支持「正確的同情,而非法感的推因(law-dicerning reason),才是基礎的道德能力(moral capacity)」。從否認感傷是一種弱能力出發,羅蒂呼籲從下而上的道德進步,以此區別於康德所說的「無條件的道德義務」。[3]而這恰恰是幾乎所有中國人權律師開始人權辯護的初衷,始於接觸和介入政治敏感案件過程中感受到的對人權傷害的同情。

相比之下,哈貝馬斯的商談理論和程序主義相當複雜,但是簡單地總結為:「民主原則可以建立一個合法的立法程序……這一原則解釋了互相各自確認自由和平等並且志願加入的聯合體其自決權的實踐意

[2] Habermas, J., 1996: *Between facts and norms: Contributions to a discourse theory of law and democracy* (translated by William Rehg), p.62, Cambridge: MIT Press.

[3] Richard Rorty, 1993: "Human Rights, Rationality, and Sentimentality", p.129,p.130, in S. Shute & S.Hurley (eds.), *On Human Rights: The Oxford Amnesty Lectures 1993,1994*, pp.111-134.

義。意味著民主原則和道德原則處在不同層面。」[4]哈貝馬斯將法律看作聯結事實與規範的中介，當然支持程序主義，只是試圖綜合純粹程序主義和不完全程序主義，並且以道德正確作為純粹程序主義可行性的依據。

而在生活世界中，這種道德正確的有效性被哈貝馬斯形容為「可倡導性」（assertibility），即社會運動常見的倡導模式，也就是一種政治期望，從而聯通了社會運動和法律實踐、道德正確性和程序正義的理論，也聯通了規範性的道德正確和事實性的集體行動之間的激勵關聯。[5]然而，當實踐中一個混合不同理想的可倡導性概念如人權展開後，這種聯通往往卻是分化的開始。我們能看到圍繞不同道德正確性的競爭和由此產生迥異的人權路徑。

對中國的人權律師們來說，也是我在近十年的長期觀察、交流和訪談中得到的主要觀感，他們所堅持和死磕的程序正義不外乎要求嚴格按照現行的刑事訴訟法的各項程序規定保障當事人的各項具體權利，包括當事人免於刑求、能夠自由聘請律師和與律師會面的權利、律師和當事人在法庭上不受干擾進行辯護的權利、公檢法三方能夠遵守刑事訴訟法、而不濫用和違反訴訟程序規定。

事實上，「709」案之前的十年，中國人權律師們自我形成和抗爭的案件，幾乎每一件都與公檢法機關在程序上的瑕疵、違反和操縱有關，然後因為當局對這些瑕疵的掩蓋而發生與人權律師直接、持久、和激烈的衝突，也就是死磕現象。在前述律師中，例如，「建三江」案涉及的「法輪功學員」被公安機關長期非法拘禁問題和警方拒絕當事人聘請律師代理和會見，這兩種情形在法輪功和宗教自由案件中都極為

---

[4]　Habermas, J., 1996: *Between facts and norms: Contributions to a discourse theory of law and democracy*, p.110, Cambridge: MIT Press.

[5]　Habermas J., [1999]2003: *Truth and Justification* (Translated by B. Fultner), pp.297-8, Cambridge, MA: MIT Press (Wahrheit und Rechtfertigung. Frankfurt am Main: Suhrkamp).

普遍；吳淦在「709」前夕抗議江西高院拒絕律師的閱卷權利；唐吉田律師因為在法庭堅持辯護時被檢方和法官十數次打斷而退庭，事後被北京司法部門以擾亂法庭秩序名義吊銷律師執照。而更多的普通人權律師更經常遇到更為激烈的程序干擾，包括暴力。2015年4月21日王甫、張磊、劉金濱三律師在湖南衡陽中院外被毆打，情形類似「北海案」當中諸多律師在法院門口被毆打；2016年6月3日廣西吳良述律師在南寧市中院辦理立案手續時被法警毆打，衣服褲子被撕爛。如此等等不勝枚舉，幾乎每一位人權律師都有類似的故事。

此種情形，確實和莫少平律師在1990年代所經歷的大相徑庭，也透射著中國人權律師所面對、所捍衛的人權的焦點和意義的變化。首先，究竟是為誰死磕，在這些衝突中開始轉移。1990年代的人權辯護主要是規模極其有限的律師們為了1989年和後1989時代的民主運動分子所做的政治辯護，大多數情況下檢方的控告罪名都是顛覆政權或者煽動顛覆政權等政治罪名，主要焦點在於法律即罪名適用問題，而非程序或者證據等。

但從二十一世紀初開始，這樣的政治審判雖然還有，如對劉曉波、王怡、土赫提・伊力哈木等人的審判，人權律師更多地是在面對言論自由、宗教自由案件和地方性重大刑事、集體性侵權案件等，刑事訴訟為多數、行政訴訟為少數。除了少數高知名度的社會運動和NGO領袖，當事人基本上是低知名度的普通異議人士、NGO活動人士和普通人，他們構成了當局所謂「重大、敏感、集體性案件」的主體。

在這些案件裡，陷入威權機關法律牢籠的普通人和普通政治活躍人士，所抱有的唯一希望就是司法程序進入到審判程序階段能夠公平、公開、公正的進行，以此抵消他們在被缺乏監督的公安審訊期間經受的痛苦。對往往直到審判階段才真正接觸當事人的律師們來說，死磕的是要求公平審判（fair trial），或者說要求司法機關保障公平審判的程序和權利。人權的意義在此刻便等於程序正義。

　　而當他們發現程序受到嚴重操縱、基本的公平審判受到破壞之時，例如在促成中國人權律師團形成的三大戰役「北海案」、「常熟案」和「小河案」當中，因為人權律師對法官迴避、證據合法性等程序問題的堅持遭致當地司法機關的野蠻報復，也就是死磕已經窮盡，律師們一再面臨難以從極不完全的程序正義中獲得基本的實質正義，他們便開始訴諸憲法權利呼籲正義。包括在法庭內和法庭外的媒體和社交媒體上，呼籲公民和律師的憲法權利得到尊重和維護，儘管最高法院在其司法解釋中早已明文禁止引用憲法條文。人權律師不得不在憲法之外援引聯合國人權宣言及兩個人權公約，作為辯護依據，例如莫少平律師為另一位人權律師浦志強的辯護即援引人權公約條文。[6]畢竟，中國政府作為聯合國成員國承認聯合國人權宣言、在2001年加入世貿組織前後已經簽署了兩個人權公約、全國人大業已批准了其中一項公約。

　　在這一死磕的進程中，我們看到，人權律師們的死磕從為普通人窮盡本就不完全的程序（正義）可能性之後，仍然得不到公平審判，遑論公平審判的正義結果，反因求程序正義而陷自身於極大的法律風險和人身危險之中。而這些死磕的時刻，固然是人權律師最為高光的時刻，也是中國公民社會結構深化即促成人權律師團形成和團結的轉折點，除了彰顯現實層面中國人權運動存在和發展的意義之外，在理論層面還具有多重的人權意義：

　　首先，相比聯合國人權宣言對人權作為一種政治性承諾而最為寬泛意義上的人權標準，它之被中國人權律師引入訴訟抗辯，正反映了可能作為最低限度人權標準、也是人權概念內核的程序正義即人權的法律存在或者耶林意義上的法感，從最低限度的人權即程序正義的意義衡量，從2011年「北海案」開始的過去十年間，中國並不存在哪怕最低限度的人權，即使中國法律具有一個形式上相當不完備的程序正義也難以付諸

---

[6]　對莫少平的訪談，2000年8月13日。

實現。

　　然而，如湯姆・泰勒所說，最低限度的程序正義，代表著起碼的審判公平，包含著參與、信任、中立和尊重（participation, trustworthiness, neutrality and respect），是人民為什麼遵守法律的原因，[7]當然也是人權律師們的底線，死磕所在。所以當基本的法定程序（due process）被蓄意破壞而令基本的程序正義或人權成為不可能，一個無視自己法律、違背自己法律的「法外政權」便顯現了。

　　而且，在中國的司法實踐中，如此「法外」政治的出現是和所謂「重大、敏感和集體性案件」聯繫在一起。這些案件的分類本身一方面標誌著法外空間的邊界即對人權的否定，另一方面，這些案件的定性和審判形式上均由各級法院的審判委員會即超出法官的法院集體決策機制來決定，但是審判委員會幕後的黨的各級政法委員會作為一個法外機構或者法外政權的代理人的制度角色終於浮現出來。

　　所以，相對的，當人權律師們在法庭外以非訴訟手段呼籲正義進行社會動員，客觀上所抵消或者抗衡的正是同樣在法庭外卻遙控指揮訴訟的政法委——法外的政治力量，從而被中共看作是對其政治權威的嚴重挑戰。人權律師們的「死磕」因而在形式和性質上都體現為追求正義的社會運動，而在當局眼裡不啻為挑戰性的「革命」。

　　最後，可能是最重要的，這些「法外時刻」彰顯的人權關切，都和生命權、個人自由、私有財產以及法律面前人人平等這些普遍認可的公民人身權利有關，卻又超出它們，然而大部分情形下仍然介於這些公民權利和羅爾斯意義上「嚴格意義上的人權」之間，從而向世界展示了人權的一個普遍經驗。

　　羅爾斯所界定的嚴格意義上的人權是一種緊急權利，一種特殊的人權類型，並不包括國際人權公約的全部權利，而只限於「如，免於淪為

---

[7]　Tom R. Tyler, 2006: *Why People Obey the Law*, p.176, Princeton University Press; _____ 2008: "Procedural justice and the courts". *Court Review* 44: 26- 31.

奴隸或農奴的自由，良心自由，少數族群免於被屠殺和種族滅絕的安全
保障」，而且，「對這類權利的侵犯，會受到合乎情理的自由人民和正
派的等級制（政體）人民的共同譴責」。這是羅爾斯的萬民法的關鍵，
也是羅爾斯的人權理論的局限所在，僅僅限於調節民族國家之間的正
義，幫助正常國家的政治（道德）力量擴展到所有社會，包括法外國
家，讓自由和正派人民擁有不寬容法外國家的權利。[8]

　　然而，若以「緊急權利」的標準來衡量，中國人權律師們所死磕的
絕大多數案件和他們自身所遭遇的迫害，都很難算得上是人權問題。甚
至2019年下半年以來在香港所發生的人權惡化狀況，也很難以人權災難
或者人道主義危機的概念來形容，也就是不夠「人權作為一種緊急權
利」的人權問題。對此，羅爾斯的人權理論和萬民法意義上的自由主義
國家幾乎無能為力。或許正是這種局限性，反而促成或助長了中國作為
法外國家在新疆、西藏和香港等地區採取了更為嚴厲的人權鎮壓，而且
總是能夠找到避免被認定為人權災難的藉口，例如在香港所採取的「國
家安全」、在新疆對維族所採取的「勞動技能培訓」等藉口。

　　「緊急權利」理論的這一局限性，反映了當下國際人權實踐的困
境。羅爾斯只是將人權看作普適權利的一個特殊類型，當作一個政體合
法性、法律秩序的正派性的一個必要條件，對威權主義政權內部更為普
遍的人權侵犯卻基本無能為力，僅限於有爭議的道德譴責。這種對人權
弱干預狀況的長期持續，不僅無助於解決二十一世紀民主衰退浪潮下威
權主義法外國家內人權政治惡化的趨勢，在中國的人權律師群裡內部甚
至逐漸誘發了人權意識的嚴重分化。[9]

　　所以，回到中國人權律師們與法外政權的「死磕時刻」，那些普遍
破壞中國法律程序和損害基本公民權利的卻在羅爾斯嚴格的人權標準下

---

[8]　約翰・羅爾斯，《萬民法》，第120、122、123頁。
[9]　一些「殉道派」律師，如隋穆青等，在2020年對美國的BLM運動表達出種族主義立場，支持
　　鎮壓運動的警察。

不構成人權問題的「法外時刻」，已經從「三大戰役」到「709」案、以及「709」案之後繼續鎮壓的演化，都能從死磕律師的經歷中發現一個普遍的共同點：當局以破壞法定程序的方式對人權律師進行人格折磨，也包括那些「重大、敏感、集體性案件」當中普通人（當事人）所遭受的人格折磨及其正常生活的被破壞。其結果也是他們被「709」專案的方式繼續遭受羞辱、吊照和徒刑的人格折磨，甚至他們的家人也不能倖免。更惡劣、更直接、更典型的例證則是隋牧青律師的妻子孫世華律師在2018年9月20日工作過程中被廣州政治警察以「裸檢」方式報復性羞辱。[10]

　　這或許才是中國人權律師們死磕的初衷和激勵，即死磕正義。理論上，這一正義觀與傑里・馬修（Jerry L. Maschaw）的尊嚴理論相同，即從人的尊嚴基礎上的價值（dignitary values）才是正當程序的核心，包括可預測性、透明性、和理性等。根據這些尊嚴價值，「一項裁判程序必須使當事者及時獲知案件中待裁判的事項、與這一事項有關的證據、以及裁判程序具體運作的過程，而且這些事項、證據及程序過程必須是對於裁判結果的形成具有實際意義的。」而且重要的，「這些要求的核心是向那些其利益處於待裁判狀態的參與者告知裁判的理由……從而產生尊重的感受。」[11]即人的尊嚴需要在裁判程序中的每一個重要環節得以顯現，尤其是平等和被告知的權利、並且對裁判結果能夠產生適當的期待，此謂正義。

　　重要的，自二十一世紀初維權運動興起從法學和維權經驗中獲得的普遍認知，反映在前述中國人權律師的死磕式抗爭和對死磕（程序）正義中的方方面面、乃至為之死磕的種種程序細節，在在印證著北大法學

---

[10] 參見BBC中文報導，〈中國女律師派出所裸檢事件，公眾呼籲公開監控〉，2018年10月12日：https://www.bbc.com/zhongwen/simp/chinese-news-45827830。

[11] Jerry L. Maschaw, 1981: Administrative Due Process: The Quest for a Dictionary Theory, in *Boston University Law Review*, Vol.61.；陳瑞華，〈程序正義的理論基礎：評馬修的「尊嚴價值理論」〉，《中國法學》，2000年第3期（轉收於陳瑞華，《程序正義理論》，第255頁，中國法制出版社，2010年）。

教授陳瑞華在世紀之交的2000年所推崇的這一尊嚴理論及其所要求的程序正義，而且要求這些程序必須落實到保障人格權利的諸多具體人權：「人權的本質和內容在最基本的層面上能夠獲得理解，而不需要參照人權在全球化政治生活中的作用」。[12]

如同英國人權理論家詹姆斯・格里芬呼籲在人格的各種價值中來尋找人權的根據：一方面，唯有人的資格所需要那些東西才可以成為人權的對象，而非任何促進人類的善的或者繁榮的東西，例如繁榮和所謂符合儒家價值的道德改進都被中國政府誇大為其人權辯護理由；另一方面，「人格也產生了一項不受折磨的權利……會摧毀一個人做出決定和堅持決定的能力」。[13]

在二十一世紀的人權案件中，例如前述人權案件中最為集中的信仰自由案件、言論自由案件以及「三大戰役」涉及的所謂黑社會集團、大規模拆遷等案件，無不包含當局使用法外手段和法外罪名強行干預普通人的宗教生活、經濟生活和日常生活，折磨當事人的良心、信仰、名譽和尊嚴，也將法律和法律程序變成了摧毀他們生活和人格的工具，而非提供正義權衡的場所。而最終，這些對人格的折磨都被加諸人權律師，並且積累至「709」專案，試圖摧毀人權律師的個人尊嚴，並且從2015年6月底人民日報發文污蔑王宇律師開始，利用國家控制的電視、報紙和互聯網媒體對「死磕律師」群體汙名化，以此達成詆毀整個人權概念、磨滅中國人權律師群體的人權辯護意志的目的。

就在本書寫作期間，當2020年10月12日「新公民運動」的發起人許志永的代理律師謝燕益，在向關押許的山東臨沂公檢法三機關發出的法律意見書中證實，他作為許的代理律師，自2020年2月許被捕迄今，從未獲准與許會見，許的辯護權形同事實上被剝奪，而且，儘管謝律師多

---

[12] 查爾斯・貝茲，《人權的理念》（高景柱譯），第71頁，江蘇人民出版社，2018年。（Charles R. Beitz, 2009: *The Idea of Human Rights*, Oxford University Press）

[13] 詹姆斯・格里芬，《論人權》，譯林出版社，2015年。（James Griffin, 2008: *On Human Rights*, Oxford University Press）

次到達確信關押許的看守所，看守所總是以電腦系統查無此人應對，拒絕當事人的正當會見（律師）權。[14]類似情形普遍存在「709」案件當中，在其他人權案件中也相當普遍，爭取會見當事人的權利已經成為中國人權律師的一個基本標誌。如此情形，正反映了中國司法體制內不僅是起碼的程序正義被迫害，而且是公民的基本人格權被蔑視和消滅到何種荒唐的程度。

所謂人格，指的是人的資格，包括作為一個社會人有能力成為一個行動者（能動性）、有選擇自己生活的途徑、不受他人或其他東西支配或控制（自主性），並且這種選擇是真實的，以基本教育和獲得情報為條件，有最低限度的資源供給。[15]瑪莎・納斯鮑姆（Martha Nussbaum）和阿馬蒂亞・森（Amartya Sen）便以「人的基本的可行能力」即人格為基礎建構起人權理論，特別是以納斯鮑姆對理想公民的描述——「一種自由的和擁有尊嚴的個人，是能夠進行選擇的個人」，可能在圍繞人權不同概念和爭論之間形成一種「交疊共識」。儘管交疊共識這個概念最早由羅爾斯提出，他並未將此應用在人權理論上。[16]

在人權理論的核心處，在威權主義陣營擴張、全球民主衰敗和世界人權事業遭遇時代危機之際，這一自然主義的人權概念可能煥發新生。畢竟一方面，最初建立在自然法傳統上的人權概念在過去數十年長一直被批評為陳舊落伍，且不適合現代的國際秩序，連帶《世界人權宣言》所定義的人權也被認為只是一種政治宣示。例如激進的貝茲堅持人權觀念問世以來至今的自然法哲學基礎過於狹隘，不適合當代國際生活。[17]他總結了一個「國家—國際組織」的兩級模型，該模型包含三個要素：

---

[14] 參看：〈謝燕益，就1226案致臨沂公檢法三長公開信暨許志永煽動顛覆國家政權涉嫌案件法律意見書〉，見李翹楚（許女友）推特：http://twitter.com/liqiaochu01/status/1315504183693307904?s=19。

[15] 同上，第二章。

[16] 查爾斯・貝茲，《人權的理念》（高景柱譯），第71頁腳注、第85頁，江蘇人民出版社，2018年。（Charles R. Beitz, 2009: *The Idea of Human Rights*, Oxford University Press）

[17] 同上，第71-75頁。

- 人權限定為個人緊迫利益；
- 人權首先適用於將憲法、法律和公共政策包括在內的國家的政治制度；
- 人權作為國際關注的事情。[18]

貝茲稱，他的人權觀是實踐性的，是「防範那些針對緊迫利益的『普遍威脅』的制度性保護」，介於關於人權的「共同的核心理念」和「人權的同意觀念」（agreement theory）之間，可以看作羅爾斯的萬民法理論的擴展。但是同時，雖然他反對人權應該迎合某種哲學，但是強調他所支持的「交疊共識」不是文化道德規範的交疊，仍然是「由對現代生活中的文化的基本材料的最佳闡釋來決定」，因而是全球「公共理性」的體現。[19]

相較之，人格人權觀的普世性既是道德的，又是制度性的，以個人尊嚴為保護目標，以免受折磨為主要的人權道德基礎和制度紐帶。換言之，它要求一個國家的制度其程序正義以保障個人尊嚴和免受折磨作為最低限度的人權，也等同於生活世界的保持簡樸生活不受打擾為基本正義，從而與貝茲或羅爾斯的基礎正義觀相同，僅略微擴展至分配正義，以「簡樸生活」所需的人的能動性為限，而不過分擴展至全面的勞動、經濟和社會權利等。

而且，人格權雖然有著傳統自然法的基礎主義色彩，但以個人尊嚴和免受折磨為核心的人格人權觀同樣符合羅蒂的反基礎主義，堪作羅蒂所強調的感傷主義（情感主義，sentimentalism）人權基礎。更重要的，這種自然主義的人權觀對國家的基本人權義務和其制度性的程序正義有著最低限度的要求，該要求本身超越了羅爾斯對自由、等級和法外社

---

[18] 同上，第121頁。
[19] 同上，第98頁。

會的三分法，其普世性的人權觀大大降低了對法外國家的干預門檻。而
且，這種最低限度的人權要求，是對所有政權的要求，相比羅爾斯意義
上的人權要求，對正常國家是合法性條件、而法外國家則逍遙其外，是
將這種法外狀況變成了國際組織的人權要求。就是要求所有聯合國成員
國都必須滿足法律和政治制度的最低要求，將一個所謂政治性宣言的普
遍要求「特殊化」或簡化為為保障基本程序正義和保障簡樸生活不被打
擾的人格權利保障，從而把人權從「緊迫狀態」擴展至日常狀態，形成
要求法外政權變革的國際壓力，也斷絕了這些法外國家以文化和道德差
異自我辯護的藉口。

這也意味著，在人權政治的歷程中，這一人格權為中心的人權概
念卻覆蓋了聯合國1948年《世界人權宣言》第1條到第6條的人格條款，
特別是第1條和第6條分別強調的「人生而自由，在尊嚴和權利上一律平
等」和「人人在任何地方有權被承認在法律前的人格」，並在理論上能
夠擴展到整個宣言。而且，如果以人格權為中心重新解釋《宣言》，也
許就能超越傳統的將宣言當作人權政治宣示的理解，在嚴格意義的人權
干預之外的廣闊空間找到人權促進的路徑。

譬如在中國，上一次給公眾留下強烈印象的以大規模侵犯人格權為
代表的人權災難發生在1966年開始的文化大革命。在文革中，黨的幹部
和知識分子作為一個群體被整肅，他們當中敢於直言的正派人士一部分
被迫自殺，一部分被送進監獄和勞改場，其餘的在被以集體批鬥的方式
羞辱之後下放牛棚勞動改造。公檢法三大機關被摧毀之後，各級革委會
充當著法外執法和定罪的使命。而在此前的1957年「反右」運動和更早
的政治運動中，知識分子整體上已經經歷了程度較輕的人格折磨，被稱
之為「洗澡」。而這一切都以「鬥爭」或「階級鬥爭」的名義進行，貫
穿在中共的全部歷史之中，只在1980-90年代的改革開放時代總體上有
所放鬆。只不過，「709」案和之前的大規模侵犯人權的方式更為普遍
和專門化，也和經濟利益、司法機關結合合得更為緊密，但在對人格權的

折磨方面幾乎完美繼承了中共政權一貫的方式。

所幸的，這種人權侵犯樣式固然與司法機關結合得更為緊密，法律共同體自身為權利的鬥爭和進步也未停止。2020年中國全國人大在武漢肺炎的疫情中推遲開會，但是仍然通過了《民法典》。相比此前的《民法通則》引人注目地增加了一個關於人格權的單獨章節，這是中國法律體系在1949年後第一次從民法維度承認並且保障人格權。這一歷史性的進步是在經歷超過二十年的醞釀、起草和爭論中誕生，甚至在通過前後招致中國極端保守勢力的批評，認為是迎合西方人權觀念。[20]

然而，現實的危險恰恰在於，正是這些對人格權的普遍、大規模、或集體侵犯，因為遊走於「嚴格的人權」定義之外，難以被國際社會看作是人權災難或者一種「緊急權利」，導致國際社會的批評無力扭轉這些人權侵犯；在中國國內，這些侵犯已經在形式上不同於文革式的全國性侵犯，演變為分散的、針對專門群體但仍然是系統性的、且以「法治」的名義所偽裝，也很難引起國內民眾的廣泛同情和聲援。

查爾斯‧貝茲對羅爾斯這種意在調節民族國家間正義之嚴格的人權定義則持批評態度。他的「兩級模型」擴展了羅爾斯的人權理論，認為不符合國際人權機構的現實任務，在現實主義政治系統中反而成為逃避干預的藉口，並且縱容著這些「灰色地帶」的人權侵犯。中國人權律師的死磕正義其現實和理論的意義正在這裡，讓人們不僅認識到人格權基礎上的人權的重疊共識的可能，也讓國際社會注意到縱容人權侵犯的危險。

這一進程中最重要的發展，是1984年聯合國通過《禁止酷刑和其他殘忍、不人道或有辱人格的待遇或處罰公約》，並於1987年6月26日生效，迄今已有162個國家批准。中國政府在1988年簽署該公約，但是不

---

[20] 中國社科院法學所梁慧星在此前發表多篇文章和講話，鼓吹民法典訂立不能以保護人權為目的，認為人格權屬於自然法，不可言說之權利，對人格權的規定不應放在民法中，否則將引發烏克蘭式顏色革命。參見：梁慧星，〈中國民法典中不能設置人格權編〉，《中州學刊》2016年第2期（http://www.iolaw.org.cn/showArticle.aspx?id=5058）。

承認該公約第20條規定的委員會有權調查被指控酷刑的行為，還宣布第
30條第一款無約束力，即拒絕通過仲裁或者國際法院解決兩個或兩個以
上締約國之間有關本公約爭端的規定，也同時拒絕該公約的任擇議定
書。儘管如此，從1988到2015年，按公約規定，中國政府總共提交了六
次履行公約報告。對該公約的審議也讓聯合國的日內瓦總部逐漸成為中
國人權政治的鏡像戰場。中國政府發動「709」專案、大規模鎮壓人權
律師，便發生在2015年11月17日中國政府代表團在日內瓦與聯合國反酷
刑委員會舉行對話的前夕。

　　特別的，在前述觸動普通律師進入人權捍衛事業的法輪功案件中，
人權律師們所能介入的案件，包括「建三江」案件中的非法拘禁問題，
僅僅涉及一個更為嚴重的大規模人權侵犯行動的一小部分。除了非法
拘禁，1999年以來中國政權針對法輪功專門成立了一個常規司法（程
序）系統之外的平行暴力機關「610」辦公室，專門指揮一個至今仍在
進行的「轉化運動」。這一系統性的轉化運動不僅包括長期拘禁，還
包括了強制教育的洗腦，其結果是以正常化為名義，迫使法輪功信徒
「精神性死亡」和「社會性死亡」，即一場持續的「冷滅絕」（cold-
genocide）。[21]

　　不同於1990年代發生在巴爾幹地區由屠殺和集體強姦等大規模暴力
所標誌的種族滅絕和人權災難，那確實是一個「緊急權利」的時刻而啟
動了國際社會的干預；冷滅絕是以法外、分散、系統的方式長期進行，
伴隨著當局的宣傳和汙名化，受害者群體被社會邊緣化而難以引起公眾
的同情和支援。最終，他們不是因為器官收割或者其他更嚴重的被迫害
而引發中國精英團體的支持，而是幾乎完全因為人格權的紐帶，因為信
仰自由、人身自由和人的尊嚴等人格因素喚起公眾和律師們的同情而捲

---

[21] Cheung, Maria; Trey, Torsten; Matas, David; and An, Richard (2018) "Cold Genocide: Falun Gong in China," *Genocide Studies and Prevention: An International Journal,* Vol. 12(1): 38-62.

入常規司法程序，歷經不懈的「死磕」，最終喚起了國際社會和人權組織最低限度的聲援。

在這個意義上，或許可以說，「冷滅絕」代表了對人格權為基礎的人權的極致性摧毀，也充分暴露了現有國際人權理論和保護機制的嚴重缺陷。中國人權律師運動的崛起，映照的恰是中國境內的系統性人權侵犯，冷滅絕的機制藏身法制當中，在法輪功之後繼續在新疆製造著針對少數民族的冷滅絕。在持續多年後，國際社會終於意識到，在2012年「7.5」事件後，中國政府初始以反恐的名義，爾後在新疆將規模超過百萬的少數民族投入所謂「職業教育營」，進行大規模的長期羈押和洗腦。對此，殘存的中國人權律師和其他公民社會團體已經無能為力。

總結而論，如果對照羅爾斯對人權角色三重性和兩種非理想狀況的法外政權的定義，我們可以發現：中國政權對人格權的系統性侵犯卻能透過對人權的自我定義來掩蓋，並且獲得某種程度的國際合法性，遠離正派性（decency），也就是一個正派國家，同時游離在被國際社會有充分理由進行強力干涉的邊界之外，其結果是人民內部喪失基本的多元性，無論是宗教信仰還是思想言論，甚至天然的族群多元性也被逐漸消滅。

但是，這種政體雖然類似羅爾斯所說的法外政體，如納粹政體，卻以各種手段掩蓋其性質，避免陷入羅爾斯設想的兩種非理想狀況：一方面通過國際間的辯論（外交和外宣）和自我定義人權的方式來對待國際批評，避免國際制裁和干預；另一方面，則避免陷入組織無序的狀態，如文化大革命期間的混亂，反而努力顯示其「治理」成功，也就是將上述人權侵犯模式作為中國治理模式向世界輸出。相對於萬民法的兩種法外狀況，這是一種更為惡劣的情形，理論上顛覆了羅爾斯意義上萬民法之保衛人權的初衷和目的，對今天的國際人權政治也形成了一個持久的現實挑戰。

政法委專政

前述幾章，分別討論了「709」案件、人權律師群體和他們所代理的各類人權案件，一個有關中國人權被侵犯的輪廓大致浮現出來，即以人格權為基礎的人權所受到的折磨。這種折磨不僅施諸廣大普通民眾和政治異議者，更針對人權律師群體。相應的，在整個司法體制內，這類情形被劃為所謂「重大、敏感和集體性案件」，人權律師們遭受的諸多折磨和打壓從始至終都與這些案件相關。如前述對人格權基礎的人權所做的分析，這種相關性既因為這類案件的定性在先，也因為人權律師的介入——為尋求正義而堅持最低限度的程序正義——而轉變為所謂「重大、敏感和集體性案件」，從而進入人權案件的範疇。

其中的轉變機制，除了人權律師們的法感和鬥爭這一邊，另一邊的存在就是中國執政黨中國共產黨的政法委和各級黨委（組）的政法委。它在中國的司法政治中居於核心地位，控制著公、檢、法、司四個司法機構和案件的全部進程，但是作為一個正式制度，卻相當隱秘，如「老大哥」一般躲在幕後，無所不在，平行著公開的公檢法機關和程序，在法外以法外主義的方式控制著中國的司法進程，人為劃分也製造著上述的人權案件。

在司法政治的層面，政法委的存在首先代表著既是一個中國古老傳統、也是中國法律發展的一個替代物，也就是政治程序集中在刑法上，表明中國法律發展仍然處在某種懸而未決的狀態。其次，這種狀態代表了它在英美司法政治體制的對應物——陪審團——的另一個極端。例如托克維爾，他把陪審團看作不止是一種司法制度，還是民主政治制度的核心部分。「美國人所同意實行的陪審團制度，像

普選權一樣，同是人民主權學說的直接結果，而且是這種學說的最終結果。」他把陪審團和普選權看作是多數統治的兩個力量相等的手段。[1]

然而，對應的，雖然中共已經執政超過七十年，在1978年底開始的改革開放和法治建設也已經超過四十年，但是並未放棄列寧主義的「無產階級專政」的「革命初心」和專制政治，甚至在過去數年裡習近平重提共產黨作為革命黨的使命問題，並且多次強調政法機關的所謂「刀把子」功能。政法委作為中國共產黨對公檢法司和安全機關實現「絕對領導」的專門機關，在中國司法政治中的角色因此天然代表了中共的暴力專政性質。

只是，人們雖然不懷疑政法委所謂「刀把子」的專政性質，但對政法委到底如何系統性地威脅人權和人權事業，如何以及在何種程度上與人權相悖，迄今為止尚不清楚，亟須釐清。然而，從前述對「709案件」一事件的展開，我們可以確信，政法委正是隱藏在公檢法司後面的深層結構，表明該黨的強制屬性和黨國體制內部的深層黨（deep party），[2]代表著中共內部最為保守的政治力量。它以所謂「重大、敏感、集體性案件」的修辭建構一個法外空間，在體現和行使黨對司法的絕對操控的同時，塑造著公眾對法律的威權認知和逃避態度。

因此，前三部分沿「709」案、人權律師、和死磕正義的結構路徑展開，第四部分將從其中分別隱藏的政法委角色入手，依次發掘和分析它的司法決斷性質、法外運行和政治案件等三位一體的政法委專政，作為後續展開新人權政治設想的參照。

---

[1]　托克維爾，《論美國的民主》（上卷，董果良譯），第314頁，商務印書館，1988年。
[2]　本書在這裡專門提出的深層黨（deep party），類似但有別於民主國家類似的深層國家（deep state）概念，下文將展開論述。

第十章　政法委的雙重決斷

　　按照最新的《中國共產黨政法工作條例》（2019）（以下簡稱《政法工作條例》），所謂政法委指的是「黨委政法委員會」。而黨對政法工作的領導則包括「中央和縣級以上黨委、黨委政法委員會、政法單位黨組（黨委）」，政法委作為中共「黨委領導和管理政法工作的職能部門，是實現黨對政法工作領導的重要組織形式」。政法委所領導的相關政法單位則包括「審判機關、檢察機關、公安機關、國家安全機關、司法行政機關等單位」。[1]

　　換言之，這是中共對司法體制要求「絕對領導」的制度設計和歷史傳統，即將整個司法體系置於一個黨的全面領導之下，政法委在其中扮演著專門機關的角色，既是總協調也是總指揮，但未必是黨內最高意志的代表者。相形之下，公檢法司等司法機關則被視作所謂具體的政法單位，即執行政法職能的司法部門，他們接受本單位黨委和所在地區黨委和政法委的領導。黨對司法的干預可謂毫不掩飾的絕對化，完全沒有司法獨立的空間和可能。事實上，任何有關司法獨立的概念或提法也被看作對黨的權威的挑戰而被反覆強調。[2]

　　而所謂權威，即相對於這些司法機構對應的各項公權力，如裁判權、檢察權、偵查權等，也是政法委所代表的，正是黨對司法的決斷權。這一司法決斷權，本義指的是「在訴訟當事人雙方的爭執中聽取和

[1] 參見《中國共產黨政法工作條例》，第二條、第三條，人民出版社，2019年。
[2] 例如中國最高法院院長周強在2017年1月14日的「全國高級法院院長會」上的講話，呼籲「堅決抵制西方『憲政民主』、『三權分立』、『司法獨立』等錯誤思潮影響……絕不能落入西方錯誤思想和司法獨立的『陷阱』……」。

評判案情並做出最後裁定的能力」，通常歸法官所有，也是司法獨立的體現。[3]但在中國的「政法」實踐中，如《政法工作條例》中「黨的絕對領導」所體現的這種司法決斷權，通常以所謂黨委對具體案件的「定性」體現出來的。

定性即政治，類似刑事警察和檢察官在偵查和起訴階段對刑事案件基本犯罪類型和可能量刑的判斷，特指對社會事件、政治事件和重大刑事罪案的政治性質和政治影響的評估與判斷。特別因其涉及所謂「對敵人的複雜鬥爭」之「重大、複雜問題」，需要在司法機關之外、由黨委或政法委專門介入和上報更高層級直至中央，也需動員各部門協調合作。如前述關於煽動顛覆、邪教等政治罪名，或者對任何公共事件特別是民眾抗議、工人罷工的政治判斷。具體過程，通常由行政彙報過程中相關層級的領導人在文件上做出批示和正式召集會議集體討論形成。在審判過程中，這些政治定性的批示和討論文件通常以案卷的副卷形式存在，律師無權查看，卻有可能由官方媒體的宣傳報導透露出來，演變成各種形式的未審先判。

在中共政治生活中，對政治與社會事件（案件）的政治定性居於領導權運轉的核心，也就是黨對任何超脫常規秩序之外的意外事件的政治反應，作為決定其是否動員行政體制的判斷和信號。無論事件大小，大到全國性政治事件，例如1989年中共在學生抗議的早期階段就以鄧小平對運動的個人定性而決定了黨的立場，並且通過1989年4月26日發表在《人民日報》上的社論公佈其「動亂」定性。這種通過官方媒體公佈定性、未審先定的做法一直延伸到「709」案前後的「電視審判」，即在中央電視臺上播放在押公民的懺悔影片。而在地方層面，小到任何「群體性事件」都可能因為任何超出常規性的因素而被地方黨委定性，然後視定性性質採取相應的處理方式。

---

[3] 韋農·波格丹諾，《布萊克維爾政治學百科全書》，第283頁，中國政法大學出版社，1992年。

　　性質上，這就是卡爾‧施密特意義上的「政治決斷」，即緊急狀態下做出誰是朋友誰是敵人的決斷。施密特將這種決斷權稱為「法外之權」，是真正主權的體現。[4]只是，施密特的「納粹法學」思想固然切中要害，卻為世人所警惕，如愛德華‧希爾斯警告要謹防中毒，「沒有強大的自由主義功底，沒有足夠的抵抗力，最好不要涉足施密特」。各國的民主制度和實踐也在不同程度地防範這一法外主權對民主原則的蠶食。

　　但在中國，這一法外主權赫然成為黨的政法工作的正式原則，且歸各級黨委和黨委政法委所有，沿著黨的層級體系依次下放和集中，作為體現「黨的領導」、特別是黨對政法工作的領導的體現，以此左右整個政治、經濟和社會生活。而且，它所依據的具體「形勢需要」或有變化，但原則基本未變，也就是毛澤東在1950年代反覆強調的「對抗性」關係，即劃分敵我關係的需要。這當然是中共革命時期以及從1949年到1979年繼續革命期間的高度敵我／對抗意識所致，但在1979年之後的相對寬鬆時期，這種敵我意識也從未放棄，而且因為不同時期「新形勢」的需要，政法委以法外之法展現的黨的領導即黨主權和政法委的司法決斷都愈益集中，直至「709」案到達一個前所未有的高峰，並且擊碎了國際社會對中國公民社會發展的幻覺。

　　其結果，執政黨對社會和環境變化的認知，即對具體社會和政治問題、社會事件或法律案件的定性，乃從專政出發，包括如何使用專政手段來解決社會衝突，「構造對社會的限制以及後者完全構造自身的不可逆性」，作為歷史集團領導權的體現。[5]

　　具體來說，例如最新的《政法工作條例》規定了十條政法工作原

[4]　卡爾‧施密特，《政治的概念》。
[5]　恩斯特‧拉克勞，查特兒‧墨菲，《領導權與社會主義的策略——走向激進民主政治》，第142頁，黑龍江人民出版社，2003年。（Ernesto Laclao, and Chantel Mouffe, [1985]2001: *Hegemony and Socialist Strategy: Towards a Radical Democratic Politics*, p.125, London and New York: Verso）

則，其中第六條列明「嚴格區分和正確處理敵我矛盾和人民內部矛盾這兩類不同性質的矛盾，準確行使人民民主專政」。這一強調區分敵我和實行專政的原則，便包含著政治與司法的雙重決斷權。而這一政治話語透過毛澤東最早於1956年發表的〈論十大關係〉的講話而眾人皆知，成為黨內的認知原則。

這一講話的背景是在赫魯曉夫於蘇共二十大做出批判史達林的秘密報告後，毛澤東以十大關係初步闡述了毛主義的國家原則。毛在1957年2月27日最高國務會議第十一次（擴大）會議上做了題為「關於正確處理人民內部矛盾」的講話，首次明確了敵我矛盾和人民內部矛盾。到1958年6月10日，中共中央正式成立中央層級的政法小組，也是今天中央政法委的前身，這一原則便成為中共無產階級專政（人民民主專政）下政法委的基本原則，至今未變。

歷史上，這一法外之權的實踐傳統還可以追溯到中共作為革命黨的歷史初期，特別是中共在其根據地的政權建設經驗。早在1931年，黨在「邊區」的「國家政治保衛局」就從中央獲得了「緊急處置權」，能夠直接逮捕（無需任何機關批准）、審判和處決反革命案犯的特權，並且有權單獨審理某些案件。[6]在中共最早嘗試開始建立割據政權一年後的1928年，毛澤東就曾經為這種做法辯護，「許多事情為圖省便，黨在那裡直接做了，把政權機關擱置一邊。」[7]

類似的，德國社民黨奠基者拉薩爾曾謂，「真正的憲法存在於權力，而非規範之中」。[8]中共迷信自身權力和權力道路，而非執政後尊重憲法和法律規範，造成中共作為其自稱的工人階級（代表）「並沒有奪取政權權力，而是變成了國家」，而不是一個由憲法和法律規範

---

[6] 鍾金燕，《政法制度研究》，第69頁，中央編譯出版社，2016年。

[7] 毛澤東，〈井岡山的鬥爭〉（1928年11月25日），《毛澤東選集・第一卷》，第73頁，人民出版社，1991年。

[8] 轉引自彼得・考威爾，《人民主權與德國憲政危機：魏瑪憲政的理論與實踐》（曹晗蓉等譯），第93頁，譯林出版社，2017年（Peter C. Caldwell, 1997: *Popular Sovereignty and the Crisis of German Constitution Law*, p.89, Duke University Press）。

所形成的國家的一部分。平行於形式規範，甚至在1949年後缺乏和疏於建立基本形式規範的三十餘年，中共的權力和專政體系之運行，依賴的正是毛主義的認知、自上而下由黨中央不斷作出的決策，以盧曼意義上的認知性的期望形成權力內部對系統與社會（環境）關係的判斷依據。

而這一認知期望的主體，正是1950年代初設立的政法委，作為黨和國家暴力之間的樞紐，代為行使政治決斷和司法決斷之雙重決斷，形成中共執政下的專政模式。這是我們理解政法委其法外之權的制度起點。也正是在盧曼意義的「期望」角度，相對於1990年代市場經濟進程中逐漸從公民社會主體中萌發的新型的規範性期望，政法委所代表的基於「外在於社會的對抗性」的認知性期望，歷經七十餘年的自我強化和自我封閉所帶來的兩種期望之間愈益擴大的鴻溝、甚至存在於中國法律體系自身內部愈益緊張的矛盾，都標誌著它所代表的統治集團和系統已經淪為一個舊的歷史集團，凌駕在包括工人階級在內的所有階級之上，自然在改革開放之後也無法容忍新興中產階級的挑戰。[9]

只不過，與理論上盧曼對認知性期望和規範性期望的界分相比，中國法律生活中的兩種期望恰恰相反。如前所述，盧曼所說的認知性期望本義是形容「一旦遭遇失望就去適應現實」的選擇、直待當局通過法律以外的強制所試圖影響的被統治者，但在中國的政治生活中，認知性期望的主體反而變為統治集團本身，他們因應環境變化不斷調整期望——實則不斷退縮到最初的若干對抗性原則之上，作為與形式上的規範或者與民眾曾經達成的契約性（規範）期望相背離的隱形規範。與公民社會基於憲法和國際人權規範的政治期望所具有的道德力量而言，這種認知性規範依靠的是法律規範之外的暴力，並且隨著「形勢需要」

9　恩斯特・拉克勞，查特兒・墨菲，《領導權與社會主義的策略——走向激進民主政治》，第75頁，黑龍江人民出版社，2003年。（Ernesto Laclao, and Chantel Mouffe, [1985]2001: *Hegemony and Socialist Strategy: Towards a Radical Democratic Politics*, p.68, London and New York: Verso）

不斷變化。

具體來說，早在中共於1920年代佔據井岡山時期，當時的肅反委員會和「國家政治保衛局」兼具執法、司法功能的「革命專政」模式便形成了中共1949年建政後至今的政法傳統和模式，所謂法外之法從一開始就嵌入其中，形成了一個並行於普通司法機關但是凌駕其上的法外之法的黨的制度和組織，體現著黨的意志和決斷，既是政治的又是司法的決斷。這正是政法一詞的雙重意義所在。

也就是，黨或黨委才最終代表和行使著政治和司法的決斷權，然後在執政後面臨行政和司法工作愈益複雜的情況下，才開始從最初最為廣義的政法工作演進為專門化、建制化的黨的政法委，後者逐漸行使專門的司法決斷權，而黨委在其上或其後仍然發揮著最終的政治決斷。[10]

在體制層面，從一開始黨委和政法委的關係就是模糊的。在很長的時期裡，這一關係都像它最初的領導人彭真曾經反覆說的，政法委只是一個協調機構，工作中心在於政策指導以及實現黨對政法工作的領導。[11]因此，政法委作為黨委的一個機構，其職能和建制都因彭真所謂的「形勢需要」而變化，經歷了漫長的演變。1960到70年代的文革期間，在全能的黨委之下政法委甚至一度消失。直到文革後期，地方黨委的政法小組才恢復設立。隨1980年彭真復出，中央層級的政法委正式恢復，各地政法小組也改為政法委。然後很快在「嚴重治安惡化形勢」下，中央政法委於1983年發動了一場全國範圍的「嚴打」運動，中共通過重建政法委加強了對公檢法司等政法工作的領導。

在現實政治層面，特別是在改革開放時期每一個總書記的執政

---

[10]　例如，根據鍾金燕所做的歷史梳理，在1950年代初，政法單位所指遠超公、檢、法、司，還包括民委、民政等機構。參見鍾金燕，《政法制度研究》，第73頁，中央編譯出版社，2016年。

[11]　劉松山，〈彭真論黨的領導與政法機關獨立行使職能〉，《法學論壇》，2013年第4期；另，中共建政後當時政務院下設的政治法律委員會第一位領導人董必武在1952年6月20日曾明確表示，政法委與政法部門的關係是「指導和聯繫」，參見鍾金燕，《政法制度研究》，第77頁，中央編譯出版社，2016年。

期，黨和政法委總能找到一個「形勢的需要」：也即，從現實政治中
建構某種緊急狀態的緊迫性，一種關於政權焦慮的認知期望，然後借
此加強政法委的司法干預、也加強了黨的最高領袖的政治決斷地位。
而且，這種決斷總是以在現行制度架構之外疊床架屋的方式體現出
來，即法外主義的制度架構。在1989年後，隨著1990年中央政法委的
重建，政法委的決斷權集中於因應人為的緊急狀態，大致可分為四個
階段：

（1）鄧小平後期的社會治安綜合治理

　　1989年是歷史的轉折點。中共1970年代以來的極權主義國家化進
程，在遭遇整個共產國家陣營裡發生的最後一波大規模民眾示威後，
迎來了冷戰的結束。1992年鄧小平被迫南巡後開啟的市場經濟改革，
帶來了中國社會前所未有的寬鬆，也標誌著中共的統治方式開始轉向
威權主義。

　　在這一背景下，1990年中央政法委再次重建後第二年，仍然處於
「後1989」的治理整頓期，1991年3月的全國人大第18次常務委員會議
上通過了《關於加強社會治安綜合治理的決定》，稍後中共中央於3月
21日正式成立「中央社會治安綜合治理委員會」，試圖加強類似政法委
的協調功能，特別是在1990年代市場經濟和「黨政分離」的政策趨勢下
加強黨的領導、重建「以黨領政」的機制，為後冷戰時期可能加劇的社
會混亂做好準備。

　　新成立的綜治委與政法委合署辦公，而委員會的單位成員不僅包括
公安部，還先後囊括了商業部、文化部、衛生部、工商局、交通部、郵
電部、人事部、央行、人民保險公司、民航局、旅遊局、武警部隊、中
共紀委、國家監察部、政協的社會和法制委、計生委和海關總署等，並
在其後存續的將近三十年裡不斷擴張，單位成員增加到51個，7個副國
級領導擔任綜治委副主任。通過綜治委，從中央到地方各級，黨委直接

插手政法，成為一個聯合政法指揮機構。

　　這一兼跨中共黨務和國務院下屬行政機構的設置，接近歷史上1949年建政初期政務院體系下的政治法律委員會。作為一級行政機構，早期的政法委指導內務部、公安部、司法部、法制委員會和民族委員會的工作，並且其下屬五個機關——公安部、司法部、法制委員會、最高人民法院和最高人民檢察院——採取合署辦公的方式。

　　在如此歷史觀照下，可以想見1989年天安門民主運動對中共政權的衝擊之大，才有了重建政法委並且旋即以綜治委名義強化黨對社會的全面控制，也才可以理解新的政法委借綜治委名義、以合署辦公模式實現「以黨領政」，儘管這一努力在1992年市場經濟改革開始之後並不順利。在1990年代到二十一世紀最初幾年，重建的政法委在地方層面都面臨著人員不足、疲於協調的問題，停留在「虛設」狀態，其協調功能也發揮的很有限，距離黨內期望的「以黨領政」還有相當距離。[12]

　　遲至1995年，中央政法委才以《中共中央辦公廳轉發〈中共中央政法委員會關於加強各級黨委政法委員會工作的通知〉的通知》（廳字[1995]28號）的文件自我定義：「各級黨委政法委員會是黨領導政法工作的職能部門，擔負著十分重要的職責，任務日益繁重，必須從各方面加強工作，充分發揮其職能作用」。這是中共第一次對政法委機構性質的明確定義，[13]修正了此前長期以來政法委作為黨的「一個工作部門」的限定，即確定其為一個權力機關，其職責包括「組織、協調、指導維護社會穩定的工作；協助紀檢監察部門查處政法部門領導幹部違法犯罪案件；指導下級政法委工作」等，實際上擁有對地方法院、檢察院主要領導幹部的提名權和罷免建議權。

　　當然，有關政法委的職能建制化直到2019年習近平主持的《政法工作條例》推出才算告一段落。在其間的漫長過程中，除了各項應對性的

[12]　侯猛，〈民主集中制與新中國政法傳統〉，《文化縱橫》，2010年第4期。
[13]　鍾金燕，《政法制度研究》，第64頁，中央編譯出版社，2016年。

文件補充，政法委不斷地以社會綜合治理的名義發動「嚴打」行動，在
1983年「嚴打」之後，1996-97、2001-2002政法委繼續發動了兩次「嚴
打」，得以不斷加強自己的權力。

（2）江澤民時期的「610」辦公室

在鄧小平1996年去世後，鄧的遺產不僅有市場經濟改革，也有市
場經濟所帶來的社會結構變化，其中最為突出的是各類公民社會組織
的興起，還包括各種類型的民間自助組織和新興宗教團體，一個新興
佛教氣功組織法輪功便是其中一個。[14]到了1998年美國總統柯林頓訪
華，1990年代初期開啟的政治寬鬆氣氛和自由主義思潮發展出一個高
潮，中國自由派知識分子變得活躍，他們開始利用新興的互聯網形成
自主性的公共輿論和自我結社，一個新興公民社會的雛形正在呈現。
這可能是鄧的鐵腕鎮壓和市場經濟改革的雙重結果，深刻影響著中國
的政治進程至今，公民社會也決定著中共的統治方式，特別是政法委
的演變。

1999年4月25日爆發所謂法輪功學員「包圍中南海」靜坐抗議事件
後，江澤民在4月27日寫信給政治局，稱「這是1989年那場政治風波
以來最嚴重的一次事件。我們必須認真對待，深入研究，採取有力對
策……將成立一個專門處理『法輪功』問題領導小組。」這個專門領導
小組即後來成立的所謂「610」辦公室，也在政法委合署辦公。從那一
時刻起針對法輪功學員製造了一個持續二十年、大規模的、駭人聽聞的
人權悲劇，包括遍佈全國的強制轉化學習班（即洗腦集中營），如前述
案例「黑龍江建三江法制學習班」。

對法輪功的大規模鎮壓顯然急劇擴大了政法委的權力範圍，在江
澤民強調市場經濟法治之際，一個前所未有的法外空間正在生長。與

---

[14] James Tong, 2002: "An Organizational Analysis of the Falun Gong: Structure, Communications, Financing", *The China Quarterly*, 171:636-60.

此同時，極端民族主義浪潮趁機興起，開始改變中國的意識形態和社會思潮。

（3）胡錦濤時期的社會管理創新

即使在胡錦濤執政期間，中國業已加入世貿組織和全球化，迎來前所未有的經濟崛起，中共和政法委仍舊以法輪功為假想敵。胡錦濤和政法委書記周永康的多次講話都重複了江澤民1999年6月7日在政治局針對法輪功問題的講話基調，即「對法輪功的鬥爭是敵對勢力與黨在互爭群眾、爭奪陣地的政治鬥爭，不堅決處理的話將犯下歷史性錯誤」。

但是，在經歷了2003年「非典」衝擊和當年孫志剛之死引發維權運動之後，2004年9月中共十六屆四中全會上通過了《中共中央關於加強黨的執政能力建設的決定》，時任總書記胡錦濤和政法委書記周永康將「加強社會治安綜合治理，維護社會穩定」作為黨的基本任務，也是胡的十年任內政法委的指針。此前江時期單一面向法輪功的鎮壓，被胡、周更系統性的維穩政策所吸納。

而在胡任內後期，2011年茉莉花革命爆發，茉莉花革命樣式的和平演變開始成為中共政權最顧慮的事。如胡錦濤2011年2月19日在中央黨校的講話所示，顏色革命以及公民社會成為中共在蘇聯崩潰後新的噩夢，防範互聯網和公民社會革命也成為中共最大的擔心，這是胡執政後期所面對的新形勢。結果，在繼續堅持「610」辦公室採取法外手段鎮壓法輪功的同時，胡錦濤和周永康在「維穩」之外提出了「社會管理創新」，開始探索以社區網格化為社會控制、以撲滅公民社會為目標的所謂治理模式創新，即動員政府和社會部門、向政法系統大量投入資源、加強社會控制，例如從2004年開始試驗城市網格化治理模式。

結果，在維穩政策和社會管理創新的雙重驅動下，周永康所代表的政法勢力和政法委急劇膨脹，形成了一個跨多省地方官僚、能源部門、軍隊和中央的政治派系，即所謂「周、薄、令、徐集團」，以爭奪中共

最高領導權為目標，對習近平的接任和鞏固構成嚴重挑戰。

（4）習近平時期的政治安全

　　面臨如此挑戰，在2012年秋天習近平接任黨的總書記之後，習的反應是在2013年秋天的十八大三中全會上成立最高級別的國家安全委員會，並且先後成立了超過三十個非正式的領導小組，絕大部分都親任組長，疊床架屋的法外架構被發展到極致，原有的政法委地位大大降低，習也從中獲得了空前的個人集權，最終在2018年初通過修憲，實現了不受任期限制的終身制，一個超級強人的高度威權體制也逐漸形成。在這一進程中，政法委處在一個十分微妙的位置，對新形勢的認知性期望經歷著急劇變化，與公民社會對法治的規範性期望發生衝突幾乎不可避免。

　　首先，隨著薄熙來、周永康等人先後被捕，中共中央2014年12月6日正式通告逮捕周永康之後的2015年1月20日，習近平在中央政法工作會議上宣佈，要「確保刀把子牢牢掌握在黨和人民手中」，並且強調，「各級黨委要切實擔負起穩定一方的政治責任」。

　　而在1980年代政法委重建初期，彭真在1981年五大城市治安座談會上和1982年10月中央政法委擴大會議上多次強調政法機關必須置於各級黨委的領導下。他說「我……工作多年，最重要的一條經驗是，政法部門，特別是公安部門……如果對中央隱瞞、封鎖情況，就一定會出亂子」。[15]彭真的擔心反映了公安部門長期以來扮演著更多政治決斷權和司法決斷權的雙重角色。在現實政治中，政法委書記往往由公安部門首長兼任，公安部門的強制權力缺少約束和制衡，也是絕大部分侵犯人權的主要實施主體。在1980年代之前，這個問題不太明顯，被黨的鎮壓敵人和階級鬥爭的要求說賦權並掩蓋，但在改革開放時期，公安部門權力

---

[15]　彭真，《論新中國的政法工作》，第301頁，中央文獻出版社，1992年。

獨大的情形變得與社會寬鬆的總體要求格格不入，也與黨試圖通過重建政法委、絕對控制司法機關的任務發生衝突。

其次，雖然周永康集團借「維穩」和「社會管理創新」擴張權力，但是這些社會管理創新（例如社區網格化治理模式）似乎天然存在著離心化的趨勢。因為，網格化本身可以理解為創造了一種設備或者制度，強化既有各個權力系統的同時，形成了一種新的控制。而在德勒茲的意義上，網格化所具有的裝置（dispositif）性質是通過密集化配置錄影機和城管通、GPS等設備，將傳統中國基層治理的群眾路線所依賴的社會關係的控制轉變為去個人化、內化了的官僚行為，性質上是「離心、碎片化的」，[16]現實中更利於地方官僚利用閉環監控系統自成體系、鞏固地方利益。最典型的例子可能非重慶模式莫屬，當地公安局長王立軍治下的重慶政法系統如獨立王國一般地存在、壯大，幾乎成為薄熙來的私人武裝力量。

習近平上臺伊始所面對的情形和彭真類似，區別只在於他的個人權威遭遇膨脹的政法委以及政法委所控制的整個政法部門和相關龐大的黨內利益集團，後者已經形成一個強有力的政治集團或者派系，對習的權力鞏固形成直接威脅。而且，他似乎從胡錦濤、周永康的社會治理模式中意識到了類似蘇聯晚期的危險，進而將其個人權力威脅進一步危機化，將類似茉莉花革命的公民社會反抗看作可能導致蘇聯崩潰的新顏色革命，危及中共的政治安全。

他和黨的文件沒有給出何謂政治安全的定義，但是他和黨的絕對權威以及政權穩定顯然居其核心，表現出前所未有的「政權焦慮」，即危機意識。以葛蘭西的歷史集團理論視角，這種危機意識來自一個舊歷史集團面對1990年代以來公民社會形成的新歷史集團的挑戰。這一挑戰在胡、溫政府時期的「茉莉花革命」爆發後凸顯，胡錦濤和周永康先後提

16　Michalis Lianos, 2003: "Social Control after Foucault". (translated by David Wood and Michalis Lianos), *Surveillance & Society*, pp. 414-415, 1 (3): 412-430.

出「公民社會」作為黨的「敵人」。而對習近平來說，在2012年「十八大」前後則進一步升級為可能演變成蘇聯式的政權崩潰，從而以危機執政的方式要求權力集中，並且改造政法系統和國家安全體系。

所以，通過危機恐慌感的「政權焦慮」建構，以政治安全為先導，習近平有意識地改造整個政法體系，將之融合到更大範圍的所謂總體安全體系中，以更大的安全體系掌控包括傳統政法機關在內的更多行政部門，政法委的司法決斷讓位於更高層、也更制度化的政治決斷，即他從2013年11月的十八大三中全會上宣佈成立國家安全委員會之後的一系列政策行動。在2014年4月15日第一次國家安全委員會會議上，他提出既要重視外部安全，又要重視內部安全，以所謂總體安全觀代替了此前將近七十年的敵我矛盾和人民內部矛盾劃分（原本這也是政法委的傳統理論基礎），以頂層設計和國家治理代替了胡、周時期的社會管理。在包括十一種安全概念的總體安全觀框架裡，習近平第一次提出所謂政治安全為根本、經濟安全為基礎、社會安全為保障等建構一個大「安全國家」。

在實際權力體制運行中，這意味著黨的政法委不僅面臨著與黨的「紀律檢查委員會」和在紀委基礎上國家化的國家監察委的競爭，而且傳統以政法委主導的「小安全」體制正在讓位於一個以國家安全委員會主導的「大安全」體制。「709」案的發生正是在這樣一個轉型中，即傳統以「維穩」為任務導向的政法委體制向以政治安全為核心的「安全」任務導向的國安委體制的過渡。黨的政治決斷權日益通過國安委的集中決策轉為對政法委和其他政法機關的專案指令，如「709」案的啟動、執行和實施過程中個案的具體調整。

面對這一新形勢，忙於肅清周永康餘毒的政法委顯然面臨著政治信任危機和重新改造的任務。而且，在政法委的另一側，在習執政的最初幾年，黨的紀檢委和隨後的監察委權力上升，以反腐敗的名義主導著政法機關，行使著雙重決斷權。「709專案」正是在這一背景下孕育，既

體現政法委對政治安全的重視，又體現政法委與各級黨委的協調和對黨中央的服從與效忠。尤其後者，是習近平上任以來集中權力的重點，通過反對腐敗運動清理政治對手和黨內派系，馴服整個分散化、地方化的黨國官僚。當他從2013年10月11日浙江省舉辦「楓橋經驗紀念五十周年大會」開始，一再重提「楓橋經驗」、建設「平安中國」之後，政法委就被賦予了基層控制和官僚控制的雙重任務，服務於他對政法機關之外整個官僚體系的控制。

在中共政法史上，這一群眾路線源於毛澤東所發動的社會主義教育運動中的「楓橋經驗」（1963），其核心是所謂「依靠群眾就地化解矛盾」，地方以人民調解等和平方式化解所謂人民內部矛盾、不上交。對習近平而言，是要求「各級黨委要切實擔負起穩定一方的政治責任」，即「守土有責」。他所倡導的所謂人民至上的新群眾路線，即「新楓橋經驗」，不過是這一官僚責任的群眾路線版本，意在修正胡、周時期的離心化趨勢，以某種封建主義的方式嚴格推行從上往下的問責制。

理論上，這種守土有責的政治責任模式類似秦朝郡縣制的無限細分，激勵地方黨委和政法委不區分地對待和撲殺所有矛盾和衝突，人民內部矛盾和敵我矛盾之間的界限很容易模糊，並都上升為敵我矛盾和對抗性關係。而在習近平任內，重提「楓橋經驗」已經變成衡量「守土有責」的群眾路線標準，一種黨內的政治正確。也因此意味著，任何超出地方層面控制的問題也很容易升級為全國性問題，然後等同於政治安全問題。

此前，經過了2013年的南周事件、淨網行動和2014年NGO和公民社會的被鎮壓，從葛蘭西的「歷史集團」角度，這是針對公民社會的「知識分子和道德領導權」的分裂和打擊。如此情勢下，中國人權律師團成為碩果僅存的公民社會力量，並且因為人權辯護而同時扮演著另類的知識分子和道德領導權角色。對中國人權律師團的專案性鎮壓，顯然是針對一個「新歷史集團」的關鍵一擊，雖然肯定不是最後一擊。這一階段

政法委所面臨的新形勢已經是被習近平重新定義的安全任務，以保障政治安全為中心的六大安全。而政治安全框架的設定已經為「709專案」鋪墊了政法委的法外之法的決斷權。所以，我們完全有理由相信，2015年1月中央政法工作會議召開半年後的「709專案」，是新的政法委在習關於「牢牢掌握刀把子」和保障政治安全政治任務指針下的一次安全行動，代表著政法委長期以來以法外主義執行黨的意志和鞏固自身組織地位的一次最新努力。

第十一章 政法委的法外主義

　　中共以政治安全為指針發動「709」專案鎮壓，其結果，習近平任內對政治安全的框架設定得到了強化，並以2019年《政法委工作條例》的出臺，標誌著政法委和黨對政法委以及政法工作領導的全面制度化，也算是對中共黨內一直以來所糾結的政法委到底是一個正式制度還是非正式制度的蓋棺定論。不過，其中所包含的爭議性問題可能並未消除。表面上，這是習近平執政期間強調依法治黨的一個文本性成果，平行於他所主張的依法治國，但是，這種依「法」治黨的方式、對政法委作為黨內領導司法機關的一個正式制度的確認是否意味著消除了一貫以來的法外之法，是否有助於減少或者消除本書詳述的黨和政法委對程序正義的干擾和破壞呢？

法外主義的制度化

　　雖然羅爾斯從是否承認人權的維度定義了法外政權，但是羅爾斯對人權的定義卻像他的「無知之幕」一樣只是一個過於籠統的原則，如哈貝馬斯所批評的充滿歷史主義傾向，正確但無助於進一步地對法外政權的法外運行展開具體分析，而若沒有具體的分析和理解，便難以發現人權改進的可能與路徑。羅爾斯對人權和正派國家關係給了三維度的定義：

　　（1）他們是一個政體的合法性、法律秩序的正派性的必要條件；

（2）如果一個人民滿足了尊重人民的要求，這就是排除了其他
　　人民可以對它進行有辯護的強力干涉，如經濟制裁，或更
　　嚴重的軍事干涉；

（3）人權為各人民之間的多元性設置了限度。[1]

　　而所謂法外國家則是那些棄置以上原則、不承認人權在政權及其正派性之條件的國家或政體。但是這些法外國家的人權只限於一種緊急權利，一種特殊的人權類型，並不包括國際人權公約的全部權利，而只限於「如，免於淪為奴隸或農奴的自由，良心自由，少數族群免於被屠殺和種族滅絕的安全保障」。然而，人權政治所面臨的複雜性還在於，在這些法外國家和緊急時刻之外，有一些虛偽的法外國家，在名義和形式上被迫承認人權，但是系統性地掩蓋其系統性、甚至有大規模侵犯人權的系統性行為和體制。

　　例如在中國，其憲法承認人權，也包含諸多各項公民權利條款和民族自治權利條款，但是核心的公民權利條款如憲法第35條等都如沉睡條款一般對司法實踐幾無影響，憲法的核心條款即第一條並非公民尊嚴，而是共產黨的領導作為其社會主義制度的核心，在憲法和法律實踐中、在政治、社會和經濟生活中凌駕一切。面對國際社會的批評，中國反而更積極參與聯合國的人權理事會，尤其自1990年代初以來強調所謂發展權是人權的優先考慮，試圖重新定義人權。在中國政府1998、1999年為加入世貿組織而先後簽署聯合國兩個人權公約之後，與中國政府一樣受中共領導和操縱的全國人大僅僅選擇性地批准了《經濟、社會與文化權利公約》，始終拒絕批准《公民權利和政治權利公約》。

　　在人權的公民和政治權利與經濟社會文化權利之間、在人權的基礎主義和非基礎主義（情感主義）之間、在中國的黨一國之間、在中

---

[1]　約翰・羅爾斯，《萬民法》（陳肖生譯），第34頁，吉林出版集團有限公司，2013年。

國的以法治黨和以法治國，我們都能發現中國統治者是如何機會主義地對待人權，如何透過制度化和非制度化的形式扭曲和改變中國的另一個制度。法外主義已經如寄生一般制度化、日常化了，並且深深地植入法治系統中，甚至連法治自身的發展和推進從一開始就依賴這一法外主義的機制。例如彭真，作為1949年後政法委以及1980年重建政法委後兩次第一任書記，也是1982年憲法制定的主持者、推動中國法治的關鍵人物。

簡言之，照搬了蘇聯政治和司法體制的中國，其史達林主義的黨國體制本身才是中國法外主義和系統性侵犯人權的制度根源，而其核心就是在「709」案和本書前述所集中討論的政法委的制度性存在，因為政法委作為一個凌駕和干預司法、實現黨的領導作用的這一正式制度，在中國憲法和法律中都不存在，甚至也沒有出現在《黨章》中，在社會生活中的可見度、知曉度也較低，直至2019年黨的《政法工作條例》通過實施才正式亮相，長期以來都非公開運行。

即使相比中國政治和司法體制的原型——蘇聯，中共利用黨的領導所實踐的法外主義仍然大大超過蘇聯黨國二元體制下黨對司法的干預程度。其中，較為突出的，蘇聯的司法機關其司法權仍然是以法院為「基本環節」，而非中國強大的公安和背後黨委及其政法委握有司法決斷權。即使在發達的黨國體制下，在幅員廣闊的蘇聯境內，蘇共中央和各加盟共和國、地方層面也不存在類似政法委的凌駕於司法機關之上的黨的政法委。蘇聯制度中的法外主義主要體現為政治警察的存在以及政治警察擁有的未經審判便可以懲罰的權力，例如蘇聯內務部1934年設立的特別審判庭，代替國家政治保安總局的審判委員會，擁有包括槍決在內的所有刑事懲罰權力，而國家政治保安總局在1954年則被新組建的國家安全委員會（即所謂KGB）所取代。相反，與法院司法權向地方下放對比的，是1955年去史達林化背景下，檢察機關作為「沙皇之眼」的繼承者，重新成為一個高度國家化的、統一的、垂直型的、中央集權的體

系，更多代表著蘇聯國家的政治意志和統治力量。[2]

　　換言之，蘇聯的黨國體制之下，國家仍然是司法主體，其司法機關則以檢察院和法院為中心。相比之下，中國的黨國體制下，國家司法被嚴重弱化，黨的司法決斷超乎國家的司法機關之上。雖然這一關係隨時代變化常有變動，但是長期來說，黨強國弱的黨國體制反而持續強化。仍以2019年《政法工作條例》為例，相比1995年中辦28號文件第一次對政法委職能的定義，政法委的職能設定顯然空前強化，也內含著法外主義的制度機制，儘管這部條例聲稱根據黨章和憲法制定，顯示著中國司法的兩條平行路徑。本書撮其要，錄其原則性規定如下：

　　第七條　黨中央對政法工作實施絕對領導……管理政法工作中央事權和向中央負責的重大事項；

　　第十條　縣級以上地方黨委……對本地區政法工作中的以下事項，落實領導責任：

　　（一）統籌政法工作中事關維護國家安全特別是以政治安全、制度安全為核心的政治安全重要事項；

　　（二）統籌維護社會穩定工作，及時妥善處理影響社會穩定的重要事項和突發事件；

　　……

　　第十一條　中央和縣級以上地方黨委設置政法委員會。

　　第十二條　黨委政法委員會在黨委領導下履行職責、開展工作……主要職責是：

　　（二）貫徹黨中央以及上級黨組織決定，研究協調政法單位之間、政法單位和有關部門之間、地方之間有關

---

[2]　王海軍，《蘇維埃政權下的俄羅斯司法》，第25、54、91-106頁，法律出版社，2016年。

重大事項，統一政法單位思想和行動。

（七）指導和推動政法單位黨的建設和政法隊伍建設……
派員列席同級政法單位黨組（黨委）民主生活會

（八）……指導和協調政法單位維護政治安全工作和執法
司法相關工作。

歸納起來，可以將中共的政法委其機構設置和制度功能簡化為以下
三點：

一，作為一個黨、政、法合一的協調、統一和指揮機關，政法委是
為貫徹中共對行政和司法的全面絕對領導而設置的正式黨務專門職能機
關，其合法性來源於中共的絕對領導地位和中共的內部立法，其功能彙
聚（非合併）行政權、司法權和黨的政治決斷權為一體，形成了一個
「法外之法」的司法決斷制度；

二，作為一個「制度性的法外機構」，政法委雖然名義上負有監督
司法機關嚴格遵守憲法和法律的職責，但是體現黨中央意志和追求政治
安全、維護社會穩定的政治任務才是政法委的主要工作（而非維護司法
獨立或者追求司法正義等有關促進法治建設的目標），從而從根本上激
勵政法委自身和相關司法機構充分利用法律和行政資源、規則，在「講
政治」的名義下踐行「法外之法」。

三，作為一個1949年建政伊始就成立的專政機器，經過七十餘年的
組織演變，更重要的，政法委代表著黨國體制的一個連接機制，越來越
活躍、越來越制度化、越來越「合法化」。它利用中共對國家和政治生
活的總體控制、利用中共植入憲法中的領導權規定而非限制、利用依
法治國的名義，「合法地」但是不公開地介入法律運作，以實現黨對
政法工作的絕對領導，即依法治黨和依黨治國。這種特殊、騎劫式的
黨─法（國）關係，也被某些中國法學家形容為同時存在著「黨在法
上、黨在法中、和黨在法下」的情形，在在證明著中國特色的法外之

法的法外主義根源：[3]黨對法律和司法的控制是以組織方式進行、深度嵌入和體系化的，因而可能同時利用它在組織資源和政治規則的優勢與霸權，重新定義法律程序和實體罪名，這種重新定義還包括通過立法和司法實踐的雙重過程，以至於很大程度上混淆了合法與法外的界限，也為人權侵犯製造了許多「合法」的空間。這便是所謂「政法委專政」。

政法委專政

雖然政法委自1990年重建以來，先後藉著與綜治委、「610辦公室」等合署辦公的模式逐漸膨脹，成為以黨領政（法）的關鍵機構和機制，但是，就如政法委早期領導人董必武、彭真等人多次強調其角色在於「指導和聯繫」，政法委本身作為一個法外主義的司法機器，在理論和實踐中確實不像外界猜測的那樣插手所有司法案件，而是專注於從毛澤東迄今中共所堅持的劃分人民內部矛盾和敵我矛盾的相關案件。可以說，政法委所領導的政法工作，從1950年代至今充滿腥風血雨，始終以發動專政機器為中心任務，推動歷次的「鎮壓反革命」、「階級鬥爭」和「嚴打」、「維護社會穩定」等不同時期的專政運動。此謂中共建政以後堅持至今的無產階級專政（也稱人民民主專政）執政路線下的政法委專政。

因此，可以說無論是強調「階級鬥爭」的前三十年還是開始「社會主義法治」的後四十年，政法委的「政法觀」即「政法理念之內核、運作方式和思維習慣仍未發生完全的質變，具有相當強的穩定性和延續性」，[4]都是繼承革命戰爭時期的「政治運動」手法，在執政時代以不斷革命和堅持人民民主專政的名義和方式轉換為具體時代的具體任務。

---

[3]　參見徐建明教授（最高人民檢察院副檢察長），2017年4月17日在中國法治論壇上的報告。
[4]　鍾金燕，《政法制度研究》，第38頁，中央編譯出版社，2016年。

這可能才是理解政法委長期以來其組織和制度形式介於非正式和正式之間的模糊態的關鍵。1990年代之後相對穩定的市場經濟時期，中共歷任領導人仍然製造著不同的「緊急狀態」、發動不同階段的專政運動而加強其決斷地位，政法委便是其中（黨中央）的「助手」，扮演龐大國家暴力（政法）機器的變速箱角色。

其變速箱比喻，與超越制度性和日常性的司法體制和程序的動員有關，在意識形態上意味著隔離並超越人民內部矛盾和敵我矛盾，由政法委來定義、解釋、修改和超越兩種矛盾及其關係。在具體的政法工作中則表現為，一方面政法委如國家暴力機器的啟動機一般，以敵我矛盾的政治定性跨越那些常規上只適用於解決人民內部矛盾的司法程序，而採取「從快從重」、「統一協調」、「三司會審」的所謂「嚴打」（嚴厲打擊）方式對付那些涉及政權顛覆和國家安全、有重大社會影響、與司法機關執法有關等類型的案件。也就是說，關於人民內部矛盾和敵我矛盾的劃分，一方面意味著中共作為一個行政司法立法合一的「超級政黨」，從未放棄以「革命」（恐怖）或「專政」手段維護政黨和政權的至高無上地位，即所謂政治安全；同時，政治安全的「政權焦慮」也透過黨機器擴散到整個國家機器，如前述1980年代至今政法委工作重心變化所顯示的，不斷強化的隱形憲法原則賦予政法委作為「黨委領導」工具的正當性去「協調」所有行政機關、司法機關和地方立法機關，也選擇性地介入司法案件。

另一方面，政法委的跨部門協調機制是針對這一矛盾關係的平衡，既包含著司法決斷和政治決斷的均衡，也包含著下級（地方）決斷與上級（全域）決斷之間的平衡，還包含著司法結果與民意的平衡。這種多重平衡任務的設置為政法委提供了協調司法各部門和行政各部門的政治基礎。尤其在胡溫以來強調「和諧社會」和習近平任內「平安中國」的目標設定下，政法委重新強調其群眾路線的「人民至上」和「楓橋經驗」，把協調干預機制變成了一個類似充滿儒家「無訟」理想的體制內

調解者，化身為黨國體制下「非正式正義」的提供者，[5]區別於也弱化了司法機關所提供的司法正義，最終起到淡化或者遮掩人民內部矛盾的作用。如此一方面擴大各種敵我矛盾而強化暴力鎮壓、一方面淡化人民內部矛盾而採取協調息訟的做法，代表了政法委一體兩面的傳統，即專政和群眾路線的結合，在今天如何以法外主義的方式形成對人權的系統性侵犯。

歷史地說，需要回到中共建政之初政法部門以肅清反革命和階級敵人作為首要任務的起點，即使在1954年憲法之後，中共「對敵鬥爭」的姿態和任務依舊是政法部門的主要工作。只有到1956年蘇共二十大後，以毛澤東1956到1958年的相關論述為例，中共才最終確定了執政時期政法委（小組）和普通司法的關係，也就是處理敵我矛盾和人民內部矛盾的區別。這一區別在鬥爭手法上主要是「對抗性」和「非對抗性」的關係，前者事關中共政權穩定和安危，屬「專政範圍」，後者則屬人民內部問題，「可以用和平的方法解決這個矛盾」。[6]

特別的是彭真關於前述「指導和協調」關係的論述，還包含著黨委也就是政法委在何種情況下介入司法的「政策性說明」。彭從中共建政後多次強調，不是所有案件黨委都要過問，黨委過問的案件主要有四類：一是，一些重大的政治案件；二是，黨紀、政紀、軍紀、不正之風和刑事責任糾纏在一起的案件；三是，極少數具有特殊重大情況的國家公職人員和知名人士違法犯罪案件；四是，黨委發現的冤、假、錯案。[7]

自二十一世紀初以來，政法委介入和協調的案件被重新歸類為所謂「重大、敏感和集體性案件」。一旦發生這類案件，或者被黨委定性為這類案件，政法委便啟動其「專政力量」，繞開正常程序和實體的方式進行法外主義鎮壓。即使在文革結束中共承諾不再搞運動的改革開放時

5　黃宗智，〈中國古今的民、刑事正義體系：全球視野下的中華體系〉，載於《中國的新型正義體系：實踐與理論》，第177-234頁，廣西師大出版社，2020年。
6　毛澤東，〈關於正確處理人民內部矛盾的問題〉，《人民日報》，1957年6月19日。
7　參見：劉松山，〈彭真論黨的領導與政法機關獨立行使職能〉，《法學論壇》，2013年第4期。

代，政法委仍然以「嚴打」的運動方式強化了黨對政法機關、對社會的
全面控制。雖然公開文件極少，有限的文獻也透露出政法委在「嚴打」
中所表現出的絕對的司法決斷權，儼如進入某種緊急狀態，類似軍管的
「黨管」狀態。以當時的江蘇省為例：

> 1983年「嚴打」開始後，中共江蘇省委政法委員會決定，各級檢
> 察委員會和審判委員會都停止活動，律師也停止辯護，所有案件
> 均由各級黨委政法委統一組織審查，死刑覆核也由省政法委員會
> 統一組織實施。[8]

這一全國範圍的嚴打行動持續到1987年，政法委的權力急劇擴張，
大大提高了文革後新建的政法委的地位，但到1988年被主張「自由化」
的趙紫陽總書記廢除。1989年天安門民主運動後的1990年3月，中央政
法委因應「後1989」時代「維護社會穩定」的「形勢需要」再度重建至
今。但一直到習近平執政後，在他主導所謂以法治黨、以法治國的政策
下，政法委的建制化才最終完成，而其核心仍然是前述毛主義的初衷，
即在黨委領導下的司法決斷。以此觀照，「709」案在這一最後的建制
化過程中的角色和作用著實耐人尋味。

非正式正義

在實踐中，從1949年中共建政後到在1990年代擴張之前，政法委人
員規模始終相當有限，「不算一級組織機構」，而且經常被外界理解為
介於黨中央（黨委）和政法職能部門之間的一個虛置機構，如董必武
1952年所強調的「指導和聯繫」為其主要工作，即以研究調查、協調開

---

[8]　參見江蘇省地方誌編纂委員會編，《江蘇省志・檢察志》，第67頁，江蘇人民出版社，1997
年（轉引自鍾金燕，《政法制度研究》，第220頁腳註，中央編譯出版社，2016年）。

會為主要工作內容，並非直接介入案件。也就是說，其主要工作機制是以召開協調會議為主，除了動員落實中央路線和政策，主要協調和處理一些重大、複雜、疑難、久拖未決案件。直到2011年，中央政法委仍在重申其職責就是「督促、推動大要案的查處工作，研究和協調有爭議的重大、疑難案件」[9]，通過協調會議「統一政法各部門的思想和行動」，解決行政部門與司法機關的矛盾，克服中國司法機關長期存在的低效、推諉和久拖未決的痼疾。特別在地方層面，譬如縣級政法委，鍾金燕發現，2005年時任政法委書記羅幹曾明確指示，「除涉及國家安全和社會穩定的案件外，縣級政法委一般不協調案件」。換言之，涉及所謂國家安全和社會穩定的案件即是地方層面意義的重大、敏感性案件，也是各級政法委的介入點。

　　這一介入形式即所謂協調，形式上通常指地方政法委接到那些上級黨委政法委交辦、督辦，或同級黨委指示、同級政法部門或下級黨委政法委申請協調，以及其他省市黨委政法委委託辦理的案件等等之後，召開聯席會議進行研究和交流，以督促推動。然而理論上，這一不公開過程和結果的協調本身，就意味著法外運行。正如托馬斯·謝林在他的經典著述中曾總結的，「如果協調必須是暗中進行的⋯⋯沒有人能夠預期將在某個點達成協作⋯⋯那麼妥協是不可能的」。[10]在博弈論中，這是一種贏者全贏、輸者全輸的模式，卻也是鄒讜從二十世紀中國政治中特別是高層政治中觀察到的一個反覆博弈的結果。[11]

　　在政法工作中，經由黨內協調，意味著具體案件的適用法條和裁判意見已經在此種協調會議上形成，那麼有關程序或者流於形式，或者就被有意忽略或扭曲，譬如證據有效性、當事人的辯護權利、審判公開，

[9]　參見中央政法委自我職能介紹，中國網：http://www.china.com.cn/cpc/2011-04/15/content_22369240.htm。
[10]　托馬斯·謝林，《衝突的戰略》，第80頁，華夏出版社，2011年。（Thomas C. Schelling, 1980: The Strategy of Conflict, p.90, Harvard University Press.）
[11]　鄒讜，《中國革命的再解釋》，第284頁，香港：牛津大學出版社，2002年。

從而形成超乎形式主義程序的法外主義。此謂專政。

　　當然，相比1983年「嚴打」時期的公檢法聯合辦案、快批快捕、從快從重，這種聯席會議方式的「協調—介入」已經相對溫和、日常化，少了「嚴打」或者「鎮反」的大規模動員，但是在遇到個案——特別是所謂重大、敏感案件時，仍然起到關鍵的啟動機效果。在聯席會議之外，政法委還會設立專門的領導小組應對和動員。

　　而且，觸動政法委協調機制的，不止有政治安全、以及彭真前述若干類案件（更多屬黨內腐敗、違紀案件），還和政法委對一些普通案件的社會影響有關。因為行使部分政治決斷權力的政法委其職能之一包含司法的政治和社會影響，注重法律效果和社會效果的統一，這既是政法委長期以來的角色（職能）設定，也是基於所謂人民內部矛盾和敵我矛盾劃分的結果，還是政法委以及政法工作一直以來強調群眾路線的折射。例如在1950年代初的「鎮反」期間，彭真就以人民反映「政府睡著了」、「連敵我都不分」等所謂群眾意見作為督促政法機關嚴厲鎮壓的激勵。[12]

　　更重要的，政法系統內部所推崇的模範經驗，特別是所謂「楓橋經驗」模式和「馬錫五審判模式」等等，長期以來被學界視作中共司法本土化的經典創造。但是，這些調解為中心的司法模式，在過去數十年已經深刻、全面地影響了中國的司法實踐，大量行政調解、社區調解和司法調解主宰或者超過了司法訴訟的規模。這一現象被黃宗智總結和稱讚為所謂「非正式正義」。黃宗智的這一辯護原本只限於概括中國的調解傳統和現代行政與司法體系中偏重調解的制度與實踐，但是，政法委事實上在推動這些調解正義，主導基層政法工作、促進社會和諧、達成「息訟、無訟」的同時，作為「黨政法合一」化身的政法委自身也扮演著體制內調解者的角色，有意壓制刑事訴訟的「無罪率」、控制人權案

---

[12] 參見彭真，〈關於鎮壓反革命和懲治反革命條例問題的報告〉，1951年1月20日，中央人民政府委員會第十一次會議，《論新中國的政法工作》，第13頁。

件即大部分「重大、敏感和集體性案件」的社會影響。所賴者，仍然是
政法委日常化的協調機制。

　　首先，所謂「楓橋經驗」源於1963年針對「四類分子」（地、
富、反、壞分子）的農村社教運動。當年，浙江省公安廳將楓橋區社
教運動中創造的「發動和依靠群眾，堅持矛盾不上交，就地解決，把
絕大多數四類分子改造成新人，實現捕人少，治安好」經驗，報告公
安部後得到毛澤東肯定，作為與劉少奇「桃園經驗」區別的對立榜
樣，其中分歧直接引發三年後的文化大革命。過去50年間，「依靠群
眾就地化解矛盾」為核心的「楓橋經驗」在1978年前後和過去數年間
先後經歷了兩次轉型，從對付「四類分子」的專政模式轉型為預防犯
罪和化解社會矛盾的基層治安模式，再到「強基促穩、不出大事」的
維穩模式。[13]

　　只是，無論與新舊楓橋模式中的地方調解員或者馬錫五法官相比，
還是與儒家師爺相比，政法委在黨內政法系統內的調解角色不過更建制
化和組織化，充當的是被定義為「黨委的助手」角色，仍然保持著非正
式特點，長期介於非正式和正式之間。各級政法委主要以非法律專業的
中共幹部和知識分子組成，其政法認知和職能極其類似儒家王朝時期的
師爺和「刑幕」角色，或如傳統「讀書不讀律」的知識分子充當行政官
員非正式的參謀，以追求儒家傳統的「無訟」為社會和諧目標；或如
傳統刑名幕友（即「刑名夫子」）與胥吏操縱訴訟、上下其手、羅織
罪名，將諸般法外主義手段合法化。[14]那麼它所「協調」做出的決斷結
果，從政治決斷、到行政協調、再到種種調解和司法手段，都匯合成一
種「非正式正義」，作為其「政法委專政」的平衡。在實際工作中，政

[13]　參見諶洪果，〈「楓橋經驗」與中國特色的法治生成模式〉（《法律科學》，2009年第1
期，第17-28頁）對「楓橋經驗」數次轉換的分析；及杭州市委副書記、政法委書記王金財在
2013年5月9日的講話〈發展「楓橋經驗」推進「強基促穩」〉，http://www.zj.xinhuanet.
com/newscenter/focus/2013-05/10/c_115710908.htm。
[14]　參見張晉藩，《中國法律史論》，第82頁，法律出版社，1982年。

法委推廣「楓橋模式」的基層維穩建設，鼓勵司法調解、行政調解的方式，也包括各種個案性的「維穩」，以止訟達成無訟，掩蓋或者緩和常規司法體制「正義供給不足」的問題和矛盾，也淡化著訴訟增加所暴露的人民內部矛盾激化的問題。

例如，黃宗智注意到中國民事和刑事糾紛近一半是經由調解解決，並視之為如今中國非正式正義的核心內容。「每年平均總共約2,500萬（2,507萬）起的糾紛之中，有約1,100萬（1,075萬）起，也就是說所有民事和（公安部門所處理的）輕微刑事糾紛中的約43%，是通過（一定程度的）調解來解決的。」[15]他將這種符合儒家理想的息訟模式稱之為「非正式正義」，卻迴避對當事雙方都有實際影響力的第三方所促成的「強制性合意」之強制性對調解本身的背離。[16]

而事實上，其背景正是在二十一世紀初胡錦濤、周永康任內形成所謂「重大、敏感和集體性案件」的維穩概念前後所湧現的民眾不滿和抗爭：一是重大、敏感和集體性三種類型案件的增加所反映的中國社會抗爭和政治壓力；二是公檢法等政法機關在「社會主義法治」趨勢下出現的某種職業性獨立和利益分化對中共傳統的司法決斷權所形成的潛在影響。結果，粗暴、僵化、低效的司法機關同時面對市場經濟和公民社會發展背景下越來越活躍的社會抗爭，發生難以調和的衝突和矛盾，越來越難以運用傳統的人民內部矛盾和敵我矛盾的劃分來隔離、分而治之。

以至於，司法機關和政府的信訪部門無力應對市場經濟和社會轉型下出現的大量糾紛，其正義供給有限和低效率造成大規模民眾抗爭事件激增。全國範圍內的集體抗爭在市場經濟改革之初的1994年僅發生1萬餘起，但到中國加入世貿組織後的2003年激增到5.8萬起，2004年進一步上升到7.4萬起；僅僅在2003年，就有三百萬人參與了這幾萬起抗

---

[15] 黃宗智，〈中國古今的民、刑事正義體系：全球視野下的中華體系〉，載於《中國的新型正義體系：實踐與理論》，第202頁，廣西師大出版社，2020年。

[16] 參考棚瀨孝雄，《糾紛的解決與審判制度》（王亞新譯），第15頁，中國政法大學出版社，1994年。

爭，每起抗爭規模也從1993年平均8人擴大到2003年平均52人。[17]這種大規模抗爭和2003年的孫志剛事件一道標誌著2003開始的維權運動，被當局稱之為「群體性事件」，胡錦濤和周永康政府也從2004年啟動了全力「維護社會穩定」即政法委主導的維穩政策。2004年之後的大規模抗爭雖然據估計繼續遞增、超過十萬，但是中國政府再也沒有正式公佈具體數據。但從此，大規模民眾抗爭即群體性案件正式進入到政法委的視野裡，如何防範地方民眾抗爭便成為政法委「維護社會穩定」的重點。

群眾從「群眾路線」的主體變為「維穩」時期的專政對象，正是從胡溫政府迄今所謂「維穩政策」的真相，也是今天習近平政府重新倡導「楓橋經驗」、改善所謂基層治理、強調所謂「人民至上」的關鍵。2020年9月17日，習近平在「基層代表座談會」上說，「要加強和創新基層社會治理，堅持和完善新時代『楓橋經驗』，加強城鄉社區建設，強化網格化管理和服務，完善社會矛盾糾紛多元預防調處化解綜合機制，切實把矛盾化解在基層，維護好社會穩定」，基本闡明了中共和政法委強調「楓橋經驗」調解模式的政治目的。[18]

這種「非正式正義」的效果，如黃宗智嘉許的，「減少訴訟頻率、減輕法院負擔和維護社區和諧」，[19]其理論意義不啻於在人民內部矛盾內部再建一道隔離牆，以止訟處理人民內部矛盾，從而將司法訴訟特別是刑事訴訟約略等同於專門處理敵我矛盾的專政戰場，如同常規性的「嚴打」程序。黃宗智並沒有具體主張這種非正式正義的正義內容和指向，

---

[17] See *South China Morning Post*, December 7, 2005. That news cited Zhou Yongkang's "inner speech" on December 5,2005. Zhou is currently the Minister of Public Security of China.
See also Albert Keidel (2005), "The Economic Basis for Social Unrest in China", presented at the Carnegie Endowment for International Peace for The Third European-American Dialogue on China, at The George Washington University, May 26-27, 2005.

[18] 參見〈習近平：在基層代表座談會上的講話（2020年9月17日）〉，新華社2020年9月19日報導：http://www.xinhuanet.com/politics/leaders/2020-09/19/c_1126514697.htm。

[19] 黃宗智，〈中國正義體系中的「黨」、「政」與「法」的多元合一〉，載於《中國的新型正義體系：實踐與理論》，第266頁，廣西師大出版社，2020年。

似乎只是為了證明他此前關注的中國古代法律重視調解和習慣法的傳統（即所謂「第三領域」），在過去數十年中共法治模式下得到重生。

現實意義上，如同梁治平早先懷疑這一介於社會與國家或民與官之外「第三領域」的存在，中共法治中有意識地推動調解代替訴訟，只能暗示中共繼承了儒家兩千年以來未變的「德主刑輔」的法律思想和傳統。[20]即，以調解為中心的非正式正義只是以德治國的歷史回聲的再現，將儒家傳統追求的「無訟」轉為以各種「合法的法外主義」消滅「正義供給有限」和「正義需求膨脹」的壓力，避免因為侵權訴訟暴露中國司法體制的低效、中國政治系統內普遍的人權問題和制度痼疾，也避免人民內部矛盾可見度上升而動搖公眾對司法體制和執政黨的信心。這意味著，非正式正義的強制性調解，代替、區隔並淡化了司法正義和基於司法程序的正義，也壓制了人權律師們所死磕的程序正義和人權訴求，並且在司法機關和人權律師之間繼續製造一系列緊張和衝突。

結果之一，從2003年到2014年，中國法院的無罪判決率連續逐年降低，除2013年稍高於2012年外，到2014年跌至0.066%，這一趨勢發展到2016年更降到0.016%，其中逮捕後撤案率僅0.007%、不起訴率則為1.4%。[21]包括法院和地方司法局在內，整個司法系統似乎都在為了追求低無罪率，防範辯護律師做出無罪辯護，也防止法官做出無罪判決，原先隱蔽的非正式的法外主義措施逐漸合法化和正式化，「合法的法外主義」逐漸氾濫，法官在訴訟過程中的總體表現也越加僵硬化[22]。譬如律師如果要做無罪辯護需要向主管司法局報備，而當地司法局和政法委通常對一旦出現的無罪辯護採取各種法外措施防備、施壓。這是人權律師

---

[20] 參考楊鴻烈，《中國法律思想史》，第144頁，中國政法大學出版社，2004年。
[21] 參見《澎湃新聞》，〈中國近三年無罪判決率僅為0.016%，有學者稱低得不正常〉，2016年11月7日：https://www.thepaper.cn/newsDetail_forward_1556725。2016年的數據來自最高檢檢察長曹建明在2016年11月5日的十二屆全國人大常委會第二十四次會議上所作《關於加強偵查監督維護司法公正情況的報告》。
[22] 例如，《人民法院報》2012年3月15日刊出李文廣文章〈量刑規範化：校準天平的刻度〉，證實從2010年10月1日起，全國法院全面開展量刑規範化試行工作。

們長期以來面對的最常見壓力。

　　結果之二，政法委和法院特別重視審判案件的社會影響，所謂「重大、敏感和群體性」案件被更為明確的新「四類案件」所取代，成為政法委和司法機關最為擔心和嚴格監管的焦點。以四川省最高法院2018年內部頒佈《全省法院「四類案件」監督管理辦法（試行）》為例，這新「四類案件」分別指代：

　　（一）涉及群體性糾紛、可能影響社會穩定的案件；
　　（二）疑難、複雜且在社會上有重大影響的案件；
　　（三）與本院或者上級法院的類案判決可能發生衝突的案件；
　　（四）有關單位或者個人反映法官有違法審判行為的案件。[23]

　　對「重大、敏感和群體性案件」新的定義，完全集中在訴訟的社會影響之上，涉及群體性案件和程序問題。社會影響成為當局關切的社會穩定的指標，也因此成為所有重大、敏感和群體性案件所共同享有的敏感性。不過，這不同於人權律師的法感所指，而是政法委和政法部門的政治敏感。

　　實際工作中，政法委和法院因此一方面特別重視公共輿論即輿情反應和彙總，作為其政策和案件考量的依據來源之一。在公民社會活躍和社交媒體時代，互聯網輿論和人權律師的介入也更容易觸發政法委的特別關注，而將某些普通案件轉為所謂敏感案件。譬如前例「屠夫」吳淦涉入維權的一系列案件，從湖北鄧玉嬌案到浙江錢雲會案，莫不如此，才有律師協會和司法局多年來（尤其是「709」案後）反覆警告律師不得「炒作案情」。在「709」案後，警方對公民不滿言論、上訪行為等等濫用行政處罰和刑事入罪的傾向越來越明顯，連瀏覽國際互聯網、在

23　四川省高級人民法院，《全省法院「四類案件」監督管理辦法（試行）》，見四川省安嶽縣人民法院網頁，2018年8月22日：http://ayrmfy.gov.cn/News/View.asp?ID=1244。

國際社交媒體發表言論也可能被制裁。[24]

另一方面，法院對「重大、敏感、集體性案件」的內部監管愈益加強，這類案件的政治審判意味也隨之強化。例如，在2015年的「709」案後，2020年浙江省高級法院採取「人工智能加人工」的方式分析和甄別此前五年的所謂敏感案件，開發了「全流程在線監管模塊，不斷健全完善與新型審判權運行機制相適應的審判監督管理機制」，從而做到了所謂「化解了重大、敏感、群體性案件的風險隱患，促進實現了辦案政治效果、社會效果和法律效果的有機統一」。[25]

結果之三，也是最關鍵的，人權律師們在刑事辯護中的對抗性訴訟也很自然地被政法委視同向對抗性敵我矛盾的轉化，他們似乎不僅擔心那些「政治敏感性案件」的庭審可能因為人權律師的積極辯護而將刑事辯護變為政治辯護、把法庭變為反對政治的舞臺，更擔心那些重大刑事案件的審理過程暴露出中國社會的矛盾和問題，引發公眾對刑事案件背後中共政權合法性的懷疑。這恐怕是政法委對刑事案件審理最為關心的，也因此強化了所謂「官派律師」制度，通過地方司法局對官派律師的掌握、以及對人權律師的控制，保證刑事案件訴訟過程的可控性。

例如，2016年5月7日晚一位中國人民大學的畢業生雷洋在北京昌平東小口住家附近走路時，被當地派出所警察攔截，後因暴力執法而窒息身亡。這起類似1992年美國洛杉磯羅德尼・金（Rodney King）慘遭警察圍毆和2020年美國明尼蘇達喬治・弗洛伊德（George Floyd）死於警察暴力的案件，雖然沒有在中國引發類似騷亂，卻也因為雷洋生前發出的「請幫幫我」，酷似弗洛伊德最後發出「我不能呼吸」（I can't

---

[24] 有網民通過浙江省行政信息檢索系統發現2020年1到8月浙江省就有60餘人因為使用VPN「翻牆」瀏覽國際互聯網遭到行政處罰：http://mp.weixin.qq.com/s/vy668sp66e4ZeOXo2QZU1w？。另外，本書結稿後，本研究探訪對象之一梁小軍律師因其2021年在微博和推特上的言論被北京市司法局於2021年12月16日宣布吊銷律師資格。
[25] 參見《人民法院報》，〈制度創新和科技創新雙管齊下，完善「四類案件」在線全流程監督管理體系〉，2020年7月19日：http://rmfyb.chinacourt.org/wap/html/2020-07/19/content_170265.htm?div=-1。

breath），引發了巨大的公眾同情，形成了一場中國人民大學的校友運
動，抗議警察暴力和濫權，要求保障中產階級和公民的人身權利。在持
續半年的運動中，雷洋遺孀一直為當地民政局人員所包圍，被說服要求
接受以高額賠償為代價換取中止對警方人員濫權和謀殺的刑事訴訟；在
有官方律師色彩的陳有西團隊介入發起對警方人員的刑事訴訟之後，最
終判決的刑事懲罰也相當輕微。

　　類似的，在幾乎所有爭議案件中，即人權律師們介入的案件，人權
律師們死磕的焦點之一就是與司法當局展開的辯護權鬥爭：在訴訟過程
中，政法委以各種方式誘導被告和被告親屬、要求他們接受由司法局安
排的官派律師，同時解除此前與人權律師的委託關係。當人權律師們遭
受到包括吊銷執業資格在內越來越大的壓力，官派律師們的身影則愈加
活躍，絕大部分「重大、敏感、和集體性案件」往往因為官派律師的加
入而變得悄無聲息，庭審順利，辯護律師與檢控方、法官配合良好，刑
事被告們最終得到的通常不是較低量刑或者無罪，而是相反。甚至在人
權律師群體內部，也能見到這樣的官派律師身影，例如在前述「三大戰
役」中小河案現身的某律師，以及「709」案中李和平律師的某助手，
他們在人權律師群體中扮演的可疑角色，如監視和分化，以及同時受到
中國司法部門和西方媒體的讚譽，引發諸多人權律師的懷疑。[26]

　　至此，我們看到，從「楓橋經驗」到非正式正義，在追求強制性社
會穩定的目標驅動下，中共政法系統把黨的群眾路線變成了一個系統性
的法外主義，平行於「嚴打」模式所代表的政法委專政，構成緊緊圍繞
審判體制的、由政法委主導的法外主義區間，一左一右，作為中共其革
命遺產之暴力和動員的體制化，無時不刻影響和修正著中共自己所稱的
法治主義發展。而人權律師們所做的，則是在法治的核心地帶，與其中
包裹著合法外衣的另類的、隱蔽的法外主義展開著抗爭。

---

[26] 源自上述對多位人權律師的訪談，這裡隱去其姓名以及具體受訪人姓名。

第十二章　合法的法外主義

　　上述「政法委專政」和「以調解為中心的『非正式正義』」代表了法庭外的兩種法外主義，也代表了中國的廣義司法系統分別對付所謂「四類案件」和大量民事與輕微刑事案件的處理方法。而且，這兩種法外主義非但沒有非正式化，反而在過去數年中國的所謂法治化進程中日趨制度化，從側面說明了中國法治建設的性質。

　　更主要的，隨著中國法治建設名義上的加速，中國司法當局似乎越來越追求審判的形式主義合理性，例如先後推廣法官袍和律師袍、1996年12月刑事訴訟法修訂開始引入無罪推定原則、最高法院2007年1月1日收回死刑覆核權。但是，他們對刑事審判中公平正義的追求和改革卻相當遲緩，對程序正義的堅持也相當曖昧，似乎遠遠沒有意識到「刑法體系中的成本、責任及代價是最高的」，[1]以至於這些代價往往通過事後的大規模上訪和強烈社會輿論來體現而為司法體系所難以承受，反倒趨向於刑事案件審判結果的「無罪率」越來越低。各種原本存在的法外主義不僅沒有消除，反而越發合法化，扭曲了刑事審判的公正性，也造成系統性的人權惡化。

　　畢竟，按照戰後確立的一系列國際法原則，包括聯合國的《世界人權宣言》（UDHR）第10條、《日內瓦公約》（1949年8月12日）和《日內瓦公約》附加議定書（二）的第6條、《美洲人權公約》

---

[1]　保羅・羅賓遜，邁克・卡希爾，《失義的刑法》，第1頁，上海人民出版社，2018年（Paul H. Robinson and Michael T. Cahill, 2006: *Law without Justice: Why Criminal Law Doesn't Give People What They Deserve*, Oxford University Press）。

（ACHR）第8條、《歐洲人權公約》（ECHR）第6條和聯合國的《公民權力和政治權利公約》（ICCPR）第14條，都規定了在非國際性武裝衝突中，為了保證公正審判權利所不可或缺的司法保障，獲得公正審判的權利為以上每一個有關人權保障的規範性文件所確認。[2]

　　當然，從1979年起隨著中國重建法治，也建立了一套表面上以公正審判為目標的審判體系。例如，在1979年通過、之後多次修訂的《人民法院組織法》中，包含了若干與公正審判有關的規定：

> 第四條：人民法院依照法律規定獨立行使審判權，不受行政機
> 　　　　關、社會團體和個人的干涉。
> 第五條：人民法院審判案件在適用法律上一律平等，不允許任何
> 　　　　組織和個人有超越法律的特權，禁止任何形式的歧視。
> 第六條：人民法院堅持司法公正，以事實為根據，以法律為準
> 　　　　繩，遵守法定程序，依法保護個人和組織的訴訟權利和
> 　　　　其他合法權益，尊重和保障人權。
> 第七條：人民法院實行司法公開，法律另有規定的除外。

然而，《人民法院組織法》所確立的這些形式上的獨立審判和公正原則卻被同一部《人民法院組織法》的其他條款所修正，例如審判委員會的合法存在，儼如一種「合法的法外主義」。這些法外主義是對法律的公正審判原則的偏離和否定，在司法實踐中對法院自身公正審判的干擾和破壞司空見慣，損害了公民得到公正審判的權利的基本人權。因此，中國的死磕律師的產生，不僅因為他們對中國社會中普遍存在的人權侵犯，例如前述有關宗教自由、言論自由和結社自由等等的捍衛，更在於

---

[2]　參見：薩拉・J・薩默斯（Sarah J. Summers [2007]），《公正審判：歐洲刑事訴訟傳統與歐洲人權法院》（*Fair Trials: The European Criminal Procedural Tradition and the European Court of Human Rights*），朱奎彬、謝進傑譯，第119頁，註1，中國政法大學出版社，2012年。

追求公正審判本身。他們可能在任何類型的案件，因為公、檢、法、司四方和政法委對公正審判的破壞，而從普通的維權律師轉為一個自覺的人權律師，才有所謂死磕，以法庭上的堅定抗辯而聞名，並且遭到中國司法當局的迫害。

所以，在中國法治建設近年來愈加強調「審判中心」的司法改革時，分析其「合法的法外主義」也需要以審判體制為中心，從原則、實體和程序三方面入手，分別討論法院、檢察院和公安機關三個部門如何背離公正審判的人權要求。

法院：與審判公正還有多遠？

在討論所謂審判的公正性及其破壞之前，有必要先行理解「所謂審判，就是根據客觀規範（在現代就是法律規範），對權利的有無作出判斷，或對權利的存在進行公共權力性質上的認證。」[3]棚瀨孝雄的定義基本反映了中國人權律師們對刑事審判的認知，將審判看作一種可實踐的規範，即以維護被告的權利為中心，但這有別於中國法律對審判的任務規定，也不同於公檢法部門對審判的認知。

然而，中國審判體系的法定任務，如《法院組織法》第二條所規定的，首要在於「懲罰犯罪」，並且「維護國家安全和社會秩序，維護社會公平正義，維護國家法制統一、尊嚴和權威，保障中國特色社會主義建設的順利進行」。其中的決斷，無論來自審判機關還是背後的黨委和政法委，都不是以保護無辜者為目的、將對有罪者的懲罰當作且僅作為實現該目標的手段，而是為了展現國家本位和國家權威。毋寧說，這是一個以鎮壓反革命和「嚴打」等對待「敵我矛盾」為目標的傳統專政機器的改良版，加進了保護當事人權利和若干起碼程序的平衡因

---

[3]　參見棚瀨孝雄，《糾紛的解決與審判制度》（王亞新譯），第207頁，中國政法大學出版社，1994年。

素。如果對照現代國家的公平審判原則，不難發現，中國司法審判的基本原則還停留在十九世紀歐洲刑法改革之前的狀態，距離公平審判尚有近兩百年之遙。

例如，中國司法和審判體系中的基本原則，也就是自稱對當事人權利的保障原則，是「以事實為依據、以法律為準繩」，強調證據的客觀真實性被篤信唯物主義的政法系統奉為圭臬，可能恰恰反映了「中國內地對證據的關聯性和可採取性尚未形成權威的理論和嚴格的規則」。[4]這種情形像極了十九世紀的歐洲，準確地說應該早於十九世紀。在十九世紀中期，傳統審判模式逐漸被棄置，促進公正審判的原則一一樹立起來，平行於同期資本主義、公民社會和現代性的發展。而中國實際面臨的情形卻是，其審判體制與現代法治國家有關公正審判的一系列基本原則相比，相去甚遠，而且以各種逐漸制度化的法外主義體現出來。這些法外主義審判制度從明到暗，繼續從原則和制度上破壞著公正審判，具體如下：

（1）審判委員會

《人民法院組織法》的第36條，規定法院內設審判委員會，其職能包括了「討論決定重大、疑難、複雜案件的法律適用」（第二款）、以及「討論決定其他有關審判工作的重大問題」（第四款）等，將法官的審判權收歸審判委員會的集體權力，而且該審判委員會事實上以法院內部的中共黨委成員和法院院長、副院長等組成，與黨委重合，且具有高度的官僚層級特點，組織和討論則實行黨的「民主集中制」，且「審判委員會舉行會議時，同級人民檢察院檢察長或者檢察長委託的副檢察長可以列席」，與檢控方存在合法的制度上的協調。另外平行的《法官法》（1995年通過）也更清晰地未規定法官的獨立審判權。

---

4   董立坤，《中國內地與香港地區的法律衝突與協調》，第625頁，香港中華書局，2016年。

　　然而，僅此一條，集破壞公正審判諸多原則之大成者，固然在中國法學界被詬病已久，卻鮮有因其違背公正審判侵犯人權而被審議。譬如，該制度明顯與中國政府業已簽署（雖然尚待立法機關批准）的聯合國《公民權利和政治權利公約》相衝突，亟須審議、廢棄。具體來說，首先，審判公正依賴於審判中心地位和法官獨立的關聯。審判中心的意義在於法官中立和獨立，如十九世紀法國法學家詼列（F. Hélie）所說，判決是「個人確信的產物」……而這樣的確信「只能在審判中產生」。但是中國審判體制長期以來卻是建立在「國家誘導認罪體制」之上的：審前的公安中心主義，一直以來擁有偵、拘、審三重權力，牢牢掌握預審權、實行偵審合一制，猶如預審法官一般，主導著刑事訴訟程序，卻並非一個中立的國家代理人，而是一個奉行有罪推定原則、擔負著專政任務的「刀把子」。[5]而法庭審判更像是訴審不分的司法流水線的最後環節，實行的是法官糾問制，證據獲得主要依賴公安機關自行的秘密偵查和口供與書面證據。這一情形僅僅從1996年刑事訴訟法修訂才開始發生變化，審判中心地位和控辯制逐漸建立起來，但是距離公平審判仍然很遠。

　　尤其是發生在偵查和審判之間的緊張，也是中國司法系統內部的緊張，卻成為過去二十餘年產生大量人權問題、困擾人權律師的關鍵，如警方的刑訊逼供問題和法庭的證據認證、嫌疑人被超期羈押的問題，最終都因控辯制的引入在法庭上造成公開化的緊張和對抗，固然因此導致人權律師們的集體死磕和「709」案的（被）迫害，何嘗不是因為偵查─審判之間的矛盾和不確定的制度本身破壞著控辯三角關係的平衡，妨礙公正審判的確立。而這一關係及其後果早在十九世紀就已經被刑法

---

[5]　按照《刑事訴訟法》第3條、第114條和現行《公安機關辦理刑事案件規定》（2012年12月3日公安部部長辦公會議通過）第3條，「公安機關在刑事訴訟中的基本職權，是依照法律對刑事案件立案、偵查、預審；決定、執行強制措施」。另外，在公安機關內部，1997年前分設偵查和預審，1997年後預審與偵查合一，在公安機關內部即實現偵審合一制，參見九三學社海南省委在2016年6月的政協提案，〈關於在我省恢復公安預審制度的建議〉：http://www.hainan.gov.cn/zxtadata-7249.html。

專家們嚴格質疑。[6]

（2）秘密審判與官派律師

　　瑞士學者薩拉・薩默斯回顧了十九世紀歐洲刑法改革的歷史和討論，如上述相關討論，並且特別指出「在18世紀晚期與19世紀早期，刑事與民事案件中都實現了公開審判……這樣一個事實反映了公開審判的極端重要性。它所包含的聽證與辯論程序沒有公開進行會被視為無效。於是，公開審判不僅成為法國的一種訴訟制度，而且成為制憲會議所確定的基本憲法原則之一。」[7]與此相關的，是十九世紀德國《帝國憲法》所要求的審判中的控辯原則和公開口頭原則，它們對應著現代審判中控辯三角結構的均衡和言辭公開原則，以保證法官的中立、控辯的對抗性平衡、被告人的權利和審判的公開等等。其中，讓證人公開作證是體現或者衡量偵查機關與審判機關之間關係的關鍵。

　　然而，「法律上有罪與事實上有罪之間的區別在傳統上一直是對抗式司法制度的核心問題」。[8]在中國，這一原則被司法系統內所奉行有罪推定原則及其相應制度所扭曲，如公安機關的偵審合一、國家誘導認罪的威權司法模式。即使在1996年12月修訂（1997年3月生效）後的刑事訴訟法的第12條和第162條開始引入無罪推定原則，篤信唯物主義的中共領導下的司法機關仍未完全放棄長期以來奉行的有罪推定原則，也以審判委員會的集體決定方式限制法官的中立和獨立、以及基於自由心證的裁量權，且公檢法三方對犯罪事實的認定長期依賴口供而得的書證，而非證人公開作證，只有到最近幾年才有警方人員作為證人出庭，

---

[6]　參見薩拉・J・薩默斯（Sarah J. Summers [2007]），《公正審判：歐洲刑事訴訟傳統與歐洲人權法院》(Fair Trials: The European Criminal Procedural Tradition and the European Court of Human Rights)，朱奎彬、謝進傑譯，第37頁，中國政法大學出版社，2012年

[7]　同上，第52-53頁。

[8]　麥高偉，路加・馬什，《英國的刑事法官》（付欣譯），第151頁，商務印書館，2018年(Mike McConville and Luke Marsh (2014), Criminal Judges: Legitimacy, Courts and State-induced Guilty Pleas in Britain.)。

這樣的庭審至今仍然相當少見。據此，律師在堅持法庭質證、質疑法官中立性、爭取平等閱卷權、甚至在爭取實質公開審判等等諸多環節所展開的死磕、對程序正義的堅持，往往都遭受系統性的抵制，甚至懲誡直至被吊銷執照。

關鍵是，在實踐中，幾乎所有的「重大、敏感、和集體性案件」都難以做到真正的公開審判。法院往往安排小型法庭審理公眾關注的案件，而且旁聽席往往被不明身份的內部人員佔據，這在「709」相關案件中被再次印證，家屬也難以進入法庭。例如，「709」案中最後一個關聯案件，北京律師余文生2018年被捕並被控煽動顛覆罪，一審在2019年5月在徐州中院秘密開庭，身處北京的余的妻子在當天被不明人物以口頭告知，但是余的辯護律師（人權律師）卻未得到開庭通知也未出庭辯護。直至一審宣判的一年裡，全程余的辯護律師均不在庭、余的妻子均不知情，完全形同秘密審判，而且余文生的辯護權被事實剝奪。[9]這種秘密審判幾乎貫穿了所有涉及人權的案件，公開審判往往事實上變成了秘密審判，差別只是秘密或公開的形式程度，甚至從開庭過程延伸到結案後的裁判文書公佈。[10]

在實踐中，以「709」案為參照，這種形式公開而實質秘密的形式審判越來越多地成為中國對所謂敏感案件的審判模式。官方指派律師在其中扮演著一個不可或缺的消極辯護角色，配合著法官以最快速度完成審判流程。如前述王宇律師的訪談和余文生律師的審判消息所透露的，在官派律師介入後，被告家屬和媒體往往都得不到應有的消息，如當事人狀況、辯護詞、開庭進展等等。更惡劣的，與他們在法庭上的消極辯護相對應，官派律師最為積極的行為卻是勸服被告認罪。結果，官派律

9　余的妻子許豔在2019年5月向筆者證實。另參見〈維權律師被關押兩年後煽顛罪成囚四年〉，自由亞洲電臺，2019年6月17日，https://rfa.global.ssl.fastly.net/mandarin/yataibaodao/renquanfazhi/gf1-06172020102009.html。

10　筆者在2020年11月28日寫作期間查詢最高法院〈中國裁判文書網〉，以顛覆國家政權和煽動顛覆國家政權等關鍵詞搜索刑事案件案由，或者以「709」案件受害律師姓名及成都王怡的煽動顛覆案為關鍵詞，均付諸闕如。

師的司法功能不僅形同剝奪被告人的權利，而且在中國刑事審判中扮演著國家誘導認罪的關鍵角色。

當然，所謂官派律師群體，在承襲蘇聯律師傳統的中國本非新鮮事。如前述，以1939年的《蘇聯律師章程》為標誌，蘇聯司法體系內的律師並沒有民主國家律師們全力為代理人辯護的義務，反而有義務與法官和檢察官一起發現所謂「客觀真實、在加強社會主義方面相互合作」。[11]對中國的大部分律師來說，與公檢法司的合作是他們現實的合乎政治自由主義的選擇，卻也身陷公檢法「鐵三角」關係中政治嵌入的困境。[12]而且，這種困境還被司法局的年檢和談話制度所強化而隔離在人權律師群體和人權辯護之外，並可能因為司法局對有合作意願的律師和事務所予以特別政治待遇和利益激勵而被其他律師甄別為「官派律師」和戴「紅帽子」的律所，例如被地方司法局評比為地方先進律所等，形成中國律師群體中與人權律師相對的另一極。

（3）內審與副卷

在「709」案之後的幾年，法院一些原先隱蔽的法外主義制度得到加強，並且隨著一些個案逐漸曝光，特別是內審制度和附卷制度。這些一直以來存在的做法並沒有得到公開文件的證實，卻從堅持的人權律師所接觸的一些個案中被獲知。

所謂內審制度，指的是「上級人民法院為了妥善處理社會影響較大案件、疑難複雜案件，在此類案件由基層法院一審開庭審理之後判決之前，要求基層院將案件報中級人民法院或高級人民法院進行內審程序的制度」。[13]來自中國基層司法機關的人員證實了這一內審制度的存在，指這一制度係因所謂「重大、敏感、群體性案件」及其社會影響所致，

---

[11] 王海軍，《蘇維埃政權下的俄羅斯司法》，第222、232頁，法律出版社，2016年。
[12] Sida Liu and Terence Halliday, 2016: *Criminal Defense in China: The Politics of Lawyers at Work*, p.1, Cambridge University Press.
[13] 靳潔雲，〈淺議法院內審制度的利與弊〉，《法制與社會》，2014年第31期。

即政法委的主要考量已經如此深入到審判過程甚至修改了審判流程，破壞了審判制度的審級程序，剝奪了初審法院的審判獨立，也剝奪了被告的辯護權。[14]對2014年的基層法院來說，這些需要向上級法院請示判決意見的「重大、敏感、群體性案件」，包括了「法輪功邪教組織案件、假奶粉案件、非法集資案件、黑社會性質犯罪、以及貪污賄賂等職務犯罪的量刑問題」等等。而對人權律師們的感受來說，他們介入的幾乎所有案件都可能發生類似的先行請示再判決的內審。意味著，中國基層法院在實際工作中已經無需政法委的「協調」，開始自覺地在這類「重大、敏感、群體性案件」也就是人權案件的主要類型中自我修正刑事訴訟程序，踐行法外主義的審判方式。

　　類似的，另一個更為長久卻更隱秘的法外制度便是所謂「副卷」。根據最高法院1991年《人民法院訴訟文書立卷歸檔辦法》之規定，法院卷宗文檔正卷主要包括起訴書、開庭審理筆錄、判決書、裁定書、判決筆錄等訴訟材料，這些都是公開材料，可供當事人和代理律師查閱；而副卷主要包括法院審判委員會討論筆錄、案件內部往來批示公文、合議庭討論筆錄等，不會在法庭上公開，辯護律師在調取卷宗時無權閱取，卻是檢察院起訴和法院判決的依據，平行著但是決定著審判進程和結果。對於副卷的存在，人權律師們早有聽聞，卻難以接觸，只有在一些意外狀況下才得以觸及。例如，1999年遼寧本溪周澄「挪用公款」案（周被判處有期徒刑五年），到2001年因為承辦法院遼寧本溪市平山區法院院長范玉林臨終前公佈該案副卷，當事人和外界才知道整個審判過程被「法外力量」操縱，檢控方和法院均屈服於此做出有罪判決。[15]

　　而這一法外制度源於1957年《最高人民法院、司法部關於律師參加訴訟中兩個具體問題的批復》，幾乎與中國1949年後的政法傳統一樣久

---

[14] 參見李斌，〈應改革法院內審和請示制度〉，2014年8月4日，安徽省潁上縣人民法院網頁：http://ahysxfy.chinacourt.gov.cn/article/detail/2014/08id/2877416.shtml。
[15] 參見《中國青年報》2005年12月7日報導，〈一場被法外力量左右的審判〉：http://zqb.cyol.com/content/2005-12/07content_1214276.htm。

遠，被1979年後制度化的法制所繼承至今，成為法外主義的合法庇護所和破壞審判公正的合法化機制。其負面影響，甚至重重掩蓋了政法委的法外主義對司法的操縱，從制度上自我破壞了司法公開，損害了當事人和公眾的知情權，也損害了當事人的實體訴訟權利，剝奪了當事人的兩審終審權，成為黨政權力干預司法的「保護傘」。[16]在「709」案五年之後，最後一位「709」案的相關人權律師余文生的辯護律師在2020年12月26日收到江蘇省高級人民法院的二審裁定書，裁定書的日期是2020年12月13日，辯護律師未被通知出庭，顯然以不開庭的書面審理方式完成了二審，決定維持原判四年有期徒刑。

至此，可以說，中國法院從審判委員會、內審制、副卷制到官派律師，形成了一套連續、完整的秘密審判流程，自我消解法定的審判公開性。但是與此同時，在敏感／人權案件的審理中，尤其是從當事人的角度觀察，又能看到一套刻板的形式審判。特別是在官派律師的配合下，對當事人及其家屬反覆施壓和說服，嚴格控制（社交）媒體，而堂而皇之地運作一個形式主義的審判程序。以至於，這種刻意追求形式主義的審判越來越接近於劇場式的表演，即表演性審判，或為司法的「社會性表演」的一幕。[17]好比在王全璋的開庭審理期間，濟南中級法院為儘快結束當局對王的長期羈押、加速審結，一方面拒絕王全璋家屬聘請的代理律師、拒絕王全璋與代理律師會見超過三年時間，事實上剝奪了王的辯護權，另一方面又努力與王協商、尋找王能接受的官派律師、與王談判刑期，爭取王全璋「配合」完成形式主義的庭審，以期儘早結束「709」案中王全璋這起「罪名最輕、關押時間卻最長」的荒唐案件。庭審中，法官甚至不顧王已當庭解聘辯護律師代理權、喪失辯護權，仍

16　李帥，〈司法改革視角下法院副卷公開研究〉，《雲南社會科學》，2017年第5期。

17　在嚴格的形式主義審判下，法庭成為格爾茲意義上的「政治劇場」，法官在其中也成為一個喪失任何司法決斷權的木偶。參考理查·謝克納，《人類表演學系列：謝克納專輯》，文化藝術出版社，2010；克利福德·格爾茲：《尼加拉：十九世紀巴黎劇場國家》，上海人民出版社，1999。

繼續強行開庭，繼續一個不合法的形式主義庭審。[18]

這種對形式主義審判的過分強調，理論上表明這些敏感或人權案件中法官的定罪放棄了法理，「只有較低程度的抽象……不能放棄作為法律存在證明的暴力。所以，並不是通過意義解釋來引出一個法律決定，而是通過決鬥或形式主義」。[19]形式審判所掩蓋的正是盧曼意義上的暴力，尤其是置身庭審三方角色之外的暴力機制。這正是「709」案的受害律師們以及此前幾乎所有人權律師們為之死磕抗爭的，包含在審判卻在法律之外的、對程序和法治的破壞根源。

這種矛盾，在形式審判和秘密審判、在官派律師和剝奪辯護權的二律背反中，我們看到了一個可以溯及康德的述行性矛盾（performative contradiction），即陳述的真理內容與陳述的言語行為本身相衝突，也意味著陳述內容與陳述得以做出的假定相矛盾。[20]在中國的法治情境下，上述審判過程的矛盾便是法律內容（或者法治形式）與「黨領導法律和通過法律貫徹黨的意志」之間無可彌合的述行性矛盾，在人權或敏感案件中的審判、公訴和公安偵查各環節都有充分表現。在理查德‧伯恩斯坦看來，這便是康德意義上的「根本惡」（radical evil）。

檢察院：人權案件的政治化、刑罪化和汙名化

在二十一世紀初，檢察院曾經被寄予很高的期望，被認為檢察院可能在司法改革方面扮演重要角色。如陳興良從1990年代末起倡導通過引入檢警一體化改革刑訴體制，重塑檢察機關的控訴權所支配的偵查權關係，即引入檢察機關主導的偵訴一體制，由負責起訴的檢察官領導公安

[18] 參考對王全璋的訪談，5月1日，2021年。
[19] 尼克拉斯‧盧曼，《法社會學》，第200頁，世紀出版集團，2013年。
[20] 參見伯恩斯坦引述哈貝馬斯對述行性矛盾的論述。理查德‧伯恩斯坦，《根本惡》（王欽等譯），第三章註136，137，譯林出版社，2015年（Richard J. Bernstein, 2002: *Radical Evil: A Philosophical Interrogation*, Polity Press）。

的偵查工作，改變此前公安獨大的格局。[21]

但是，即使後來陳興良以刑法學家的專業身份兼任檢察官職務，這樣西方式的司法改革最終悄無聲息，只是借助中國改革開放的樣本——香港的廉政公署模式，從1989年起廣東省試點建立省檢察院的反貪局，1995年最高檢察院成立反貪總局，檢察機關至少在反貪領域成功擴張了職權。

總體來說，隨著如上所述1990年代以來各種「新形勢」的發展，公安機關的警察權不僅沒有縮減反而急劇擴張，其傳統的偵查中心主義並未被動搖；同時，基於中共對法治的強調，法院的地位在新的審判中心主義推動下顯著提升，檢察機關日益淪為傳統公檢法「鐵三角」中公安和法院權力擴張後的一個無關緊要的部門。尤其在2018年《監察法》和《刑事訴訟法》對檢察機關自偵權的調整，除去批捕權，中國的檢察官已經變成可能是世界範圍內權力最為弱小的司法官員。[22]雖然憲法規定檢察院擔負著監督公安機關和法院的職責，並且負責公訴人的角色，但是實際上檢察機關的提起公訴和法院的刑事審判變成了確認偵查破案結果的一種儀式，檢察官成為公安機關的出庭律師，刑事司法程序就成為了「流水線型」的作業程序。[23]

儘管如此，檢察院在人權案件中的角色仍然相當關鍵。雖然在程序上的操縱空間有限，檢察院卻從法律實體角度另闢蹊徑，在常見的以經濟罪名控告人權活動者之外，往往專門以危害國家安全或者尋釁滋事的罪名將人權相關言論、行動分別加以政治化和汙名化。前者，將批評黨國的言論和抗議行為等憲法權利等同顛覆國家政權和煽動國家顛覆政權，構成危害國家安全罪；後者以羅織尋釁滋事罪，定罪大部分輕微的

---

[21] 陳興良，〈檢警一體：訴訟結構的重塑與司法體制的改革〉，《中國律師》，1998年第11期。

[22] 陳衛東，〈刑訴中檢察官地位：形成、發展與未來〉，《檢察日報》，2019年8月21日，參見最高人民檢察院網頁：https://www.spp.gov.cn/spp/llyj/201908/t20190821_429262.shtml。

[23] 參見陳衛東，〈我國檢察權的反思與重構〉，《法學研究》，2002年第2期。

人權抗爭活動，將人權抗爭汙名化、去政治化。在公安和法院兩頭權力膨脹的形式主義審判流水線上，檢察機關以這兩種非同尋常的刑事罪名提訴人權活動者和普通公民。在反貪之外，以自我違憲的方式對公民進行人權迫害，儼如成為檢察機關作為國家代理人的主要工作。

（1）顛覆和煽動顛覆

所謂「顛覆政權罪」和「煽動顛覆政權罪」是中國刑法所列第一大項罪名「危害國家安全罪」底下十二項具體罪名其中的兩項，即刑法第二編第一章「危害國家安全罪」目錄下第105條：

> 組織、策劃、實施顛覆國家政權、推翻社會主義制度的，對首要分子或者罪行重大的，處無期徒刑或者十年以上有期徒刑；對積極參加的，處三年以上十年以下有期徒刑；對其他參加的，處三年以下有期徒刑、拘役、管制或者剝奪政治權利。
>
> 以造謠、誹謗或者其他方式煽動顛覆國家政權、推翻社會主義制度的，處五年以下有期徒刑、拘役、管制或者剝奪政治權利；首要分子或者罪行重大的，處五年以上有期徒刑。

歷史上，這兩個罪名是1996年刑法修訂將1979年刑法之「反革命罪」項下第九十二條「陰謀顛覆政府、分裂國家的」和第一百零二條「以反革命標語、傳單或者其他方法宣傳煽動推翻無產階級專政的政權和社會主義制度的」修改而成。按照1997年3月6日全國人民代表大會王漢斌副委員長的修訂解釋，「這次對刑法反革命罪的修改，是考慮到我們國家已經從革命時期進入集中力量進行社會主義現代化建設的歷史新時期，憲法確定了中國共產黨對國家事務的領導作用，從國家體制和保衛國家整體利益考慮，從法律角度來看，對危害中華人民共和國的犯罪行為，規定適用危害國家安全罪比適用反革命罪更為合適。」王漢斌

同時解釋的幾項重大修改或取消罪名，還包括「投機倒把罪」、「流氓罪」、「貪污賄賂罪」和「瀆職罪」等四項，以因應市場經濟改革和社會管理寬鬆的需要，其中流氓罪被分解為四項具體罪名，包括了「尋釁滋事罪」，列為刑法的單獨罪名。[24]

這一修訂，從反革命罪到危害國家安全罪（顛覆國家政權罪）、從反革命煽動罪到煽動顛覆國家政權罪，固然是為了適應改革開放的基本政策變化，為了市場經濟而「去革命化」，新修訂的條文表面上相比此前「反革命罪」的模糊規定所體現的任意性有了更明確的適用規定，似乎實現了取消政治刑（罪）的刑法修改目的，但是，顛覆國家政權和煽動顛覆國家政權兩項罪名本身即是構成要件，所謂「顛覆國家政權、推翻社會主義制度」，其本身即充滿任意性，可能無限擴展，包括中共自我推動的改革開放政策。

至於「組織、策劃、實施顛覆」和「以造謠、誹謗或者其他方式煽動」等行為，前者可能將所有結社行為視為可疑的，後者則可能囊括所有批評或者對當局來說不利於中共、政府、制度、傳統和具體人物等等涉及統治的言論和傳播。而且，即使按照中國刑法第246條關於誹謗罪的定義，「以暴力或者其他方法公然侮辱他人或者捏造事實誹謗他人」，只適用自然人而非公法人，刑法第105條有關煽動顛覆的「誹謗」一節便超越了刑法自身，而濫用誹謗罪名，將誹謗罪置換為「國家誹謗」，進而將「國家誹謗」等同於煽動顛覆國家政權。

這一情形較諸通常的誹謗刑罪化對新聞自由的傷害還要糟糕，例如俄羅斯杜馬在2012年立法重新將誹謗刑罪化招致國際社會批評，人權觀察（Human Rights Watch）和自由之家（Freedom House）等人權團體也都將誹謗入罪看作人權威脅的重要指標之一，[25]因為中國刑法以及檢察院

---

[24] 參看全國人民代表大會常務委員會副委員長王漢斌，1997年3月6日在第八屆全國人民代表大會第五此會議〈關於《中華人民共和國刑法（修訂草案）》的說明〉，全國人大網頁：http://www.npc.gov.cn/wxzl/gongbao/2000-12/07/content_5003708.htm。
[25] See Human Rights Watch, *World Report 2013*; and Freedom House, *Freedom of the Press*

將誹謗執政黨和國家以危害國家安全的名義入罪，作為煽動顛覆國家政權，以及將結社自由下的公民社會組織的抗爭看作顛覆國家政權，其立法原意繼承了「反革命罪」的威權恐怖，與蘇聯刑法典臭名昭著的第58條第10款高度相似，即「進行其內容旨在號召推翻、破壞和消弱蘇維埃政權或者完成某種反革命活動（本法典58-2－58-9條款）的宣傳鼓動，以及散佈、製作和保留同樣內容的材料和書籍的人員，將被追究本法典第58-2條款中規定的社會治安措施。」

　　也就是說，危害國家安全罪將顛覆國家政權和煽動顛覆國家政權兩項罪名與武裝叛亂罪和暴亂罪並列，不僅禁止暴力反抗，也禁止所有非暴力的抗爭。如全國人大官網的法律釋義，顛覆和煽動顛覆國家政權罪「追究的是除武裝暴動外的以各種非法手段推翻國家現有合法政權，改變人民民主專政的政權性質和社會主義制度的行為……本條所規定的主要是指以「和平演變」以及其他非武裝暴亂方式顛覆國家政權的行為。」[26]

　　其結果，不僅意味著這兩項罪名與中國憲法對權利的保障和刑法相關罪名相衝突，而且違反了中國政府所承諾的《世界人權宣言》，如聯合國人權理事會任意拘留問題工作組第八十二屆會議（2018年8月20日至24日）通過的意見中「關於王全璋、江天勇和李昱函（中國）的第62/2018號意見」所指出的，對這幾位「709」案有關人權律師的羈押和判刑其「剝奪自由系因行使《世界人權宣言》第七、第十三、第十四、第十八、第十九、第二十和第二十一條，以及（就締約國而言）《公民權利和政治權利國際公約》第十二、第十八、第十九、第二十一、第二十二、第二十五、第二十六和第二十七條所保障的權利或自由（第二類）」；且「完全或部分不遵守《世界人權宣言》以及當事國接受的相

2015: *Harsh Laws and Violence Drive Global Decline.*
[26] 參見中國人大網，〈哪些行為構成顛覆國家政權、煽動顛覆國家政權罪？〉，2002年4月19日，http://www.npc.gov.cn/npc/c2370/200204/44f9e6f49256467daae69c4f66046cf5.shtml。

關國際文書所確立的關於公正審判權的國際準則，情節嚴重，致使剝奪自由具有任意性（第三類）」。

中國海外人權組織「維權網」2008年2月也發表一份「致全國人大常委會公開信」，指出根據2007年《中國法律年鑑》僅2006年就有包括高智晟律師在內的604人因「危害國家安全」的罪名被逮捕，規模較前一年擴大一倍，當時正處在中國新興維權運動的高峰。該公開信稱各種國家安全罪仍然經常被用來懲罰行使中國憲法和國際人權法保障的表達自由的公民，呼籲廢除「煽動顛覆國家政權」的罪名。當年底，發起《零八憲章》運動、呼籲和平憲政改革的劉曉波在翌年被以「煽動顛覆國家政權罪」判處有期徒刑11年。

事實上，不僅劉曉波，絕大部分「709」案的人權律師都被以「顛覆國家政權」和「煽動顛覆國家政權」罪的名義起訴和判刑，人權律師們為減少死刑、虐待等所做的組織、研究、討論工作和為人權案件所做的人權辯護、公開言論及抗議，這些即使與法條所定義的「顛覆國家政權、推翻社會主義制度」並不衝突的作為律師的職務行為和作為公民行使憲法權利的言行，都成為顛覆和煽動顛覆國家政權的罪狀，充分暴露出這些危害國家安全罪名的政治罪性質和反人權用途。

在此前後，根據媒體資訊所做的統計，在「709」案之前，從1990年代到2014年另外還有至少185位知名民主人士、維權活動者和人權捍衛者被控以危害國家安全罪，集中在1999年後（174人），其中除了4人被控洩露國家機密罪、分裂國家罪、組織恐怖組織罪等，其餘均為煽動顛覆國家政權罪和顛覆國家政權罪，而即使這些知名案例大部分也無法在最高法院的「中國裁判文書網」上查到判決文書，只有海外的「中國政治犯名單」等組織再次證實。[27]

27 此為一電腦工程師「編程隨想」的私人統計，見：https://program-think.medium.
com/%E8%A2%AB%E5%88%A4-%E8%B0%8B%E5%8F%8D%E7%BD%AA-%E7%9A%84%E9
%83%BD%E6%98%AF%E5%93%AA%E4%BA%9B%E4%BA%BA-%E5%8D%B1%E5%AE%B3
%E5%9B%BD%E5%AE%B6%E5%AE%89%E5%85%A8%E7%BD%AA-%E5%87%BA%E7%AC%B

（2）尋釁滋事的「口袋罪」

在中國的人權捍衛者和普通公民，尤其是不知名的人權捍衛者在從事人權捍衛、抗爭和NGO活動時、普通公民在日常性地發表日常批評性言論、個人或參與集體性的抗議活動時，甚至循著法定方式進行各種信訪、申訴，都可能被控尋釁滋事罪。除了以經濟罪名、甚至以嫖娼名義進行汙名化和行政拘留外，尋釁滋事罪已經成為中國當局處理人權相關案件最為常用的罪名，用來掩蓋政法委和司法機關對人權捍衛者和普通公民的任意拘押。當然，對人權捍衛者尤其是不知名的人權捍衛者控以尋釁滋事罪的頻率遠高於控以顛覆和煽動顛覆國家政權罪的一個主因，也是政法委干預司法的悖論：根據1998年制定的《公安機關辦理刑事案件程序規定》的第二十一條，「縣級公安機關負責偵查發生在本轄區內的刑事案件」，而只有「設區的市一級以上公安機關負責重大的危害國家安全犯罪……的偵查」[28]，即只有行政市級別的公安機關有權立案偵查危害國家安全罪下的顛覆和煽動顛覆國家安全罪，通常同級別政法委和黨委在其中扮演前述啟動機的協調指揮職能，也通常用於對付列入「重大、敏感、集體性案件」的知名人權捍衛者；相對的，地方基層公安則有權限以尋釁滋事罪名羈押不知名人權捍衛者，而無須轉移或向上級公安機關要求管轄，其任意性顯然較大，導致更多人權捍衛者往往以尋釁滋事罪名遭到羈押和起訴。

所謂尋釁滋事罪，源於1979年刑法第160條的「流氓罪」，即「聚眾鬥毆，尋釁滋事，侮辱婦女或者進行其他流氓活動，破壞公共秩序，情節惡劣的，處七年以下有期徒刑、拘役或者管制。」在1996年刑法修訂取消了流氓罪，但把流氓罪被分解為四項具體罪名：「一是

C20%E5%B9%B4%E9%9A%8F%E6%83%B3-70346a8565cd。

[28] 根據2020年7月20日中華人民共和國公安部發佈的159號令，2020年9月1日起實行新修訂的《公安機關辦理刑事案件程序規定》，原第21條修改為第24條。

侮辱、猥褻婦女的犯罪，二是聚眾進行淫亂活動的犯罪，三是聚眾鬥毆的犯罪，四是尋釁滋事的犯罪。」尋釁滋事罪被列入第293條，並規定了四項罪行：「（一）隨意毆打他人、情節惡劣的；（二）追逐、攔截、辱罵他人，情節惡劣的；（三）強拿硬要或者任意損毀、佔用公私財物，情節嚴重的；（四）在公共場所起哄鬧事，造成公共秩序嚴重混亂的」。2011年刑法再次修訂時上述第二款增加了「恐嚇他人」的規定。

　　1996年全國人大取消流氓罪時的解釋是，「這一規定比較籠統，實際執行中定為流氓罪的隨意性較大」。[29]然而，對照流氓罪和尋釁滋事罪，不難發現兩者的高度相似性：尋釁滋事罪的前三款都與侵犯人身權利有關，也與現有法條罪名重複，如故意傷害罪、聚眾鬥毆罪、敲詐勒索罪、強制侮辱婦女罪、侮辱罪、和故意毀壞財物罪等，最關鍵的是第四款，也與現有「聚眾擾亂公共場所秩序、交通秩序罪」重複，仍然單列其罪，突出該罪設置對「破壞公共秩序」的關切。這是尋釁滋事罪與流氓罪的歷史繼承性所在，如刑法學家高銘暄曾經強調的，破壞公共秩序才是流氓罪的本質特徵，這一基本立場在1997刑法修訂（即尋釁滋事罪中）得到了延續，至今仍未被改變，「擔當起極為繁重的保護公共秩序的『警察』角色，有著明顯的社會管理治安之價值取向。[30]

　　換言之，尋釁滋事罪在現實工作中定罪相當混亂、任意性極大，從1997年立法之後就一直為法學家詬病、呼籲廢止，被人權律師和中國法學界稱為「口袋罪」，即一項籠統的罪名，違背中國法律自我承認的罪刑法定原則。在最高法院裁判文書網中，檢索尋釁滋事罪的案例數目可以發現這遠超其他罪案，如同1983年「嚴打」的日常化和持久化，體現

了基層司法機關要求「從嚴懲處的精神」[31]，其司法威權主義赫然成為中共政法委和司法機關操作「合法的法外主義」的一個常用工具。雖然一方面，最高人民檢察院為「適當控制打擊面」，牽頭與最高人民法院起草並於2013年頒佈了《尋釁滋事解釋》，特別明確了如何判斷「造成公共場所秩序嚴重混亂」的指導性意見，但是另一方面，卻不妨礙地方政法委以此罪名輕易地將人權捍衛者行使憲法權利的抗議言行刑罪化，包括在互聯網的言論和傳播、以及人權律師的庭外和互聯網言行。

　　例如吳淦2015年5月在江西省高級法院外和平抗議多日，被廈門警方先以尋釁滋事罪名刑事拘留後，以尋釁滋事罪和顛覆國家政權罪雙重罪名被廈門市檢察院批准逮捕，再被天津市檢察院第二分院以顛覆國家政權罪起訴。在天津市檢察院第二分院2017年1月4日對吳淦提起公訴的起訴書中，檢察院列舉了從2010年至2015年期間吳淦所參與的十二次維權和抗議行動，直接定性為「滋事」、「聚集」、「侮辱」、「謾罵」、「抹黑」、「詆毀」、「攻擊」、「煽動」、「編造謠言」等，然後在這些定性後分別加上具體的「顛覆國家政權」的結論，如「在境內外造成惡劣的政治影響」、「挑起一些不明真相的人對抗政府」、「挑起一些不明真相的人對政權機關的仇視」、「挑起一些不明真相的人對中國特色社會主義制度的不滿」、「企圖挑起一些不明真相的人仇視中國特色的司法制度」、「鼓動不明真相的群眾對抗國家政權機關」、「抹黑司法機關形象，詆毀、攻擊國家司法制度」等等。[32]

　　類似的，北京「新公民運動」領袖、法學博士許志永，因2009到2013年間發起教育平權運動，多次組織北京支持者到北京市教委、國家教育部和北京市信訪辦等機關外和平抗議、遞交聯名信，在2014年4月

31　趙秉志、彭新林，〈尋釁滋事罪綜述〉，《尋釁滋事的罪與罰》（趙秉志主編），第58頁，北京大學出版社，2015年。
32　見吳淦辯護律師葛永喜提供的天津市人民檢察院第二分院2017年1月4日的起訴書（津檢二分院公訴刑訴[2016]10001號）：http://www.mychinese.news/2017/01/blog-post_33.html。

11日以與尋釁滋事相近但更專門的罪名「聚眾擾亂公共場所秩序罪」被終審判決有期徒刑四年。在這些案例所列舉的「尋釁滋事」或者「擾亂公共場所秩序」的抗議行動中，根據筆者的現場觀察和對吳淦和許志永等人的訪談，除了一部分行動是遵循法定信訪程序外，絕大多數抗議都是和平請願，人們為了共同的平權目標志願參加，而且安靜地站立在有關政權機關外的人行步道上，既無干擾日常通行，也無干擾這些政權機關的運行。

　　顯然，這些抗議和聚集有悖尋釁滋事罪的「非故意」性質，也不構成聚眾擾亂公共秩序。但在對吳淦的起訴書和最後判決書裡，其抗議變成了「滋事」，且這些「滋事」行為連同他在互聯網的批評言論共同構成了顛覆國家政權，或許也很能說明當局對尋釁滋事和顛覆國家政權兩罪所假定的關聯和危險：所謂公共秩序對中共來說幾乎等同於政權的存在一般神聖，不可侵犯，超過公民的憲法權利，代表公共秩序的警察和檢察機關的警治代替或者超越了政治。這或許正是吳淦其多起「抹黑詆毀中國特色司法制度」、「嚴重損害公安機關及人民警察形象」而被訴顛覆國家政權並重判的原因，也是廣大普通公民因捍衛其基本人權而被地方警治機關檢訴「尋釁滋事」的原因。

　　或許部分基於此種強化的警治傾向，在2015年「709」案之後，公安機關和檢察機關以尋釁滋事罪名訓誡、拘留和起訴那些在社交媒體上批評黨國或者轉發批評性報導的普通公民激增：2017年有約100餘位，大部分被拘留；2018年近300位，仍然以被拘留居多，被判處有期徒刑者超過18位；2019年翻番到近600位，被判處有期徒刑和拘役的人數也翻番；至2020年9月30日，當年的受害者則超過700人。[33]其中，包括年初武漢肺炎爆發之初的吹哨人李文亮醫生，和深入武漢實地拍攝採訪的

---

[33] 匿名的〈中國文字獄事件盤點〉在其推特帳戶（SpeechFreedomCN）和Google雲端硬碟上發佈了這一統計並且保持更新：https://docs.google.com/spreadsheets/u/0/d/1CQBeBpP2-A45lw-zr6mneDuPtSBNWg_8KqgXpWMLcbo/htmlview。

張展，他們分別以尋釁滋事的罪名被公安機關訓誡和抓捕。[34]尋釁滋事罪名的濫用，標誌著警權侵犯人權的加速趨勢。

公安：偵審合一和任意拘禁

　　相對法院違反公開審判原則、檢察院以政治罪和尋釁滋事罪檢控人權捍衛者，公安機關作為政法委主要倚仗的暴力機器——「刀把子」，不僅粗暴地對待人權捍衛者，而且其警察權和警察暴力的濫用本身都在系統性地侵犯人權，在法律上存在極大的任意性空間，在實踐中近乎無所顧忌地使用法外主義手段，能夠對公民的尊嚴和人格施加難以忍受的侮辱和虐待，造成普遍的任意拘禁和刑事虐待現象，受到國際社會持續關注和批評。本節仍然以公正審判和人格權為中心的人權角度來審視中國公安機關如何侵犯人權的（合法的）法外主義機制。

（1）偵審合一

　　1997年修改後的刑事訴訟法，總則第三條規定了「對刑事案件的偵查、拘留、執行逮捕、預審，由公安機關負責」；在第二編第二章「偵查」中，第一百一十六條具體規定，「公安機關經過偵查，對有證據證明有犯罪事實的案件，應當進行預審，對收集、調取的證據材料予以核實。」據此，中國公安部在1998年制定了一個《公安機關辦理刑事案件程序規定》，其中第三條重申了「公安機關在刑事訴訟中的基本職權，是依照法律對刑事案件立案、偵查、預審」的原則。

　　這一刑事程序規定意味著，警方所擁有的偵查之行政權之外，還擁

34　李文亮醫生在2019年12月30日被武漢當地警方訓誡，翌年2月死於武漢肺炎。張展作為上海的本地律師，2018年因參與修訂律師管理協會的簽名活動被註銷律師執業資格，2019年9月8日在街頭抗議，9月9日被上海警方抓捕並以尋釁滋事罪名拘留65天。2020年武漢肺炎爆發期間，張展到武漢實地採訪、發佈消息，5月14日被上海警方拘捕，次日以「尋釁滋事」罪名刑事拘留，12月28日被一審以尋釁滋事罪名判處有期徒刑四年。

有行使刑事拘留權和預審權兩項，公安機關如同具備了「一定的司法權」[35]，即在大多數法治體內通常由法官決定的逮捕權和法官所擔當的預審權，形成警方權力畸重的偵審一體的體制。相對法學界多年來倡導的由檢察官主導偵查的檢警一體制改革，相對2014年開始的審判中心主義改革，公安機關的偵查程序主導著整個審判程序，這種偵審一體體制也可被稱為審判中的偵查中心主義。[36]

在「鎮反」和「嚴打」時代，這一偵審一體體制的高效率毋庸置疑，公安機關作為政法委領導下的「刀把子」，扮演著公檢法流水線的主導角色，但在轉向審判中心的法治模式下，其弊端顯而易見。因為它違背了公正審判的一個基本原則，也是19世紀以來現代刑法學對控辯程序所發展出來可能最重要的直接原則，要求將審判作為唯一可以接受的判定證據的場所，方能接受對審判階段和偵查階段的規範存在重大差異以及審判本身的合法性。[37]這一原則在今天是支撐《歐洲人權公約》也就是歐洲有關公正審判的人權觀，暴露出中國的偵審一體的公安制度與這一人權原則的重大差異，也暴露出中國司法體制內盛行的法外主義的體制性溫床，而可能從中理解中國公安制度內的系統性人權侵犯是如何進行、以及中國人權律師們的死磕正義所指。

掌握偵查、拘留和預審權力的公安機關，主控行政權力、分享司法權力卻置身審判三角機制之外，在法庭之外全面決定著刑事證據，自我逃避法庭日趨對抗性的控辯和審理過程，如同政法委藏身公檢法司，免於司法責任卻可能扮演著任意進行背後操縱的角色。結果，公安機關一方面基本上免於當庭質證，大體上逃避了有關證據正當性的司法責任，其預審過程並無任何法律保障當事人律師在場的權利，由其自行負責偵

---

[35] 陳興良，〈從「法官之上的法官」到「法官之前的法官」——刑事法治視野中的檢察權〉，《中外法學》，2000年第6期。

[36] 陳瑞華，〈論偵查中心主義〉，《政法論壇》，2017年第2期。

[37] 薩拉·J·薩默斯（Sarah J. Summers [2007]），《公正審判：歐洲刑事訴訟傳統與歐洲人權法院》（Fair Trials: The European Criminal Procedural Tradition and the European Court of Human Rights），朱奎彬、謝進傑譯，第114頁，中國政法大學出版社，2012年

查和執行逮捕的權力也在事實上讓檢察機關審查批准逮捕往往流於形式，其法庭外的證據固定模式直接破壞了公正審判；另一方面，公安機關對審判結果有著強烈的一致性期望，避免對抗性的法庭辯論和裁判結果因為否定或者偏離原初指控和證據，影響行政機關的聲譽，最終影響領導公安機關的黨委和政法委的政治正當性，從而使得政法委淪為為公安機關「協調」法院和檢察機關的工具。

這種處身法庭之外卻通過政法委和證據固定的方式影響法庭結果且在法庭外運行的權力體制，正是公安機關其合法的法外主義所在，也是公安機關成為中共政法委體制、公檢法司構成的行政、司法體制中法外主義氾濫，系統性地違反自身法律的制度根源和溫床，也導致即使在名義上遵守程序、保障人權諸多原則規定下，許多侵犯憲法權利的做法仍長期存在的原因。在一般法定程序之外，在法庭之外，公安機關近乎無限擴展著偵查權之外的拘留權和預審權，破壞著公正審判，直接摧殘公民的尊嚴和人格。其中，尤以任意羈押和電視審判兩種手段為突出。

（2）任意羈押

長期以來，中國公安機關擁有自行決定對公民實施收容審查、勞動教養和收容教育的權力。未經審判，公安機關可以收容審查名義監禁最多三個月、勞動教養名義最長監禁公民長達四年、以收容教育名義對賣淫嫖娼人員監禁長達兩年。在推行法治、公民社會和維權運動興起之後，隨著維權運動、人權律師和國際人權組織的持續抨擊，中國政府先後於1997年、2013年和2019年廢止了這三項侵犯人權的公安制度，另外於2003年廢除了導致「孫志剛死亡」的「流浪乞討人員收容遣送」制度。

然而，2012年3月全國人大再次修訂刑事訴訟法，讓公安機關獲得了未經審批就可自行決定和實施對公民進行最長達半年監視居住的權力。諷刺的是，這次修訂一方面將所謂「尊重和保障人權」寫進刑事

訴訟法作為原則性條款，增加了「不得強迫任何人證實自己有罪的規定」，另一方面卻調整了原有的監視居住條款，以「減少羈押」的理由，把原來類似取保候審的監視居住改為代替羈押，且「對於涉嫌危害國家安全犯罪、恐怖活動犯罪、特別重大賄賂犯罪的犯罪嫌疑人，監視居住在住處執行可能有礙偵查的，經上一級人民檢察院或者公安機關批准，可以在指定的居所執行」，即特別對煽動顛覆和顛覆國家政權罪等人權捍衛者量身定做的一項「合法」的法外拘禁手段。[38]

換言之，以「監視居住」的名義長期拘禁，是中國公安機關近年來用於任意拘禁和虐待的「合法化」制度，將通常不適合實施逮捕的或者代替取保候審的半強制手段變換為針對人權捍衛者的「預防性逮捕」。歷史上，這種做法甚至超越了前述蘇聯時期的「專政」法律，更類似日本1925年開始實行的《治安維持法》。以反共為目標、代替《過激社會運動取締法》和1923年關東大地震後臨時頒佈的《治安維持令》，1925年4月22日日本議會通過了《治安維持法》，相對日本既有刑事強制措施，新增了預防拘禁制度，「威力無比」，且適用於朝鮮、臺灣、薩哈林等殖民地。從1925年到1945年，違反該法被拘留的人數約7萬，其中僅10%受到起訴。[39]

儘管這種預防性逮捕，在法理上嚴重違反普世的刑法原則，嚴重侵犯人權，通常與軍政府的「緊急狀態」統治模式有關，但在受殖民主義影響的新興民族國家也能看到此種嚴重背離憲法權利的做法。如馬來西亞的《內安法》（1960/1988）第73條，允許警方拘押疑犯超過二十四小時而無需任何可靠證據和程序，任何被懷疑顛覆的人都可以被警方扣留六十天而無需拘捕令或經審判，內政部長還可據《內安法》第8條延

---

[38] 參看王兆國在2012年3月8日第十一屆全國人民代表大會第五次會議上〈關於《中華人民共和國刑事訴訟法修正案（草案）》的說明〉：http://www.gov.cn/2012lh/content_2086875.htm。

[39] 堀幸雄，《戰前日本國家主義運動史》（熊達雲譯），第96頁，社會科學文獻出版社，2010年。

長拘押至兩年，並無限制地更新這一拘押期。而所謂煽動定義寬泛，幾乎所有可能引發公眾不滿的批評政府、行政公正的言論都可能被視作煽動。而且，《內安法》和其他幾部法律如《警察法》（1967）、《煽動法》（1948/1967）、《社團法》（1966）、和《大學法》（1971）等，都源於1948年英國殖民時期的緊急狀態統治，並在馬來西亞1969年「5.13」種族衝突事件後被繼續強化。

在中國的「監視居住」操作中，例如「709」案，幾乎所有監視居住的個案施行都違反了2012年刑訴法修訂後第73條所規定的「不得在羈押場所、專門的辦案機關執行」，且無一例按該條款規定在「犯罪嫌疑人、被告人的住處執行」、也無一例滿足「應當在執行監視居住後二十四小時以內，通知被監視居住人的家屬」，構成了事實上的秘密關押。

更因為這些監視居住的強制措施經常由便衣警員或制服警察在夜晚實施突然行動，造成人權捍衛者失聯而接近於失蹤的狀況，家人和律師都無從得知其關押場所，造成了一種強制失蹤的恐怖氣氛。以至於，在當下中國，一個人權捍衛者或者公民社會活動家失聯24小時後，對其同事和家人而言往往意味著被國家強制機關秘密抓捕。

所以，監視居住以其法外主義的秘密關押、刑訊虐待和針對性實施的三大特點而論，與2001年美國發動反恐戰爭後在古巴的關塔那摩、伊拉克的阿布格萊布（Abu Ghraib）或者CIA在世界各地設置的其他「黑監獄」等幾乎沒有多少差別，可謂系統性的侵犯人權，但是迄今為止外界所知甚少。

根據大赦國際對美國在伊拉克秘密監獄的研究，秘密關押幾乎必然帶來刑訊虐待。[40]在中國，儘管刑事訴訟法（2012）第73條規定了檢察院負有監督監視居住的職責，但是在「合法」名義下，公安機關以秘密

---

[40] 參考大赦國際對美國在阿布‧格萊布監獄的虐待研究：Amnesty International, "Beyond Abu Ghraib: detention and torture in Iraq", March 2006, available on: https://www.amnesty.org/download/Documents/76000/mde140012006en.pdf.

關押手段針對性地剝奪人權捍衛者的人身自由和被關押期間的法定權利，不僅構成了嚴重的任意羈押問題，而且在實踐中充斥刑訊虐待，直接違反卻某種程度上規避了中國政府簽署和全國人大批准的聯合國《禁止酷刑和其他殘忍、不人道或有辱人格的待遇或處罰公約》。

　　在「709」案之前一年，就曾發生人權捍衛者曹順利在秘密刑事拘留期間死亡的悲劇。[41]部分因此，是否被監視居住、即與外界長期失聯，反向地成為就是外界判斷該人是否涉案、是否屬重點人物的依據。「709」案中，這些「重要」的人權律師們在被正式逮捕前幾乎都被以監視居住的名義關押在秘密場所長達半年甚至更長時間，無論他們後來是否被轉交看守所或被提起公訴。他們在監視居住期間遭遇的，和美國在阿布·格萊布監獄實施的「壓力和脅迫」（stress and duress）審訊策略類似，經受了難以想像的折磨。[42]

　　例如，揭開「709」案序幕的是王宇和包龍軍夫婦的被監視居住。他們在2015年7月9日晚被抓捕之後，直接送至天津某看守所外附設的不同關押點，實施監視居住，監居地點僅僅是形式上避開刑事訴訟法有關禁止在正式羈押場所和專門的辦案場所監視居住的規定。所謂監視居住，各地各人有異但情形相近，不同於看守所的多人監倉，而是單人囚禁、斷絕通訊、有24小時輪換貼身看守和漫長的審訊。而且，在單人囚禁中，王宇被限制在房間內不能隨意走動、坐臥，更不能閱讀、自言自語等，稍不服從即被戴上「背銬」長達一個月。包龍軍雖然較早被釋放，但是一直伴隨著隨時「轉逮捕」的威脅。

　　隋穆青律師在廣州的遭遇雖然表面稍微寬鬆一些，但是被監視居住的時間長達一年。他被關押在廣州郊外的一處警察培訓基地，以單人囚

---

[41] 曹順利，北京的人權捍衛者，2013年9月14日以「非法集會罪」的名義被秘密拘押，2014年3月14日去世。

[42] 最早於2002年12月《華盛頓郵報》報導了美國在伊拉克秘密監獄裡實施這種「壓力和脅迫」的監禁和虐待模式。See Human Rights Watch, "The Road to Abu Ghraib", June 2004: https://www.hrw.org/sites/default/files/reports/usa0604.pdf.

禁、斷絕通訊、24小時貼身看守和漫長審訊的方式度過，只在後期三個月被允許讀書。張凱律師在2014到2015年期間的經歷與之類似，在沒有拘留、逮捕、起訴等任何待審羈押的名義下，僅僅以煽動顛覆國家政權罪的嫌疑，被溫州警方以監視居住的名義實施單人囚禁和審訊長達一年，期間還被轉移過一次關押地點。在上述各例之外，「709」案中還有從事反酷刑倡導的李和平律師，他對監居期間的「壓力和脅迫」（stress and duress）有更系統的總結和感受：

（1）長達半年的監居是處在完全的與世隔絕狀態，包括與家人、律師、外界資訊和陽光等等一切隔絕，久之竟然無法不產生對提審的心理渴求；

（2）監居期間所受酷刑不斷，包括每天被迫服下大量不明藥物，監居初期被強制戴上手銬腳鐐長達半個月之久，多次提審前被強迫脫光衣物，在赤身裸體的羞辱下接受審訊；半年間每日枯坐，睡覺也只能正臥，任何舉動均需報告，24小時均有至少兩位看守同在一間約12平米的囚室內，並有超過三個月被白日罰站；轉到天津監居後連續數月每日口糧嚴重不足，每頓飯僅供給嬰兒拳頭大小的一個饅頭；

（3）從頭至尾，警方一直針對李和平認為完全合法、並無異議的事實要求認罪，手段包括引誘、談判和強迫等等。要求李和平「自誣」認罪的努力，貫穿他被關押的全程，幾乎成為警方審訊和關押的唯一目的，儘管要求認罪的罪名一變再變，從一開始的尋釁滋事爾後變更為尋釁滋事和煽動顛覆國家政權，到後來再變更為顛覆國家政權。

（4）而對外界來說，李和平到底是否被關押、關押在何處，在2015年7月10日被從家人面前帶走之後，如同失蹤一般。在這期間，李和平自己也未見到任何法律文件說明被監視居

住或者其他法律強制措施。六個月的監視居住與秘密關押並無區別。[43]

　　而且關鍵問題在於，中國公安機構也以聯合國《禁止酷刑和其他殘忍、不人道或有辱人格的待遇或處罰公約》的第一條末尾之「純因法律制裁而引起或法律制裁所固有或附帶的疼痛或痛苦不包括在內」為其虐待辯護，而對人權捍衛者或「709」案中的受害律師來說，他們在監視居住期間所受的刑訊虐待，顯然違反該條主體規定：「酷刑是指為了向某人或第三者取得情報或供狀，為了他或第三者所作或涉嫌的行為對他加以處罰，或為了恐嚇或威脅他或第三者，或為了基於任何一種歧視的任何理由，蓄意使某人在肉體或精神上遭受劇烈疼痛或痛苦的任何行為，而這種疼痛或痛苦是由公職人員或以官方身分行使職權的其他人所造成或在其唆使、同意或默許下造成的。」

　　這種「合法的」法外主義，即「監視居住」名義下的虐待，在實踐中就從二十一世紀早期各種監禁期「意外死亡」的粗暴虐待轉為另類的折磨。從受訪律師收集到的證詞也表明，這些酷刑不僅廣泛存在，而且趨向「形式主義」的虐待，即被迫長時間的站立、長時間的固定在審訊鐵椅上、長時間的被要求或坐、或正臥在床上等等。這裡的「長時間」是以月或數月計，如李和平律師在天津第一看守所被「監視居住」期間曾被連續三個月被要求白天連續站立。王全璋在被監居期間，在完全隔離的秘密關押下，經歷了連續、無節制的審訊和晚間的心理虐待，以至於多次萌生自殺念頭，直到結束監視居住轉到普通看守所後與十數人同擠一間狹小監倉後，才從「生不如死」中感覺進入天堂，才有了重新抗爭到底的鼓舞和決心。[44]「生不如死」幾乎成為「709」案中所有經歷過監視居住的被羈押者的共同感受，控訴著監視居住本身就是一種酷刑。

這也是其中部分律師難以承受、在壓力下被迫答應警方「出演」電視認罪、或者和法院達成認罪交易的原因。[45]

任意羈押的另一面，則是長期羈押，也是在「合法」的名義下，由公安機關會同檢察、法院機關以類乎「合謀」的方式窮盡制度資源、延長審前羈押，以此向犯罪嫌疑人施壓，或者以此繼續延長秘密關押、代替徒刑，或者為換取被告的認罪甚至一審後不上訴的意願，以維持審判的「形式主義正義」。

這種長期羈押案件是人權律師們一直以來積極介入、抗爭的，也是在「709」案中自身遭遇的，原則上與聯合國的《公民權利和政治權利公約》第9條有關禁止任意羈押的規定相衝突，即「人人有權享有人身自由和安全。任何人不得加以任意逮捕或拘禁。除非依照法律所確定的根據和程序，任何人不得被剝奪自由。」陳瑞華總結其根源，仍然在於公安機關自我賦予的任意羈押權力：

> 刑事訴訟法並沒有確立「最高羈押期限」，偵查機關根據偵查的需要，可以較為隨意地延長逮捕後的羈押期限。加上未決羈押期限與辦案期限並沒有得到嚴格的區分，偵查機關可以在辦案期限延長的同時，自動地延長羈押期限。例如，在需要異地取證、委託鑒定等特定的場合，偵查機關可以通過訴訟中止等方式來延長辦案期限，但對嫌疑人的羈押期限也得到了相應的延長，而這種延長既不需要辦理任何審批手續，也根本沒有經過中立司法機關的審查。結果，偵查機關在移送審查起訴之前，那些被拘留、逮捕的嫌疑人普遍受到長時間的未決羈押。這種未決羈押期限動輒達6個月以上，甚至可以達到一年甚至數年以上。

---

[45] 除了對李和平、王全璋等，還可參考王宇訪談，證實相同感受，2019年12月2日，北京；以及翟岩民2018年1月5日在Youtube網站上發表的視頻，另參見博聞社，2019年1月8日，翟岩民的回憶：https://bowenpress.com/news/bowen_202561.html。

對人權捍衛者和人權律師們來說，公安機關的長期羈押往往還伴隨著羈押期內被故意剝奪會見辯護律師的權利，形同繼續延長秘密關押。因為公安機關往往以危害國家安全罪的名義如煽動顛覆和顛覆國家政權罪將人權捍衛者和人權律師作為政治罪嫌疑人，以「危害國家安全罪」的名義剝奪嫌疑人的辯護律師探視權。在「709」案中，例如吳淦，自2015年5月20日被江西省南昌市公安局東湖分局行政拘留後直至2016年12月9日，整整一年半時間，才首次會見到其妻子聘請的辯護律師燕文薪和葛永喜。而2017年8月14日首次開庭也是在代理律師不在場的情況下舉行，代理律師再見到吳淦則是當年12月25日，吳淦的辯護權被事實剝奪。

類似的，在「709」案第一批受害者被拘押、宣判之後，為「709」案律師辯護的律師相繼遭受拘禁和控告。為王宇律師辯護的北京律師李昱函在2017年10月9日在瀋陽被抓捕，嫌疑罪名正是所謂尋釁滋事加上詐騙，她的辯護律師直到2018年4月9日才第一次會見成功。更惡劣的，2019年7月22日湖南一家從事反乙肝歧視的NGO「長沙富能」負責人程淵被當地國安部門拘押，被控以顛覆國家政權罪，至2020年12月初本書寫作期間近一年半時間未得會見代理律師，其妻施明磊在程淵被拘押後同時遭受「監視居住」半年，也沒有得到有關程淵的任何消息。[46]這些都是在危害國家安全罪的政治罪名下任意行之。

（3）電視審判

更為惡劣的，在2012年刑事訴訟法修改、加入「不得強迫任何人證實自己有罪的規定」之後，公安機關越來越多地「導演」了多起「犯罪嫌疑人」在電視臺公開認罪的劇目。國際NGO「安全衛士」（Safeguard

---

[46]　施明磊於2020年12月9日在北京向筆者當面證實。

Defenders）2018年4月發佈了一份研究報告，記錄了從2013年7月到2018年2月間總共有45起（人）電視認罪，其中除了一部分貪腐犯罪官員和演藝人員之外，約60%為人權捍衛者或互聯網活動者，包括人權律師、新聞記者、NGO活動者、牧師以及非中國人士等；而且，他們的出鏡，集中在中央電視臺（CCTV），從2013到2016年期間保持每個月一位出鏡的頻率，相當穩定，顯示公安機關從2013年開始先後針對自由派媒體、公民社會和人權律師所採取的鎮壓行動中一直有意識地、系統性地使用電視認罪方式。[47]

這種電視認罪，基本發生在公安機關主導的偵查期間，以被羈押者在公安機關的預審或紀檢、檢察機關的「留置」地點面對電視鏡頭做自我陳述為主，大部分為自我認罪和懺悔，也有對同案關聯人物或所謂海外勢力做出譴責。另有少數為接受審訊時的實時錄影，以及少數為接受中國中央電視臺主持人採訪的形式，大部分在中央電視臺黃金時段的新聞或專題節目中播出，少量通過鳳凰電視向海外播出，還有極少通過YouTube等海外互聯網平臺釋放。

而「709」案相關人員的電視認罪其人數之多和頻密則達到2013年起電視認罪運動中的一波高潮，幾乎每一個受訪者（人權律師）都證實，他們在被監視居住和被逮捕後的羈押期間都有被要求電視認罪。事實上，從「709」案的一開始，公安機關就從鋒銳律師事務所的周世鋒開始，要求電視認罪，持續於整個鎮壓行動和審判過程。只是，每個人對待電視認罪的態度存在區別，大體符合安全衛士報告（2018）的分析，對應著警方在對羈押者任意無限期的拘禁下以交易、壓力、威脅和虐待等等手段逼迫羈押者就範，自承罪行，有時甚至通過審訊錄影的剪輯和扭曲製作認罪或指證的影片。

其中，有的從始至終堅決抵制、拒絕配合，如吳淦和王全璋，吳淦

---

[47] Safeguard Defenders, 2018: *Scripted and Staged: Behind the scenes of China's forced TV confessions*, pp.15-16 : http://SafeguardDefenders.com.

在一審後通過與代理律師會見時透露這一脅迫，王全璋則在服刑期滿出獄後向外界透露。有的順從和承認自己過錯，如江天勇2017年3月4日的電視認罪中承認負有責任，翟岩民也在2018年「709」鎮壓三周年之際向採訪的香港媒體承認其2015年的電視認罪是在警方威脅綁架其兒子之後做出。不過，作為「709」案中第一個被定罪的，翟岩民因此在2016年8月2日獲得了從輕判決，即有期徒刑三年但緩刑四年。還有的是在有條件交換和威脅下出鏡，如張凱2016年2月25日在電視認罪中警告說人權律師不要接受海外資金，王宇律師第一次錄影時因為兒子出境受阻在錄影裡譴責了所謂海外勢力，第二次被強行拉到中央電視臺錄影時則明確拒絕。不過，張凱在結束監視居住、獲得人身自由後，仍然被脅迫到天津旁聽「709」案的庭審，被官方媒體特意照相、傳播，對國際社會聲援「709」案產生了一定干擾。

這一模式，可以追溯到1990年代末公安機關開始發動對法輪功的鎮壓，即前述與政法委合署辦公的「610」辦公室所指揮的鎮壓行動。在1999年之後開始全國範圍的抓捕、轉化法輪功信徒的同時，政法委發動了強大的宣傳攻勢，利用大眾媒體，特別是利用中央電視臺播出法輪功信徒和組織者的電視認罪。如2002年4月8日中央電視臺《焦點訪談》節目在黃金時間播出法輪功信徒王博的電視認罪，指證2001年1月23日北京天安門廣場五位法輪功信徒「自焚」事件當事人之一的陳果如何癡迷法輪功。

更早，從1949年起，中國公安機關就經常性地在鎮壓行動中使用公捕大會，如同法院的「公判大會」一樣，加強其強制行動的公共威懾，也自我賦予其審判功能，給予公眾有關嫌疑人有罪的印象，並自我強化其偵查、羈押的正當性。所以，對公安機關熱衷電視認罪的理解，仍然需要從前述政法委特別重視所謂新形勢和社會影響的角度衡量公安機關的動機及其法外主義含義。

這種做法繼承了此前若干貪腐官員的電視認罪，可以追溯到中共歷

史上的多次政治運動，甚至可以追溯到1936-38年間蘇聯的對黨內異己的「大審判」。在史達林的御用檢察官維辛斯基主持的大審判期間，這些原來黨內高級幹部的被告們早已被契卡的審訊所馴服，在審判法庭上競相痛哭流涕、主動認罪，讓世人瞠目結舌。而在中共歷次政治運動上，我們也能看到類似做法，最典型的包括1941年底開始的延安整風運動，黨內「被搶救」的幹部往往經歷了痛苦的監禁和虐待，然後還不得不在「群眾大會」上做出「深刻的思想檢討」。對黨外的地主、資本家、以及知識分子群體來說，他們在1947年後的「土改」、1949年後的「三反五反」運動、和1957年的「反右」運動期間，都先後集體繼續了這種當眾檢討和大批判的悔罪模式。到1966年開始的「文化大革命」，這種模式更被普遍化、長期化，也和更大規模的群眾運動和大眾媒體的傳播相結合。

斯賓諾莎曾經在他經典的《倫理學》一書中將這種悔過視同為一種「雙倍的可恥」，因為人性在這種強迫性悔過前後經歷著兩次懊悔和自我否定，「從一開始就將自身呈現為道德與法律之間含糊的妥協」，從而「以一個關鍵性的姿態排除在所有公民權之外」，也就是以道德化的處理懸置了法律。[48] 在「709」案中，一個經由蘇聯而繼承了這一中世紀基督教傳統的悔過被運用到極致，公安機關在法庭審判前所採取的強迫電視認罪（審判），充滿了暴力和宣傳的結合，並且通過對少數當事人悔過的影片、音頻的操縱和剪輯，不僅歪曲了當事人在壓力下的陳述和案件真相，而且剝奪了整個群體的公民權利。

在「709」案相關的電視認罪中，雖然被迫出現在鏡頭前的人權律師們只是陳述有限事實，幾乎沒有人承認他們被指控的煽動顛覆或者顛覆國家政權罪；然而，公安機關以這種未審先定罪的方式，以違反刑事

---

[48] 斯賓諾莎，《倫理學》，第211頁，商務印書館，1958年。另參考吉奧喬・阿甘本，《無目的的手段：政治學筆記》，第172-73頁，河南大學出版社，2015年。（Giorgio Agamben, 1996: *Mezzi senza fine: Note sulla politica*, Bollati Boringhieri editore）

訴訟法的法外主義方式直接剝奪當事人的法律人格。然後，無論當事人如何陳述，官方電視臺在認罪影片插入、剪輯的旁白和評論則以汙名化當事人為主，以對大眾傳播的操縱剝奪了當事人的道德人格，進而延伸到對整個人群的道德人格和法律人格的剝奪。

　　至於其政治效果，當局精心為公眾塑造一個個不值得、無必要維護其正當權利的法外群體，也為政法機關的鎮壓行動張目。首先，當我們已經注意到政法委自1999年與「610」合署辦公、以及將「維穩」作為主要工作重點以來，政法委的職權膨脹也大大促進了公安機關與官方宣傳機構的合作。例如中央電視臺前副臺長李東生在2002年5月升任中宣部副部長之後，於2009年10月轉任公安部副部長，後兼「中央防範和處理邪教問題領導小組」副組長、「610」辦公室主任，以個人職業生涯展現了宣傳、公安和「610」幾個部門之間的緊密聯繫。特別是2013年以來，不僅媒體領域內部的刑事化指控越來越多，而且公安與媒體的緊密聯繫已經某種程度上將官方電視特別是中央電視臺的演播室直接轉變為通往羈押場所後門的法庭。相比這類「重大、敏感和集體性案件」在大多數情況下事實上被秘密審判和嚴格的新聞與互聯網審查，即法庭審判的不公開性，如此前置性、且充滿導演、脅迫的劇本式認罪，只能表明公安機關是在製造和擴大案件的政治效果，而非遵守「以法律為準繩、以事實為依據」的中國法律原則。

　　而且，這種公安機關所操縱的「公開審判」不僅發生在中央電視臺的演播室，也發生在拘押的「指定監視場所」和其他公安機關挑選的場所。對被迫認罪的被羈押者來說，雖然存在不同的動機和理由，但是幾無例外地是在壓力或脅迫下被迫認罪或者被迫在電視鏡頭前陳述，完全違反個人自願，形同在家人、同事和公眾面前的撒謊和自我羞辱，對個人尊嚴是極大的傷害。例如，人權律師王宇的經歷，她在2016年被從天津的羈押地直接乘坐警車被送往北京的中央電視臺演播室，著名主持人董倩即以一副預審警察的姿態要求電視訪談，王宇立即意識到這一人格

侮辱，憤而訓斥央視主持人的職業操守並拒絕接受電視訪談。[49]

　　然而，在政法委的維穩架構下，公安機關與官方媒體勾結、共謀地違反刑事訴訟法關於尊重和保障人權的原則和「不得自認其罪」的程序規定，以這種電視認罪的方式所製造的公共影響，實現鎮壓行動本身所試圖達成的宣傳目的，如為詆毀人權事業和人權律師群體、或者製造整肅互聯網或國際NGO的政治氣氛等等，在法庭開庭前和法庭之外以電視預審方式強化其偵查、羈押的正當性，通過影響公共輿論抗衡審判中心主義，從而強化公安機關偵查中心主義的地位。

　　更重要的，如果案件涉及人權捍衛者的「敏感」案件，理論上這樣一場國際社會都關注的公開審判其法庭協商在理論上已經轉換成國際媒體、全球公民社會、各國政治家共同關注和參與的政治協商，如「709」案，那麼，儘管法庭程序往往在不同程度的秘密審判中進行，審判結果也已然由黨委和政法委其未審先判的意志決定了，公安機關似乎就越傾向於認定國際反應將是相當負面和批評的，然後越傾向於導演和製作這樣的電視認罪，作為政法委和公安機關的自我辯護，也掩蓋公安機關的任意拘禁和程序問題等等。

小結　反人權的政法委專政

　　長期以來人權律師們所面對、所挑戰、以及被鎮壓的都來自於中共和黨在整個政法機關的專門機關——政法委。從建政伊始到2015年「709」案的大部分時間裡，政法委都隱身在行政和司法機關的幕後，代理黨和黨委行使著司法決斷的權力，使用各種法外主義手段指揮和協調著所有「重大、敏感和集體性案件」的偵查和審理。

　　但是在法律的名義上，政法委的這一存在並非完全的法外主義，而

---

[49]　參考王宇訪談，2019年12月2日，北京。

是以憲法所確定的人民民主專政原則作為其合法存在的基礎，但是同時破壞也是憲法原則和實際改革進程的法治主義，也就是「合法的法外主義」。它所代表的，如同1982年憲法起草領導人之一也是中共在1949年後政法系統的長期領導人彭真在1982年11月26日全國人大第五次會議上所講的，「人民民主專政，除了在人民內部實行民主的一面，還有全體人民對於人民對敵人實行專政的一面……依照憲法和法律，鎮壓叛國和其他反革命的活動，打擊經濟領域和其他領域的蓄意破壞和推翻社會主義制度的嚴重犯罪分子，都屬國家的專政職能」。[50]

換言之，如同人民民主專政一詞在現實政治生活中的含義和結果，表面上一體兩面的民主因為專政的自我否定而實際上僅具表面和象徵性的存在，意味著一個形式上保留若干民主形式，但實際上採取高度威權主義的黨國體制，中國的憲法以人民民主專政作為核心原則，對法律和司法的影響因此繼承了這一概念的自我矛盾和自我否定，在逐漸引入私有財產保護、保障人權承諾和審判中心主義法治建設的同時，卻繼續、擴大和制度化著政法委中心的專政體系，以體現黨在法律中的意志和黨對司法的領導、實現黨為維護自身領導地位、政權和制度而必須採用的法外主義專政，也因此從體制和機制上自我破壞著自我建立的法律、系統性地侵犯著自我承認的人權。

因此，理論上，這種法律上的述行性矛盾所暴露的指向盧曼的一個法社會學結論：「由於只有較低程度的抽象，它就無法接受來自其他案件類型的推論，無法為新的案件類型和法律期望提供決定評價和論證。由於這個原因，人們就還不能放棄作為法律存在證明的暴力。所以，並不是通過意義解釋來引出一個法律決定，而是通過決鬥或形式主義」。[51]在實踐中，如本章所總結的，人民民主專政的底色意味著中共其黨的意志能力並不足以達到足夠的抽象能力，不足以真正能夠轉化

---

[50]　彭真，《論新中國的政法工作》，第312-313頁，中央文獻出版社，1992年。
[51]　尼克拉斯・盧曼，《法社會學》，第200頁，世紀出版集團，2013年。

為所謂法律意志，而其理論的貧困和結構上的不穩定只剩下暴力，這是「政治失敗的標誌……統治的正當性將面臨著拷問」。[52]並且，從歷史的幾個階段看，中共越焦慮於統治的正當性，就越經常性地、越不加節制地以回歸本土主義的暴力傾向，即政法委專政所體現的「人民民主專政」的專政體制，越表明中共的政治失敗有多麼嚴重和危險。

在實踐中，平行於表面上法治建設的形式化，在一般性法律和案件之外，政法委以法外主義的方式平行介入和決斷著所謂「重大、敏感和群體性案件」的偵查和審理過程及其社會影響。這些「重大、敏感、群體性案件」，大部分正是人權案件，也是政法委實施法外主義干預的領域。他們以法外主義和追求非訟的「強制性合意」的一體兩面，掩飾著專政的性質和濫用，即對人權的系統性侵犯。

一方面，這種法外主義是嵌入在行政、司法和法律系統中，包含在以實現黨對政法工作的領導為目標、以堅持人民民主專政為任務的政法委的存在與職能本身之中，並作為法外主義的主體。這種體現黨的意志即擁有對公檢法司等政法部門與司法機關的政治決斷權，正是其法外主義的根源，所謂黨國的政法性質，在實踐中由政法委專政（即政法委對日常法律的法外主義干預）體現出來。政法委代表黨和黨委操控著公檢法司四個部門，以「協調指揮」的名義、掌握著司法過程中政治性質和社會影響的平衡。而且，在2012年之後，通過修改刑事訴訟法、鎮壓人權律師、通過《政法工作條例》等措施加速建制化，而越發彰顯其擴張「合法的法外主義」的傾向。

另一方面，在法庭形式主義的三方角色之外，以強制力追求無（非）訟，刻意降低法庭內外的對抗性達成「強制性的合意」，這都代表中共和政法委干預司法的政治目的在於追求「非正式正義」而非司法正義，根本上背離了中國憲法和法治建設所追求的公平正義，助長了公

---

[52] 尼克拉斯・盧曼，《法社會學》，第147頁，世紀出版集團，2013年。

檢法機關以各種具體的「合法的法外主義」濫用程序、自我破壞程序正義，特別是違背公開審判、控辯平衡等基本原則，任意拘禁的傾向等，由此造成廣泛的、系統性的人權侵犯。

　　從觀察者的角度，這些反覆進行的持續活動本身，足以證明一個系統性的存在，而且這一趨向自創生的封閉系統通過這些重複性的持續活動產生出系統的邊界。[53]在圍繞統治制度、意識形態和國際認同等諸多系統邊界的分化過程中，人權問題日益成為中國政治作為一個法外國家的愈益清晰的系統邊界。

---

[53]　參考河本英夫，《第三代系統論：自生系統論》（郭連友譯），第159頁，中央編譯出版社，2016年。

新人權政治：
討論和展望

自1948年聯合國人權宣言（UDHR）以來，人權對國際法和民族國家產生了革命性的影響。但是，迄今為止，很大程度上這一宣言仍然被普遍看作只是一種政治宣言，連帶的，聯合國的《經濟、社會與文化權利公約》所規定的經濟、社會和文化權利也被通常看作是一種宣言性權利，而聯合國《公民權利和政治權利公約》所規定的政治與公民權利則依賴各個民族國家的憲法和法律予以保障，相互間差異巨大。世界的人權政治對照1948年的聯合國人權宣言存在著巨大的鴻溝和結構性的障礙，特別集中在人權的普世主義和人權的相對主義之間的分歧和對抗。

第五部分將要探討的，是總結「709」案所透射出來的圍繞人權的普遍主義和相對主義之間的對抗模式，試圖在在格里芬（James Griffin）和貝茲等激進主義的人權主張基礎上，擴展普遍主義的人權政治路徑，但不止於在如何進步或者接近的維度談論人權的完善。特別的，我們不僅要滿足構建一個和人權相容也就是尊重個體決斷和主體權利的法律制

度、為了個體而非共同體的人權規範，還要最大限度地聚焦於例如導致人權律師們所受的鎮壓和虐待、新疆維族和法輪功信徒們所經受的「冷滅絕」背後的政法委等等所謂「系統製造苦難」（systemic generation of suffering）的機制上。這些製造人權苦難的機制本身也製造著或者隱藏在各種相對主義人權論後面。

這在二十一世紀餘下的時間裡將有著特殊的普遍意義，不僅對於中國的人權政治如何展開有著如何啟示，也因此可能反向地對世界範圍的人權政治和人權概念的普遍主義發展都產生影響。那就是當新冷戰時代加速到來之際，人們有必要重新思考一個新的赫爾辛基協議的可能性，也是新人權政治的可能。

第十三章　「709」案的人權政治啟示

　　在「709」案之前，因為置身蘇聯東歐集團之外、也置身1975年「赫爾辛基協議」之外，中國的人權政治始於1989年的天安門屠殺，後者也是很多學者研究中國人權政治的起點和突破口。有趣的是，在後1989的市場經濟時代，隨著中國執政黨和政府對普世主義人權觀的抵制和再定義，人權概念和與之伴隨的有關人權普遍主義和相對主義的矛盾也隨之被引入中國的政治結構中。

　　如德國哲學家羅曼（Georg Lohmann）對中國的人權現狀所歸納的，一方面為因應1993年維也納舉行的世界人權會議（World Human Rights Conference）的壓力，中國政府在1993年提出了一個「中國特色」的人權相對主義原則，即所謂「人權是由國家授予的、故而是相對的基本權利」、「基本權利是受社會利益的『限定的內在』」、「基本權利和責任形成一個『不可分割的整體』」、以及特別的「生存權先於公民權利和政治權利」等。另一方面，在國際壓力之下，從1997年9月中共的十五大報告起第一次寫入「尊重和保障人權」，並將此原則逐步寫入刑事訴訟法等具體法律之中，也逐步地修訂關於憲法的人權條款、禁止刑訊逼供、改善看守所待遇、降低法院立案門檻和廢除收容審查、勞動教養、收容教育制度等等。

　　這一簡單的歷史進程構成了人權相對主義和至少宣示性的人權普遍主義在冷戰後中國的共存。一方面，中國政府背負著1989年天安門大屠殺的原罪，從冷戰結束後一開始就對世界範圍人權政治的復興保持著相對主義的立場。理論上，這種人權相對主義存在三種形式：（1）「一

般意義上的文化相對主義懷疑論，主張人權的正當性和適宜性只有在它
們出於其中的文化環境中才得以可能」；（2）「一種特定的文化相對
主義論點，主張對於個體自由權的特殊的、單邊的刻畫和普遍性主張不
相容……用以群體為導向的責任來完成或取代個人主義主權」；（3）
「批評人權的普遍貫徹力，主張只有一部分人權是普遍的。其他權利，
尤其是積極的政治和社會參與權，只能是部分的實現，因此並非普遍正
當的」。[1]

　　不過，這些人權相對主義的辯解，在理論層面無論反映了怎樣的鴻
溝，如理想主義與現實主義之間、或者自由主義與現實主義之間、還是
道德主義與功利主義之間，在現實政治中其實無關理解，更多反映的是
人權鬥爭圍繞普遍主義和相對主義的對立修辭。這代表著一方面，中國
在對待人權普適性方面所堅持的「中國特色的人權發展道路」其地方化
主義，如同以「馬克思主義中國化」推動中國革命的毛主義內含的地方
化，是在「通過中國化，馬克思列寧主義將被有效地置於無意義的擱置
狀態」[2]，而從1993年李鵬為冷戰後中國人權政策辯護開始，2012年以
來的新毛主義政權更明確地以「中國化」立場對待西方民主和人權價
值，即擱置和分離人權（普世）標準，堅持中國統治集團對人權的壓
制，並且逐漸改以所謂國家治理或者中國治理模式的概念取代人權作為
中國在國際政治舞臺的主要話語。

　　另一方面，「關於抽象的普世主義或相對主義的兩者對立可能只是
一個偽選項」，現實的人權政治需要超越諸如1989年天安門附近大街上
「坦克代表國家」的意象。[3]因為，事實上，在後冷戰時代，人權概念

---

[1]　格奧爾格・羅曼（Georg Lohmann），《論人權》（李宏昀、周愛民譯），第112-114頁，
　　上海人民出版社，2018年。
[2]　參見雷蒙德 F. 懷利，《毛主義的崛起：毛澤東、陳伯達及其對中國理論的探索》（楊悅
　　譯），第85頁，中國人民大學出版社，2013年。（Raymond F. Wylie, 1980: *The Emergence
　　of Maoism: Mao Tse-tung, Ch'en Po-ta, and the Search for Chinese Theory, 1935-1945*,
　　p.98, Stanford University Press）
[3]　M. Anne Brown, 2002: *Human Rights and the Borders of Suffering: The promotion
　　of human rights in international politics*, Manchester and New York: Manchester

在中國是以國家抵制、宣揚相對主義甚至修正主義的人權觀而最初引入，這種相對主義的立場也從一開始就以某種流動的方式固定了中共政權對人權的認知性期望，即承認人權概念卻一直以意識形態的宣傳戰尋找種種特殊性而拒絕其普遍性，然而很快又遇到1998年公民社會興起之際自由主義知識分子和柯林頓訪華而再次引入人權概念。結果，塑造了公民社會對人權普遍主義的規範性期望，還複製了世界範圍人權政治的鴻溝——存在於公民社會和司法制度之間的激烈分叉，存在於包括律師在內的公民社會對人權的規範性期望和統治集團對人權的認知性期望之間。圍繞兩種期望之間鴻溝，在公民社會和政治社會之間新舊歷史集團的協商和對抗，以公共空間和法庭為戰場，便構成了二十一世紀最初二十年的中國人權政治。

　　然而，如本書「709」案中雙方政治角色——人權律師們的死磕正義和政法委主導的法外主義——所展現的：人權律師們被法感所喚起的、所堅持的程序正義、所「死磕」的權利都是以人的尊嚴為中心的人格權，而政法委所主導的司法體制違反自身憲法和法律所踐行的各種法外主義，則都指向國家暴力對個體人格和尊嚴的折磨，也始終被中共對人權普遍主義和相對主義的修辭玩弄所遮蔽。並且，以「709」案為標誌，一個冷戰後三十餘年所形成的由知識分子、公民社會、維權律師、市場經濟和互聯網構成的新歷史集團，在2012年之後逐漸被分解，可以說中國統治集團內部的陳舊歷史集團的鎮壓策略相當成功。

　　所以，本書所總結的，即人權律師們的抗爭經驗，再次印證了布朗、羅曼等關注中國的人權研究者對中國人權政治的基本結論：「人權同樣不僅僅是由哲學家構想出來、自上而下地確立的東西；它『向來』是自下而上地被要求的」。[4]這種基於對抗折磨、捍衛人格基礎上的規

University Press.

[4]　格奧爾格・羅曼（Georg Lohmann），《論人權》（李宏昀、周愛民譯），第109頁，上海人民出版社，2018年。

範性人權期望，從上個世紀末以來逐漸形成，即使在「709」案之後仍然頑強地存在於法律共同體內，並最終推動中國全國人大在武漢肺炎（新冠病毒）肆虐的2020年通過了民法典。其中包含新的有關人格權的專門章節，雖然尚未在憲法，卻先行在民法典中保障人的尊嚴和人格權。相對於政法委長期以來主導的刑法的政治程序化以及因此對公平審判的破壞而對人權的侵害，這樣一種民法的努力堪稱盧曼意義上的「政治性私法」——在這種私法中，個人可能為了捍衛人格權而作為政治公民參與進來。[5]這或許是在「709」案的人權律師們以巨大犧牲所換來的一點法律進步。

而相對應的，法外主義所造成的人權傷害，如本書所示，是對人格尊嚴的傷害，這些傷害與人權律師們所捍衛的正當人權兩者之間的衝突地帶便是苦難（suffering），構成人權的邊界，也可能超越所有相對主義修辭的矯飾。如唐納利（John Donnelly, 1999）所主張的，雖然並非所有的虐待、折磨都是人權問題，而苦難（Suffering）卻是一個能夠喚起的概念，可能超越現有的道德語言，提醒人們關於痛苦、失去和創傷的真相。[6]苦難（suffering）在這裡，如安妮・布朗從1989年天安門大屠殺、東帝汶佔領期間的印尼、澳大利亞土著等案例所總結的，就是虐待（abuse）和各種傷害（injury, harm）。

歷史上，正是法輪功信徒的集體苦難引導著維權律師們轉向自覺地進行人權辯護。這些人權苦難，他們為之捨身投入的人權案件的當事人以及這些人權案件所代表的制度性傷害，還包括「709」案中，前後人權律師們的犧牲，他們自己和親人所忍受的苦難，成為激發人權律師們和公眾的法感或道德敏感性所在。而理論上，它印證了唐納

5　尼克拉斯・盧曼，《法社會學》，第211頁，世紀出版集團，2013年。
6　Jack Donnelly,1999: "The Social Construction of International Human Rights", in T. Dunne and N. J. Wheeler（eds）, Human Rights in Global Politics, Cambridge: Cambridge University Press; M. Anne Brown, 2002: *Human Rights and the Borders of Suffering: The promotion of human rights in international politics*, p.4, Manchester and New York: Manchester University Press.

利所稱道德作為人權來源的最為普遍性的基礎，[7]並且貫穿從貝卡利亞
（Cesare Beccaria）時代的敏感性（sensibilità）到美國歷史學家哈斯凱
爾（Thomas Haskell）所總結的人道主義敏感性（humanitarian sesibility）
的人權發展的歷史性。前者幫助歐洲廢除了中世紀的殘酷刑法，後者
總結了工業革命過程中廢奴主義的興起，也就是「一種由社會結構導
致的道德義務性的認知屬性之擴展」。[8]

例如，維康納・亞當斯在二十世紀九零年代對西藏婦女的研究發
現，她們所受的苦難，從強制墮胎到被羈押和監獄裡的酷刑，都是身體
化的（embodied），是高度個人化的，還因佛教的因果（karma）觀念
伴隨終身，成為持久身體病痛的心理來源。[9]這種基於個人身體感受從
而高度個人化的人權苦難，大大區別於國際社會對藏族社會以集體人權
角度的認知和同情。[10]而集體人權原本就是一種相對主義人權觀，為中
國政府所鼓吹。

從苦難的角度，「709」案的人權律師和西藏婦女們所受的苦難體
現出驚人的一致性，即高度個人化的，無論是基於尊嚴的剝奪還是基於
身體的痛楚。從人權律師群體最初介入的法輪功信徒到藏族和維族等少
數族群的宗教迫害案件，甚至從基督受難意義上對待這種苦難的基督徒
人權律師群體自己，這些個案性苦難的大量積累最終所形成的共感，在
人權政治層面不止有道德的意義，而是可能如西藏受難婦女喚起國際社

---

[7]　傑克・唐納利：《普遍人權的理論與實踐》（王浦劬等譯），第13頁，中國社會科學出版社
（Jack Donnelly, 1989: *Universal Human Rights in Theory and Practice*, Ithaca, NY.:
Cornell University Press）。

[8]　漢斯・約阿斯，《人之神聖性：一部新的人權譜系學》（高樺譯），第121頁，上海人
們出版社（Hans Joas, 2011: *Die Sakralität der Person: Eine neue Genealogie der
Menschenrechte*, Berlin: Suhrkamp Verlag）。

[9]　Vincanne Adams, 1998: "Suffering the Winds of Lhasa: Politicized Bodies, Human
Rights, Cultural Difference, and Humanism in Tibet", *Medical Anthropology
Quarterly*, Vol. 12, No. 1, pp. 74-102.

[10]　E.g. Richard Klein, 2011: "An Analysis of China's Human Rights Policies in Tibet:
China's Compliance with the Mandates of International Law regarding Civil and
Political Rights", ILSA *Journal of International & Comparative Law*, Vol.18, No.1,
pp.115-65.

會對西藏人權困境的關注，最終也通過「709」案的傳播引發國際社會
對中國人權整體困境的關注。

更重要的，「709」案的律師作為從2003年維權運動中興起並且促
成維權運動轉型向人權運動的發展，尤其在2014年後公民社會慘遭鎮壓
的困難局面中幾乎以一個群體「死磕」的樣式展開人權鬥爭，還超越了
1990年代以來他們為之辯護的政治異議群體和傳統的民主運動、以及形
形色色遭受鎮壓爭取宗教自由、言論自由、工會（結社）權利的群體和
運動，以法庭抗爭的方式將他們的分散維權運動彙聚和轉化為一場持續
的人權運動。

這種人權實踐——為捍衛人的尊嚴和平等、捍衛程序正義而「死
磕」的鬥爭，甚至可能因此超越了蘇聯時期最早的人權倡導團體「蘇
聯捍衛人權倡導團體」（Initsiativnaya gruppa po zashchite prav cheloveka v
SSSR）。後者是蘇聯革命後第一個NGO，成立於1969年，活躍到（至
少）1975年（即蘇聯被迫簽署《赫爾辛基協議》的那一年），對蘇聯的
人權運動和政治異議發揮了對極權體制「破冰」性的歷史作用。[11]

因為，如果我們把2012年以來中共政權朝向極權主義體制的發展，
包括對公民社會各群體的逐一鎮壓、對政黨內部的清洗、對社會的管
控、對民營經濟的政治圍剿和意識形態的民主主義煽動，特別是2020年
初以來針對疫情啟動的所謂全國性「戰時狀態」的社會嚴控的永久化等
等，看作是中國正在面臨從1992年以來市場經濟主導、政治放鬆下的威
權體制向一個民族主義的極權主義體制加速轉型的最後過渡期，那麼貫
穿這一過渡期的中國人權律師群體的抗爭以及人權律師團的形成，都標
誌著這個極權主義體制在即將封閉的臨界狀態被楔入了人權運動的「異
質」。他們憑藉著勇氣和抗爭，在有關人權普遍性和相對性的對抗中開

---

[11] See Robert Horvath,2014: "Breaking the Totalitarian Ice: The Initiative Group for the Defense of Human Rights in the USSR", in *Human Rights Quarterly*, Vol. 36, No. 1, pp. 147-175.

闢了一個近乎「人道主義空間」的人權空間。

當然，現在判定這「異質」一般的人權群體和人權運動對未來中共極權主義體制有著何種可能的歷史意義尚為時過早。中國人權政治仍然必須面對和回答人權政治的傳統基本問題。例如，在現實人權政治中，絕大部分人權苦難都難以觸動國際人權機制，在人權的普遍性和國際社會對人權苦難的干預之間存在著一條顯而易見的巨大鴻溝或者「灰色地帶」。對中國人權政治而言，這是否意味著難以跨越的障礙？

也就是說，雖然從戰後以來，如路易斯‧亨金（Henkin）所說，人權已經對國際體系和國際法產生了革命性的影響，人權對民族國家主權的侵蝕（eroding）已經大大重塑了國家主權，主權邊界較50年前、或100年前已經大為退縮。[12]但是，即使是在國際人權研究領域享有極高威望、多年來致力於人權普遍性倡導的唐納利也表示，儘管1966年兩個聯合國人權公約對民族國家施加了國際人權義務，但是對一國內人權實踐的國際監督仍「非常受限」。他也承認類似西藏婦女的苦難等等，儘管反映了過去幾十年來不同文化認識所形成的「重合的（人權）共識」（overlapping consensus），但僅代表一種正義的政治構想，屬某類「相對的人權普遍性」。[13]

因此，例如最常見的人道主義干預（humanitarian intervention），通常只是對大規模苦難（massive suffering）所發生的響應。而這種響應已經是二戰以後針對戰爭時期的大屠殺而重新確立人權標準、也是國際人權政治發生重大革命的標誌和結果，也是聯合國1948年《防止和懲罰屠殺罪行公約》（Convention on the Prevention and Punishment of the Crime of Genocide）的主要目的。換言之，大規模苦難更像是人權苦難的一種例外，就像人道主義也成為人權的一個底線而非標準。大多數苦難仍然受

[12] Louis Henkin, 1995: "Human Rights and State 'Sovereignty'," *Georgia Journal of International and Comparative Law*, Vol.25, No.1-2, p.43-44.

[13] Jack Donnelly, 2007: "The Relative Universality of Human Rights", *Human Rights Quarterly*, Vol. 29, No. 2, p. 290, and note 23.

著國家主權的屏蔽，外部的人權干預面臨著重重困難，與人道干預距離甚遠，遠不如人權的普遍性概念那樣美好。

儘管如此，在人道主義干預的實踐中產生了諸如「可協商的救援」（negotiating relief）、「人道主義空間」（humanitarian space）的概念和模式，用來總結人道主義救援組織在那些被威權政權、軍閥和民兵所控制、封鎖的地帶，通過協商等方式可能創造或開闢出來的救援通道、手段和組織存在空間等。[14]

有趣的是，在一個即將完成封閉極權主義的高度威權主義政體內部，中國人權律師們所做的也近乎開創一個人道主義空間，在極端保守的國家主權和遙不可及的國際干預之間，以持續的個案抗爭，在法庭內外通過法律展示（Rechtsvorstellung），將個體的苦難擴展成集體性的或者群體性的人權苦難。這是本研究的結論之一，具體包含三個層面：

其一，相對於二十一世紀初期的維權運動，律師們以「維權律師」的名義介入個案性的法律援助和正義追索，當局也刻意沿著地域分佈和時間軸分散化那些大規模人權侵犯案件，只有人權律師，哪怕參與其中有限的案例，卻作為見證者記錄了這種人權苦難，又因為人權律師團的形成而可能將分散的人權苦難匯聚而成一個系統的記錄，形成外界對群體性苦難的認識。如前所述，從最初的法輪功案件開始，人權律師們先後介入了基督教群體、藏族群體、維族群體、政治異議群體，還有勞工群體、拆遷受害者群體等等，從有限的個案彙聚、聯結成一個個群體苦難。這就是人權運動，也是人權律師團形成的最大意義。

在人權政治的意義上，中國人權律師團的努力至少將西藏、新疆以及新近的香港等地的人權苦難轉為國際社會所關注的原住民的集體人權

---

[14] Michele Acuto (ed.), 2014: *Negotiating Relief: The Dialectics of Humanitarian Space*, Hurst Press; Thomas G. Weiss, and Jarat Chopra. 1995: "Sovereignty Under Siege: From Intervention to Humanitarian Space." In *Beyond Westphalia?: State Sovereignty and International Intervention*, edited by Gene M. Lyons and Michael Mastanduno. Baltimore: Johns Hopkins University Press.

問題，連帶其他團體的人權苦難，中國人權律師們雖然捍衛和依據的均是法定的個人權利，卻向中國公眾展示了一種個人權利和集體權利的連結及其政治意義，例如以聯合國2007年9月13日通過的《聯合國土著人民權利宣言》所包含的原住民集體人權，如結社、宗教、文化、免於歧視和暴力的權利等以及自決權，其意義相當深遠。中國政府代表在聯合國對這項無約束力的宣言投了贊成票。

其二，他們在「709」案之前的抗爭和「709」案持續五年的審判、服刑的全過程中，創造了一個極權主義體制內部的衝突性和異質性的人權空間（human rights space），向公眾樹立了有關人權規範的法律期望。人權的普遍性在展現其客觀性的同時獲得了一種在地性（locality），兩種法律期望和社會行動在此相遇、衝突，人權開始內在化地嵌入其中。而且，這一空間和期望一旦建立，假以時日，哪怕最低限度的堅持，理論上這種在貌似失敗或者低調堅持的失望情形下的「時間儲存」就是反覆紀念和其他人權律師的持續堅持，如盧曼的解釋，正是社會系統耗費時間重新組合的機制，即法律發展的關鍵。[15]

其三，因此，這一人權導向的法律展示在當局眼裡不啻為徹底的政治展示，特別是隋穆青等在法庭抗辯中直接提出中共黨籍法官迴避的要求，可算是中國人權律師群體在「709」案前後數年以「死磕」精神堅決抗爭最為激烈的焦點和貢獻，對當局來說，或許其威脅超過1990年代第一代人權律師如莫少平等人為魏京生、徐文立、劉曉波等政治異議者所做的政治辯護。針對上一代異議者的審判如莫少平律師所經歷的尚且能夠保證基本的形式權利，而今則基本淪為法外主義統治下的半秘密審判。

結果，這些人權案件和人權律師自身的苦難，不僅展示了人權苦難本身，更以法律展示的方式控訴了造成這些苦難的法外主義系統。這不

---

[15] 尼克拉斯‧盧曼，《法社會學》，第207頁，世紀出版集團，2013年。

僅是隋穆青和相關人權律師被吊銷律師執照的直接原因，也可能是整個
中國人權律師群體招致中共中央政法委重手鎮壓的導火線和真正動機所
在。這為未來中國的人權運動以及國際範圍的人權干預都提供了一個針
對極權體制的切入口，有助於人們認清中國的政權性質。即使未來中國
人權律師群體在高壓下分崩離析，不可避免地走向任何一個社會運動通
常的分化和解體命運，也將因此對中國和世界的人權進步留下寶貴的歷
史價值。

第十四章　黨國的人權策略

　　在人權苦難的另一面，是製造苦難的一方。中國人權律師們以連續性的個案和持續的人權運動，從結構上揭露了中國法制中以政法委為主導的系統性的法外主義，也就是系統生成苦難的機制，一個名義上聲稱保障人權、實則侵犯人權的虛偽系統的存在。本書已經以很大篇幅分析了政法委以及政法委領導下的公、檢、法、司四個部門系統性的法外主義，並且以各種法外主義的手段違背和破壞著法律的程序和公平，製造著人權苦難。而且，在人權律師們以死磕正義和自我犧牲的精神堅持人權抗爭、展現著人權的普遍性和韌性的人權團體的另一面，卻是中共政權在自我定義人權所謂特殊性的同時，還以政治上的人權策略改變、挑戰著世界人權政治，藉以保護上述種種法外主義的制度和政權合法性。

　　在現實人權政治中，與相對法治的法外主義一致的是，中共在人權政治中的策略也是機會主義的，一方面視人權問題為不可觸及的主權問題，將人權問題的國內政治敏感性延伸到國際關係，不惜在外交關係領域採取對抗性姿態，為其系統性的人權侵犯做辯護。例如過去十年以來已經在聯合國人權委員會上和批評中國人權的國家與組織代表展開了激烈的交鋒，最新的例子則是楊潔篪2021年2月2日對美國國會美中關係委員會影片講話時稱，「美方應停止插手香港、西藏、新疆等涉及中國主權和領土完整的問題……這些問題關乎中國的核心利益和民族尊嚴……是碰不得的……希望美方充分認識到這些問題的高度敏感性」。

　　理論上，如前述章節依次展開論述的，這些反映中國統治集團對人

權、異議和集體行動等所謂「重大、敏感、集體性案件」的認知性期望的「敏感性」，從二十一世紀初的維權運動到「709」案，存在一個逐漸「強化、細化、和快速」的演變，如盧曼對系統敏感性的解釋，表明當中共及其政法體制作為一個系統越來越傾向於對人權、異議和集體抗議等社會抗爭做出強烈的系統性反應、從而視其中的核心問題「人權」為該系統與內外環境的一個「意義構成邊界」（meaning-constitued boundary），這個系統也越來越趨向封閉和同質化，並且反過來增強這種系統的敏感性，而不去考慮它對製造麻煩的環境的依賴性，即往反人權的方向演變。[1]這就是盧曼意義上一個對內部和對外部同時進行系統分化和自我再生產的自創生系統，與普世人權價值和體系逐漸隔絕的系統。

另一方面，沿著人權—敏感性所界定的分化邊界，他們在將內部人權問題轉換為主權問題、進行系統性侵犯人權的同時，並不完全不在乎環境的反應，而是努力強化內外環境對人權問題的遲鈍感，努力掩飾其人權侵犯。他們既善於將系統性侵犯轉化為分散性個案，並沿著時間軸分散，又努力避免暴力機器的失控，防止對人權的大規模侵害短時間內演變為顯而易見的人權災難。這樣的人權策略，堪稱人權邊緣策略（brinkmanship strategy）。

這種邊緣策略很容易讓人聯想起冷戰時期的戰爭邊緣策略或者核邊緣策略，例如1962年古巴導彈危機時期美蘇雙方的應對。那是甘迺迪總統成功運用邊緣策略形成有效威脅的一個範例，同時，蘇聯玩弄邊緣策略卻讓所有人都感到震驚的誤判和失敗也給予我們今天評估中國人權邊緣策略的結果以希望。因為理論和經驗上，災難實際發生與否並不完全在威脅者的控制之中，這可能是邊緣策略最有趣的方面。

---

[1]　Luhmann, Niklas, [1984] 1995: *Social Systems*. p.194, 369, 370, Stanford: Stanford University Press (translated by Johen Bednarz, Jr., with Dirk Baecker, originally as *Soziale Systeme: Grundriß einer allgemeinen Theorie*, Frankfurt am Main: Suhrkamp Verlag).

在博弈論的教科書中，類似古巴導彈危機的邊緣策略被定義為「一種
將你的對手和你自己置於災難發生的可能性逐步增大的風險中的一種
策略」，即冒險主義的雙方博弈，要求參與人有保留地放棄對博弈結
果的控制，但是又將風險控制在大到能有效迫使對手就範，又小到自
己能接受。[2]

著名博弈論學者謝林（Schelling）參與了古巴導彈危機的決策，他
對邊緣策略的看法更悲觀一些。他認為邊緣策略是一種人為製造的戰爭
危險，一旦出現就必然失控，然而只有形勢失控才能迫使對方屈服妥
協。「這意味著通過故意向對方暴露共擔風險……或者警告對方如果做
出相反行為……就可能一起跌進危險的深淵」。[3]在冷戰中，謝林的假
說超出了古巴導彈危機，相比另一個核均勢假說，美蘇雙方各自龐大核
武庫存在的種種不可控的技術風險和系統風險本身所內含的邊緣策略及
其核末日恐慌可能才真正是維繫冷戰和平的關鍵。

即使在冷戰之後，這種邊緣策略的應用也比比皆是。例如，在20世
紀末圍繞錫亞琴察冰川控制權的衝突中，印度面臨著巴基斯坦所施加的
與古巴導彈危機類似的兩難選擇。在力量和風險之間，印度的策略相當
小心，一方面嚴格約束軍隊保持在邊境線印方一側以避免常規衝突升級
為核戰爭，另一方面在1971年之後首次允許空軍力量介入衝突但是仍然
如同對地面部隊的約束、保持在己方一側空域。結果，印度不僅在冰川
爭奪的地面戰中贏得優勢，也成功地維持了這場衝突的有限性，避免了
衝突升級。[4]

不過，與中國案例接近的，可能是朝鮮在二十一世紀初所強化的

---

[2]　阿維納什・迪克西特，蘇珊・斯克絲，《策略博弈》（蒲永健等譯），第392-393頁，中國人
民大學出版社，2009年。（Avinash Dixit and Susan Skeath, 2004, *Games of Strategy*,
W.W. Norton &Company, Inc.）

[3]　托馬斯・謝林，《衝突的戰略》，第166頁，華夏出版社，2011年。（Thomas Schelling,
1980: *The Strategy of Conflict*, Harvard University Press）

[4]　Robert Powell, 2015: "Nuclear Brinkmanship, Limited War, and Military Power",
International Organization, p.590, Vol. 69, No. 3.

邊緣策略。圍繞著朝鮮核問題和六方會談機制，朝鮮不僅以「退出」（exit）即毀滅為威脅的邊緣策略，多次退出或威脅退出國際原子能機構、核不擴散條約、六方會談、朝鮮半島南北會談、甚至關閉經濟開發區等，還展現了以常規火力、戰略試射和核試驗等多種武力威脅手段，如多次進行地下核試驗、啟動核反應堆、發射多種遠程地對地導彈（IMDB）、短程導彈、遠程火炮、海上襲擊等，要求「進入」（entry）（召開）六方會談甚至美朝雙邊會談為目的的邊緣策略。[5]

在人權問題上，威脅則來自人權災難，它對中國統治集團和國際社會都意味著巨大的威脅。對中國來說，人權災難意味著一方面來自國際社會的譴責壓力和人道主義干預，另一方面可能引發全民抗議，如同1989年羅馬尼亞齊奧塞斯庫政權對匈牙利族群的鎮壓所引發的後果，都可能動搖中共政權。

對國際社會來說，在中國發生的人權災難也有著現實和制度性的威脅：意味著國際社會和聯合國機構必須根據《人權宣言》和相應人權公約進行人道主義干預，然而面對身為聯合國安理會常任理事國以及在聯合國人權理事會中佔有席位的中國來說，這種干預面臨著顯而易見的程序阻擾和現實的政治困難，而且這種困難是如此之大可能暴露現有聯合國人權機制的無能和失敗、進而引發國際社會對聯合國機制的有效性和正當性的懷疑、直至動搖聯合國及其組織制度的合法性本身，一如「國聯」（The League of Nations）的命運。

在這意義上，中國的人權策略相當符合經典的邊緣策略，彷彿謝林所描述的情形：「在一個斜面的邊緣帶上，一個人站在上面，一不小心就有掉下去的危險……無論是站在懸崖邊上的還是旁觀者都不知道危險究竟有多大……」。而邊緣策略則「意味著一方不斷接近邊緣，從而

---

[5]　Yong Chool Ha and Chaesung Chun, 2010: "North Korea's Brinkmanship and the Task to Solve the 'Nuclear Dilemma'", *Asian Perspective Special Issue on North Korea's Nuclear Politics*, Vol. 34, No. 1, pp. 87-109.

可能與敵人同歸於盡，即使自己想自救也為時已晚」。[6]對中國來說，從「法輪功」到「709」案，從宗教信徒到人權律師群體，從西藏到新疆和香港，系統性、大規模的人權侵犯分佈在一個巨大的「斜面」地帶，並且不斷惡化，但是迄今為止，總體上，這些人權侵犯都小心翼翼地避免失控而升級為人權災難，避免招致國際社會和聯合國響應的危機。

　　然而，如前所述，聯合國和國際社會現有的人權干預門檻很高，幾乎只有發生種族滅絕（屠殺）的情形下才可能啟動干預，為法外國家的人權侵害留下了一個廣闊的「法外地帶」。這種在寬廣「斜面」上進行的邊緣遊戲，因其範圍「寬廣」，即依賴民族國家的人權保障和人權危機之間的寬廣距離，在現實政治中對應著中共行使其政治專斷權、超越法律的任意性；而且，因為這一斜面的維繫全賴謝林意義上暗地的溝通（或所謂默契），譬如1990年代中美雙方新自由主義的資本聯繫與合作，那麼「人們往往受到不完全溝通條件的限制，可能很容易『同意』（默契地）變動，卻很難『同意』（默契地）穩於一處」[7]，從而既難以妥協從而表現出人權態度的強硬，又必然地不斷滑動，趨近邊緣的邊緣。

　　這個機制，就是本研究所總結的結論之二。也是從「709」專案到政法委，從內部的人權鎮壓到在國際社會的人權辯護，中國人權策略的擴展機制。在公開層面，中共和政府名義上接受人權的普世性，並漸進式地接受和寫入憲法和具體法律；但是中共統治所依賴的不公開政治，例如政法委的法外主義存在，從操作層面上就不斷強化著對這種普世性人權的不妥協，並且展現為以人權特殊性的種種辯護和實際對人權的系統性侵犯。

---

[6]　托馬斯・謝林，《衝突的戰略》，第166頁，華夏出版社，2011年。（Thomas Schelling, 1980: *The Strategy of Conflict*, Harvard University Press）

[7]　托馬斯・謝林，《衝突的戰略》，第80頁，華夏出版社，2011年。（Thomas C. Schelling, 1980: *The Strategy of Conflict*, p.90, Harvard University Press.）

在這兩個層面之間存在的「寬廣」斜面，本身就具有對執政黨而言基本無約束的人權侵犯激勵，而且在這一寬廣地帶還分佈著一個龐大、複雜的官僚機器和司法機器，包括從公、檢、法、司到政法委、從政法委到國安委、從各級地方黨委到黨中央所構成的一個層級性的政治專斷權結構。在一個越來越不透明、鉗制國內公民社會和國際媒體、拒絕國際對話和調查、甚至連與國際社會的暗地溝通（人權對話）也愈加困難的條件下，這種拒絕妥協的專政模式只能不斷地從下而上彙聚、再從上而下擴大人權侵犯，從而驅動人權問題的升級和危機化。

類似「709」案、但規模更大、更接近人權災難的情形還有香港民眾從2014年的「占中」（雨傘）運動發展到2019年持續半年的大規模抗議，中共在香港猶如「九龍治港」的複雜治理模式不僅無法應對香港民眾的民眾訴求，反而加劇和升級了香港民眾與中央政府之間的矛盾和互不信任，導致香港局勢不斷趨近人權災難的臨界線。本書對「709」案的研究在這意義上因此有助於人們對中國人權政治的全面理解。

當然，中國政府所做的是以「合法化」的鎮壓掩蓋其人權侵犯和民眾抗議。從1993年以來努力重新定義、修正人權概念的同時，中共政權還在法治建設的名義下展開鎮壓，幾乎所有的大規模系統性侵犯人權都被專門的法案所掩蓋和合法化。例如1999年10月30日全國人大常務委員會通過《關於取締邪教組織、防範和懲治邪教活動的規定》以及稍後修改通過的《刑法》第300條，將鎮壓法輪功的行動合法化；2015年12月27日全國人大常務委員會通過《反恐怖主義法》、2017、2018年新疆維吾爾自治區人民代表大會先後通過和修訂《新疆維吾爾自治區去極端化條例》，為新疆地區針對維族和其他少數民族的大規模鎮壓提供合法化裝飾；在2019年下半年持續半年的香港民眾和平抗議之後，2020年6月30日全國人大常委會通過《中華人民共和國香港特別行政區維護國家安全法》。過去二十年以來，這些法律分別以維護穩定和國家安全、反邪教和反恐怖主義的名義，為大規模人權侵犯提供了所謂合法性。

　　所有這些法律通過生效後，都帶來持續的大規模鎮壓行動：在反邪教的名義下，「610」辦公室領導實施了全國範圍對數百萬法輪功信徒的「集中轉化」的法外拘禁和強制洗腦；在去極端化的名義下，新疆建設了大量臨時性和永久性的「再教育營」，關押了可能多達數百萬的當地少數民族；香港國安法通過後，本地警察和新成立的國安機構隨即開展了針對民主派議員和活動人士的大規模搜捕行動。這些國家行動相繼引發了國際社會對相關地區人權惡化的擔心和批評，但是人權侵犯的系統性和惡劣程度似乎呈現逐步升級、逼近人權災難的趨勢。

　　在這一事態演化維度下，中共國安委和政法委以「709」案發端發動的對人權律師群體的持續性鎮壓，包括最近的為香港十二青年偷渡案代理辯護的兩位內地人權律師盧思位和任全牛，他們在2020年12月30日在深圳鹽田區法院對十二名青年判決結束後一周即分別被四川省和河南省司法廳吊銷律師執業資格，不僅像是中共政權為進一步採取更嚴厲人權迫害行動前的一個預備環節或者事後懲罰，也很符合玩弄邊緣策略的一個同時具有戰術和戰略意義的行動：針對人權律師的案件規模足夠大，能夠起到當局對人權律師群體的控制和恐懾作用，同時最終判刑人數又足夠少，將一起持續性、大規模、戰略性的鎮壓行動變成分散個案，且差別對待，淡化和誤導外界的關注和批評，將其注意力集中在有限個案上。

　　而且，這種與其他大規模人權迫害行動類似的邊緣戰術，可能還有著特別的戰略意義。雖然當局刻意沿著地域分佈和時間軸分散化那些大規模人權侵犯案件，只有人權律師群體的存在，如前所述，卻可能將分散的人權苦難彙聚而成一個個集體的人權苦難。針對人權律師群體的鎮壓，因此可以理解為對人權運動的直接鎮壓，意在掩蓋系統性的群體性苦難（group suffering）。

　　至此，從「709」案和中國人權律師的人權辯護所反映的人權苦難出發，我們可能歸納出中國當局的人權邊緣策略。一方面，這是一種機

會主義的策略，以充分利用國際人權政治的模糊空間，最大化其在國內的法外主義的人權迫害，並且最大限度地維護所謂社會穩定和政治安全。其特點是人權迫害的規模和力度足夠大，能夠有效維護所謂穩定和安全，並且足夠顯示政法官員預期的政治效果，但是同時其迫害又足夠小，讓公眾容易麻木且遺忘，即使引發外界的批評，也引向對個案的關注，總體上不至於構成立即的人權災難，避免引致過度的人權壓力甚至干預。

另一方面，這種機會主義的策略運用和實際中的法外主義迫害存在著難以調和的緊張，因為法外主義的暴力機器本身存在著難以被約束而有著自我增強的傾向，無論相關約束是來自法律條文、司法制度、還是官僚指示，都因為司法層面的人權期望和人權律師所代表的公民社會和國際社會的規範性期望之間存在的緊張而可能驅動前者無限地以各種手段消除或者迴避後者。從違反憲法、違反相關國際公約、迫害人權普適性的針對性立法到清除異議者、人權捍衛者的單個肉體和和組織，到對人權律師的定點鎮壓，如腫瘤一般，法外主義從體制內部以生長，逐漸消滅司法和社會系統內部的制衡力量或減速器，以至於這種系統性的法外主義的人權侵犯不斷惡化，最終是不可控的。無論外交層面還是政法委層面的決策者都很難精確地、理性地把握最大化人權侵害和避免升級為人權災難之間模糊的臨界線，終將不可避免地演變為人權災難，或者由中共最高決策層或者政權本身為這種失控本身，哪怕是意外的失控，承擔責任。

在歷史上，這類人權災難已經反覆發生，例如1957年的「反右擴大化」、1959-62年間的大饑荒和1966年開始的「文化大革命」。只是，這些人權災難並沒有進入人權政治的範疇，而是被歸為中國政權的政治運動和內部錯誤，直到這些災難的實際責任人毛澤東去世後才逐漸得以討論和反思，但遠未充分和清算。儘管1979年後中共開始改革開放、並且推動法制建設，但是如前文所述，政法委所代表的政治傳統、對司法

決斷權的掌握，不過是將政治運動轉型為類似政治運動但司法化的「嚴打」行動和系統性的法外主義，從制度內部自我破壞著憲法和正義。所以，人權災難所意味的共同毀滅作為對中共政權和國際人權政治的威脅，幾乎與冷戰時期核戰所意味的共同毀滅某種意義上是近似的，首先是一個不能完全預測或人為控制的過程和結果。

從博弈論的角度，這也是本書所發掘的中共政法委及其控制的整個司法制度其法外主義的實用主義的體現和結果。在國內政治中，他們似乎相信行動功利主義的威懾原則，相信唯有當一種懲罰是不合理的，才能阻止犯罪，也就是只有懲罰行動是不合理的時候才是合理的，包括阻止人權律師的辯護以及自我破壞程序正義，試圖給整個司法體制以及人權運動一個信號。這是中國司法政治的法外主義與法治建設的悖論，符合典型的二律背反（antinomy），也是邊緣策略的內部根源。[8]然而，這種對不合理懲罰的迷信，也就是自我法外主義的認知框架，其本身可能阻嚇了他們應對懲罰性國際人權機制也就是國際人權法庭的訴訟，遑論加入相關公約。

其次，從政法委的系統製造人權苦難的模式，我們可以推論出政治層面上人權邊緣策略的一些戰術策略。這個模式主要是系統性的法外主義，是以政黨機關掌握司法決斷權、並對司法進行干預和操縱的性質和樣式展開。我們當然可以想像，中共會以各種非正式外交或者其他非正式手段干預人權政治中，但是如前所述，在中國司法實踐中，最能體現法外主義的現實策略，是冠之以群眾路線追求所謂「非正式正義」的非訟策略。在該策略下，地方政法機關一方面維護所謂形式主義的庭審，但是通過控制人權律師、培養所謂官派律師等、重視書面證詞等方式消

---

[8]　這是一個經典的羅素悖論，也是說謊者悖論，下文將繼續展開，並參考霍奇森和里根的爭論。對於功利主義者來說，每一種懲罰行動都是代價高昂的，即使有罪者的痛苦也會消滅總體效用，所以每一個懲罰行動都是不合理的，然後可導出只有不合理的懲罰才可能阻止犯罪，包括排除律師的辯護。
Cf. D.H. Hodgson, 1967: *The Consequences of Utilitarianism*, Oxford: Clarendon Press; D. Redan, 1980: *Utilitarianism and Cooperation*, Oxford: Clarendon Press.

除法庭對抗、消除法庭的公共性；另方面則鼓勵避訟，以調解代替訴訟、以「內審」代替二審等方式降低訴訟規模。這種非訟的策略思維很容易延伸到人權政治中，變成人權政治中的非訟策略，即千方百計避免應對人權法庭的審判，無論是拒絕反人類罪的罪名，還是簡單的避訟，如同中國政府2016年拒絕出席和承認海牙國際海事仲裁庭對南中國海黃岩島的缺席仲裁，而與2018年開始國際刑事法院對羅興亞人被種族屠殺調查時緬甸政府的應訴態度相反。

　　這種避訟策略可能將貫穿未來中國在國際人權政治中的基本立場，構成人權邊緣策略的另一面。例如，中國迄今為止沒有加入《羅馬規約》，也就不受國際刑事法庭的約束。而國際刑事法庭可以被看作二戰以後紐倫堡審判的制度性延續，作為國際人權政治中少有的懲罰性機制，居於現代國際人權機制的核心。然而，相比中共政法委領導下龐大的人權苦難生成機制和過去二十年逐漸壯大的人權運動，中國政府內部能夠應對國際人權訴訟的理論和律師資源幾乎止限於1998年討論《羅馬規約》聯合國大會前夕（1997年）成立的北大人權研究中心（今為人權與人道法中心）等八家機構，但似乎還難以讓當局有足夠的信心簽署或者批准更多的人權公約。

　　因此，避訟策略意味著拒絕應訴任何國際法庭的人權訴訟，以此表明中國政府對人權規範的現實態度：選擇性地簽署若干人權公約、再選擇性地批准，但是並不承認人權的普遍性、不願意承擔相應的國家責任，避免面對哪怕是小型的紐倫堡式審判，從而讓政權經受巨大的政治風險。這與朝鮮在核危機問題上玩弄「進入」邊緣的威脅正好相反，而接近博弈論中常見的擇時逃避的「懦夫策略」（chicken in real time）。在國際社會對人權普遍性的規範性期望和中共政權自身對人權的特殊性認知期望之間，他們選擇了法外主義或懦夫式的逃避。

　　理論上，如果假設國際人權訴訟的結果是一種「共同毀滅」，即前述國際人權制裁陷入無能為力而崩潰、同時中共政權也遭遇內外的合法

性危機，那麼如同古巴導彈危機時刻的蘇聯，中國選擇撤出就不失為一種兩害取其輕的較佳選擇。既可令人權訴訟部分失效，在減弱人權訴訟效力的同時，亦可避免法庭羞辱或者為此所應承擔的全部責任，並且減少因此可能對政權造成的衝擊。然而，這種鴕鳥式的非訟策略只能增加人權受難者和國際社會對中國的人權譴責，升級相應的國際人權壓力，並且持久化，這符合通常邊緣策略其威脅不斷升級的特徵，也反映了中國官僚體制在其中的角色，如前述博弈策略所指向的既拒絕妥協又普遍迴避責任而造成的人權政治困境。

第三，中國政府對國際人權訴訟的逃避，如果不是如同古巴導彈危機的某個具體時刻，而是持續性的策略，就意味著他們將選擇在另一條相對較低威脅、較可控的戰線（譬如在聯合國的人權審議機構）加強人權政治的「鬥爭」，展開不妥協的平行博弈。這符合中共的國際鬥爭傳統和策略。標誌性的是中共從1962年底開始與蘇聯進行的論戰。在論戰高潮的1963年6月30日中共中央政治局的擴大會議上，「周恩來在會上發言說：主席今天也說了，這是邊緣政策。現在的政策就是一個破裂，一個拖。這個破裂必須準備……一破二拖，達到邊緣……擺到邊緣，看你敢不敢破裂……還會出現又破又拖的情況……總是在一破二拖、破中又拖的鬥爭中，極其複雜地交叉著。這是一個極其複雜的鬥爭」。[9]

這是中共政權在冷戰時期處理意識形態對立的戰略，也是國際關係領域進行霸權競爭的毛主義模式。在秉持「新毛主義」的習近平政權下，以邊緣策略展開鬥爭，符合他們一貫的法外主義其中所包含的實用主義原則，也是消解羅爾斯意義上中國作為法外政權而被孤立甚至被干預的唯一選擇，至少假裝成一個正常國家，在國際外交領域繼續其立足於敵我劃分的專政政治。所以，從二十一世紀初開始，他們越來越熱衷在聯合國人權理事會等機構展開「鬥爭」，將這些常設性的委員會和公

---

[9] 作為中辦翻譯組成員，閻明復回憶了這次會議情形。參見閻明復，《閻明復回憶錄（二）》，第793頁，人民出版社，2015年。

開闢論舞臺視作人權政治的戰場，充滿所謂「奧維爾式的胡言亂語」
（Orwellian nonsense），並且不惜投入大把金錢，利用經濟援助為主的
所有外交資源和政治手段爭奪國際人權政治的話語權。[10]

　　從中國政府在聯合國以及幾乎所有外交場合對人權話語的爭奪和闡
釋，外界能夠看到她的人權政策繼續著邊緣策略：以內化兩種人權期望
的方式無限延長在邊緣斜面的停留，試圖在面對不可控的人權災難的共
同威脅的前提下，以不作為和不妥協但是單方面滑動的混合策略應對國
際社會的人權壓力。

　　例如，對照2013年和2018年兩輪人權審議中國政府提出的官方報
告，我們可以發現：2013年報告基本延續了中國代表在1993年在維也納
人權大會上的人權敘述，即一方面「尊重人權的普遍性原則」，但是以
所謂生存權來重新定義人權，但是好歹還保留對非政府組織（NGO）
的承認；到2019年第三輪審議前夕，中國政府2018年提出的國家報告則
以所謂人權發展道路間接否定人權的普遍性原則，稱「世界上沒有放之
四海而皆準的人權發展道路」，以「人民為中心」代替公民權利，直接
提出事實上強調人權特殊性的「堅持人權的普遍性與特殊性相結合」；
在至關重要的是否批准《公民權利和政治權利公約》方面，兩輪報告都
繼續著無限拖延的態度，即「中國簽署了《公民權利和政治權利國際公
約》，有關部門正在繼續穩妥推進行政和司法改革，為批准該公約做準
備」，罔顧第二輪審議前夕中國政府羈押原定赴日內瓦人權理事會的中

---

[10] 譬如，2013年開始的「一帶一路」政策，或許可以視為中國為聯合國人權政治而拉票的一個
人權外交計劃，當然也屬輸出威權主義、代替冷戰時期輸出革命和毛主義的替代。雖然沒有
直接證據表明兩者關聯，但是，作為習近平2013年3月就任國家主席之後第一個全球性的戰
略政策，在當年9、10月分別在中亞和東南亞的外交場合提出，時間上頗有為2013年10月中
國接受聯合國第二次人權審議以及11月被選入人權理事會做準備的初衷。
另，2019年7月18日，美國海軍太平洋艦隊前情報處長法內爾（James E. Fanell），也是頗
有冷戰色彩的新成立的「應對當前中國危機委員會」的創始人之一，起草發表了一份致總統
的聯署公開信（Stay the course on China）。在這封公開信中，法內爾稱中國在世界的宣
傳是一種「奧維爾式的胡言亂語」（Orwellian nonsense）、為各種名目所掩蓋的擴張性的
中國大戰略服務，並且區分了中共和中國人民，最後呼籲對抗中共在世界範圍的壓制自由。
以此為標誌，新冷戰的共識框架得以建立、鞏固和深化。

國人權律師曹順利並因羈押死亡、第二輪和第三輪審議期間所發生的針對人權律師的大規模鎮壓。[11]

從策略上，這和中美在朝鮮核問題上的政治博弈相似，中國以不行動作為占優策略，來回應美國的任何先行動，消解美國的威脅。對應在人權問題上，以中國內部的人權問題作為中國政府與國際社會討價還價的籌碼，中國政府用人權特殊性為不行動的藉口，雖然承諾《公民權利和政治權利國際公約》但是無限期的不採取批准行動，消解任何國際社會無約束力的譴責，保護國內的法外主義。當然，在壓力持續升高的背景下，這種人權博弈也和日美貿易戰中的威脅和許諾博弈相似，中國政府以鼓吹自己不斷的法治建設、人權促進和改善等次要問題，實踐著「薩拉米戰術」（salami tactics）即小刀切香腸，以一點點的讓步化解國際社會的威脅，使其無效。其結果，就形成一個不作為和不妥協下緩慢滑動的拖延，無限延長中國對邊緣策略的控制。

更直觀的，如果對照整個「709」案的處理過程，就能看到一個具體的、持續性的人權邊緣策略的應用案例，雖然持久、緩慢、衝突烈度極低、且被看作一個國家的內政問題，表面上幾乎難以與隨時可能毀滅地球的古巴導彈危機相提並論，卻仍然沿著幾乎一樣複雜的邊緣策略在進行。這或許就是「709」案所映照的新冷戰背景。如何展望「709」案之後的未來人權政治，也需要在這個更大的時代背景裡尋找可能性，甚至同時從「709」案窺見新冷戰展開的邏輯。

---

[11] 參考聯合國人權理事會人權高級專員辦公室——中國國別主頁，2013年10月22日第二輪審議和2018年11月6日第三輪審議的相關文件：https://www.ohchr.org/ch/HRBodies/UPR/Pages/CNIndex.aspx。

第十五章　新冷戰：
新人權政治與新興中產階級

　　這場新冷戰的起點，應該追溯至2008年。那一年前後的三個事件改變了後冷戰的地緣政治秩序，也終結了歷史：首先是2007年底爆發的全球金融危機，終結了新自由主義，也改變了美國在全球化的領導地位；2008年8月8日當天發生的高加索戰爭和北京奧運會，衰落的俄羅斯顯示了對傳統地緣政治的霸權欲望和能力，中國則以奧運會的方式顯示大國崛起。

　　只是，新冷戰的這一開局漫長、模糊、悄無聲息，主要圍繞中美兩個新舊超級大國的競爭展開。在美國，真實發生的新冷戰威脅和衝突遠遠超過媒體披露的。畢竟，在無論對稱或均勢的兩個核大國之間，只有賽博戰爭、情報戰、宣傳戰、選舉干預、人質外交、鎮壓政治反對派和異議群體等等冷戰手法才可能隨時發動、隨時停止、不斷持續、烈度可控、並且很容易隱匿。也部分因為這種原因，儘管新冷戰的發生早已在進行中，美國布魯金斯研究所研究員、2008年共和黨總統候選人凱恩的國際政治顧問卡根（Robert Kagan）也從2008年開始最早鼓吹「新冷戰」的爆發，但是，在很長一段時間裡，如同筆者在中國最早的鼓吹幾乎無人問津，卡根關於新冷戰說的影響也只局限在很小的圈子裡，直到2018年中美貿易戰爆發後，新冷戰才真正進入公共議程。然而，有趣的是，拜登總統上任以後儘管堅持美中關係未來趨於激烈對抗，但是避免使用新冷戰，中國領導人也始終拒絕這一概念，從2019年底便以「持久

戰」來強調中美間的一場「偉大鬥爭」。[1]

　　在歐洲，也是傳統地緣政治的心臟地帶，德國聯邦情報局2019年的報告，證實歐洲「所有」極右翼民粹和新民族主義的政治力量背後都有俄羅斯情報機構的支持——只需要少量資金加上精心的陰謀、政治操縱和互聯網技巧；而中國則公開地支持東歐、南歐國家政府的威權轉向、收購和投資當地的港口、電力等基礎設施。在外部勢力的干預下，歐洲的一體化和團結面臨著內部分裂的威脅。匈牙利的威權化和英國的脫歐或許就是新冷戰的傑作，大不同於第一次冷戰開始前德國通過列寧對沙俄的操縱，或者各國對蘇聯內戰的干預。[2]

　　這或許就是新冷戰與冷戰的最大區別，新冷戰的開啟緩慢而模糊，沒有凱南式的長電報，也沒有杜魯門和邱吉爾的鐵幕演說，沒有兩個鮮明的陣營對壘，而且可能不會發生朝鮮戰爭級別的武裝對抗和古巴危機的核邊緣試探，普通公眾甚至還未覺察而新冷戰就已經開始悄然進行了十餘年，然後在新冷戰中經歷著氣候變化、政變浪潮、新納粹勢力興起、民粹主義氾濫，甚至還有新冠病毒的瘟疫。

　　這種情形很像1930年代納粹興起的背景和方式——混合著對凡爾賽合約的怨恨、反猶主義、種族主義、對共產主義的憎恨和對生存空間威脅的恐懼等等所形成的種族民族主義的法西斯運動；但在相互競爭的低烈度和互相深度依賴的層面上，這一情形更像是1975年赫爾辛基協議前

---

[1]　「持久戰」的提法最早見諸習近平2020年7月30日主持的中共中央政治局會議，參見人民網〈中共中央政治局召開會議，決定召開十九屆五中全會 分析研究當前經濟形勢和經濟工作，中共中央總書記習近平主持會議〉：http://cpc.people.com.cn/n1/2020/0730/c64094-31804413.html。

[2]　按照戴維斯和特蘭尼（Donald E. Davis and Eugene P. Trani）在《第一次冷戰》中對威爾遜遺產的重新闡釋，他有關和平的理想主義主張一開始就是針對蘇聯和列寧的共產主義，並且驅動美國在一戰後短暫出兵阿爾漢格爾和摩爾曼斯克、介入蘇聯內戰，而且繼承了1917年美國參與一戰的部分動機一戰前美國社會對沙俄反猶主義的不滿。
　　歷史的弔詭也在這裡。沙俄帝國警察1908年炮製的《錫安長老會議紀要》，作為二十世紀最大的陰謀，在1920年翻譯成德語後成為希特勒煽動反猶主義和納粹興起的重要根據，而1991年冷戰後的衰落的俄羅斯仍然有能力推動二十一世紀的新冷戰，很大程度上建立在俄國人這種善於製造陰謀的技巧和傳統上。而且，俄國革命在一戰後和二戰後推動了兩次冷戰之後，以中國革命的「初心」喚起了第三次冷戰，也就是新冷戰。

後的世界人權政治圖景：在1968革命之後、以及核均勢下陷入疲憊的東西方兩大陣營內部，保守應對措施成為主流，並合流為所謂緩和政策（detente），即所謂東西方的緩和，如勃蘭特在華沙的驚人一跪、毛澤東與尼克森的會面和中美交好等，都分別意在防範內部官僚的干預或者內部極端主義者，最終促成兩大陣營達成1975年歷史性的赫爾辛基協定；同時，一個表面上兩大陣營間的緩和政策，也代表著以外部緩和換取兩大陣營內部能夠騰出手來粉碎異議力量、強化所謂內部築壘機制（mechanism of domestic fortification）。[3]

按蘇利的說法，1960年代初核均勢出現之後，特別是古巴導彈危機後，核威懾成為美、蘇、法等強權的約束，建立在此基礎上的緩和開始形成。不過，與此同時，受到從哈靈頓（Michael Harrington）、貝爾（Daniel Bell）、加爾布雷斯（John Kenneth Galbraith）到索爾仁尼琴、吳晗和馬爾庫塞（Herbert Marcuse）等各國代表性異議知識分子和他們的「異議語言」（dissent language）的影響，伴隨戰後福利國家體制和人口變化而產生的新一代受過高等教育的年輕人，在全球範圍內形成了一個反叛的世代。而從甘迺迪、赫魯曉夫到戴高樂和毛澤東，尤其是戴高樂和毛澤東，為了追求冷戰背景下國際強權中的獨立性，而各自塑造其「卡里斯瑪權威」，並培養著「革命語辭」。對這些大國領袖來說，對內部反抗的擔心超過了核威脅，對秩序平衡（balance of order）而不是強權均勢（balance of power）的追求才是他們最為關注的，也就是內部政治穩定成為國際各強權壓倒一切的政治使命，也是蘇聯願意簽署1975年赫爾辛基協議特別是承諾其中人權條款的初衷。[4]

這是冷戰期間人權政治的轉折點。在那之後，一方面1978年卡特總統上任後前所未有地在民主陣營內部推進人權外交，另一方面在蘇聯東

---

[3] Jeremi Suri, 2003: *Power and Protest: Global Revolution and the Rise of Detente*, p.213, p.223, p.235, Cambridge: Harvard University Press.

[4] Ibid, p.216.

歐集團內部發生了深刻變化：捷克斯洛伐克發生了「77憲章」運動，蘇聯內部人權運動興起，人權代替了異議成為政治反對的主要議題和運動，由此徹底改變了極權主義陣營內部的政治圖景，也是其「內部堡壘化」的控制所難以根本扼制的。捷克斯洛伐克「77憲章」運動發起者、民主轉型後的捷克總統哈維爾對他們轉向人權訴求的解釋，幾乎就是「709」案中人權律師們的寫照，後者正是通過中國知識分子的中介而在哈維爾的鼓舞下開始人權捍衛的運動，對未來人權政治的發展仍然有著巨大價值，儘管兩者初始條件有著歷史相似也有著關鍵差異。

　　概言之，哈維爾的人權訴求，首先來自《赫爾辛基協議》和聯合國有關人權的公約。《赫爾辛基協議》為蘇東集團內的政治反對派提供了新的合法鬥爭的手段和話語資源，也能得到更大範圍的國際支持，並且限制了蘇東政權的鎮壓。在這意義上，《赫爾辛基協議》猶如特洛伊木馬一般對這些國家內部反對運動向人權運動的轉型和發展起到關鍵的植入作用，這也可能是中國當局遲遲不願意批准聯合國《公民權利和政治權利公約》的主要原因，害怕因此重蹈蘇聯崩潰的覆轍。

　　其次，人權訴求和人權運動的核心是法律主義的，代表異議者的自我修正和悖論：他們以捍衛並非由他們制定的法律價值的方式來表達政治異議。如哈維爾所言，共產黨政權「假裝尊重人權」，而且異議者以通過「持久和永不停歇地訴諸法律」做出回應，然後造成政權的合法性困境，即處在兩種期望之間的困境，猶如將危險的邊緣策略引入國內政治。這對哈維爾的人權運動來說，「訴諸合法性和人權法是最有希望的做法。」[5]

　　其三，更重要的，這不僅是人權和法律的鬥爭，還是道德的鬥爭，也就是另外一種非暴力不合作的抵抗運動，以「法律化的道德代替政

---

[5]　塞繆爾・莫恩，《最後的烏托邦》（汪少卿和陶立行譯），第162頁，商務印書館，2016年（Samuel Moyn, 2010: *The Last Utopia: Human Rights in History*, Harvard University Press）。

治化的鬥爭」，作為一種超越策略、超越政治的東西，也就是一種真正的、系統性的替代方案。[6]這裡的法律指的是本書所強調的被寄予規範性期望特別是人權普遍性原則的法律期望，即中國當局迫於國際條約不得不內化其尊重人權的原則，付諸從憲法到一般法律的條文，即「偽裝承認人權」卻以法外主義破壞的法律。這對人權運動來說，由於闡釋和應用時遭遇實際司法政治的抵制；而使其成為法律化的道德，而非實證的法律。

政治異議也因此轉而成為「道德異議」。塞繆爾・莫恩總結了隨後發生在蘇聯、波蘭、捷克還有拉美國家的道德主義——人權的轉型，他們有著宗教特別是天主教的支持和聯合，以及與這些國家內部修正主義力量、例如知識分子的聯合，形成普遍的道德化傾向，讓人權意識從新舊烏托邦的革命迷思中脫穎而出，以人權的最低綱領代替了革命的幻想，贏得了從蘇東到拉美到哪怕是最殘暴統治地區的大眾的支持。這可能才是1970年代中葉開始的第三波民主化運動的真正動力，卻為許多人所忽略。

在今天的中國，政權統治者顯然已經吸取了蘇聯的教訓，如前所述在人權領域採取了類似美蘇冷戰對峙期間的邊緣策略，也努力避免陷入蘇聯政權曾經陷入的人權—道德困境。例如，劉曉波在後冷戰期間堅持著政治異議，也從內部繼承了冷戰的人權框架，但是他模仿哈維爾路線的「零八憲章」失敗了，中共統治者從內部社會成功消解了劉曉波等憲章運動所可能積累的道德資源和人權鬥爭。

中共政權所做的是：第一，小心翼翼地與國際人權體系保持著不離不即的關係，即身處「萬民法」之外、保持著距離，但又部分地接受、名義上擁護。他們虛與委蛇地承諾聯合國《公民權利和政治權利公約》，但是無限期拖延法定批准程序，避免對國內法和政治形成衝擊，

6　同上，第164頁。

而且謹慎對待任何類似赫爾辛基協議之類含有人權條款的雙邊或多邊貿易協議、投資協議、安全協議等等。對已經簽署的人權公約特別是《經濟、社會與文化權利公約》、《防止虐待和酷刑公約》等採取了選擇性承認、節節抵抗的方式，不惜耗費大量外交資源影響人權理事會相關成員國等。

第二，在堅持國家主權第一和人權作為內政事物的原則下，如同阿甘本對警察國家的描述，也如「709」案所示，中共的政法委和警察系統動員了幾乎整個國家機器和司法資源打壓人權運動、囚禁人權律師，「在接近於一種永久性的『緊急狀態』下運作……代表著暴力和法律之間的一個模糊區域，和主權國家的區域完美對稱」。[7]自2013年以來，這種在「模糊區域」的法外主義愈發嚴重，將最初針對政治異議者和法輪功的鎮壓擴大到自由派媒體、知識分子、公民社會和NGO組織、地下宗教團體、工運組織、女權團體等等，割裂他們之間的政治聯盟和輿論支援，以汙名化和刑事化的方式對付公共意見領袖，形成一個官方自我宣稱的「新常態」。

第三，同時，中共政權努力重建以儒家道德為核心的道德體系，從2021年起以弘揚所謂「傳統優秀文化」的名義發動一場預計持續五年的道德反撲運動，類似1930年代國民政府法西斯化的「新生活運動」。這樣一種極端文化保守主義的道德運動，終於徹底背叛了中共自我宣稱的對1919年「五四新文化」運動的繼承，這本是中共最為重要的正當性基礎之一，不啻為一種真正的道德敗壞和政治反動。這更像是一種國內版的邊緣策略，試圖以此在意識形態貧乏的政權和普遍主義的人權之間建立起一道保守道德的緩衝屏障，以道德主義的下滑對抗人權—新道德主義的方式，裹挾公眾，玩弄道德斜坡上的遊戲，掩蓋內部社會築壘化的加速。

---

[7]　Giorgio Agamben, 1993: "The Sovereign Police", in Brian Messumi(ed.), *The Politics of Everyday Fear*, p.62, Minneapolis: University Press.

　　所以，這樣一種關係，毋寧是中共的法外主義切入國際人道法，以人權邊緣策略對國際人權領域當中一個模糊區域的佔領和擴張。這個區域，是人道法本身性質所包含的，即魯迪・泰特爾所說的人道法作為老的戰爭法（即傳統稱之為人道主義的法律）和人權法融合的結果，但卻是其間尚未融合的區域。[8]也就是那些通過種族清洗、種種暴行等等觸發人道主義援助、干預或者戰爭的大規模人權侵害之外，也在通常被國家主權者聲稱屬於意外的、分散的人權侵害個案之外的，但是以隱蔽的、法外主義的形式卻是大規模、系統性、集體的人權侵害。能夠和中國政府鎮壓人權律師和法輪功信徒相提並論的，還有俄羅斯普京政府對反對派和記者的大規模暗殺和毒殺，以及更早1976-83年間阿根廷軍政府對反對派的鎮壓，可能超過三萬人因此失蹤。

　　當這樣一種不同規模和程度的「冷滅絕」的系統性人權侵害日益普遍、持續，人道主義的冷戰就開始了。相對於核均勢下的冷戰，圍繞意識形態的、社會制度的和科學技術的競賽，這是兩種人權體系之間的競爭，有關道德世界和非道德世界的競爭，有關以是否真正承認和保護人權為區分的文明世界和野蠻世界的競爭，雖然現實中是更直接地在威權和民主兩種治理模式之間，在互相依賴、互相滲透、互相合作的全球化的競爭中展開。全球化的這種互相依賴關係，可能就是新冷戰有別於冷戰中兩大陣營的互相封閉的原因，其效應接近於冷戰時期的緩和，如同2002年楊・馬蒂爾（Yann Martel）的小說《少年Pi的奇幻漂流》中，少年與老虎和平共處一條舢板的情境。

　　加迪斯（John Lewis Gaddis）在他的《冷戰新史》一書中用少年Pi來比喻冷戰期間核武器均勢下的冷和平。[9]而世界今天的問題似乎也大致如此，不過，老虎不再是核武器，而是全球化：全球化在加劇世界範圍

---

[8]　Rudi Teitel. 2002: "'Humanity' law: Rule of Law for the New Global Politics", Connell International Law Journal, Vol.35, No.355, p.357.

[9]　約翰・劉易斯・加迪斯，《冷戰》（翟強等譯），社會科學文獻出版社，2016年。（John Lewis Gaddis, 2005: The Cold War: A New History, Penguin Books）

的貧富分化、體現超民族國家和人權的資本的主權、幫助中國式的威權主義崛起並且逐漸接管全球化自身的同時，產生和加速了從氣候變化到民主衰落的一系列全球性問題，也改變了或者說逐漸導向了一個類似冷戰期間緩和與對峙並存的新冷戰態勢，人權在其中越發起到類似1975年赫爾辛基協議但是更為重要的角色，塑造著新冷戰的框架。

因為，相對中國的人權邊緣策略，整個民主世界所能做的人道主義救援非常有限，更像是一個外部化的「無能者的力量」，即哈維爾在「七七憲章」中所提出的人權鬥爭和道德力量。民主世界唯一能做的，只剩下扮演中國的外部異議者的角色。一方面，它意味著哈維爾意義上的內部道德競爭轉為外部的道德競爭。它將通常發生在一個民族國家內部的社會運動，也就是公民社會組織和威權統治集團之間的競爭，轉變成國際公民社會和國際政府針對一個侵害人權的威權政府之間的抗議，也就是道德壓力運動，或人權政治。在對人權的抗議中，形成一個道德世界和非道德世界的競爭。這正是羅爾斯的萬民法意義上民主社會和法外社會關於人權的競爭。

另一方面，中國人權運動對法律的人權期望將因此轉為政治期望，而且與整體上作為「外部異議者」的「國際社會」相聯結，儼然重現了1975年《赫爾辛基協議》之後蘇聯所面對的人權政治狀態：在人權問題上，中國統治集團將與國際社會直接對峙。意味著，繼工人階級在1990年代、公民社會在2010年代被先後消滅之後，中國國內的知識分子和政治異議者被剝奪了人權運動的領導權之後，至少在理論上，支持普世性人權的國際社會與天然支持普世性人權的中國中產階級們享有一個共同的以人權為中心的法律期望，從而可能形成一個普世的人權聯盟，卻因為引入超國家關係而勢必將此前的非暴力人權抗爭引向更為廣大的對抗性領域。

同時，面臨這種國際化的道德—人權競爭，國際社會只能循著國際政治傳統走向各種型態的人權結盟，最終擔當起中國人權政治的外部領

導集團角色，而與中國統治集團在人權問題上展開直接對抗。相比冷戰時期在兩種普世主義的意識形態競爭下人權政治所居的次要地位，這種人權政治乃至人權對抗都是前所未有的，類似於梅特涅和卡施爾雷推動的四國《維也納和約》而形成針對拿破崙的國際聯盟，構成後全球化時代新冷戰的主要戰場。

　　從對抗的維度，它解構了中國人權邊緣策略其有效性所依賴的外部不對抗假設，也前所未有地穿透了中國統治集團與人民的關係，從而建構起了中國與世界的人權對抗關係，即一個在國際社會內部及其與中國社會內部團結聯盟的可能性。如果考慮到1970年代之後冷戰期間的人權政治，當時美蘇陣營間的對抗主體框架仍然是基於意識形態和核均勢的，即使1975年《赫爾辛基協議》創造了雙方陣營的緩和，仍是有利於雙方對內部異議的鎮壓，那麼可以說，這是超越冷戰、後冷戰即全球化時代世界人權政治的新框架。

＊　　＊　　＊

　　某種意義上，這一結果或許正是中國的人權邊緣策略自我增強、自我強化的結果。因為與之對比，後冷戰時代的舊人權政治，是中國藉由融入全球化崛起而鞏固其威權化模式的同時，加速了對普遍人權的大規模侵害，而且這種人權侵害的策略，即前述之人權邊緣策略，似乎不僅止於將國際人權機制作為共同毀滅的籌碼，更將全球化本身作為籌碼，不斷擴大國際社會對人權侵害的容忍空間。墨爾本的人權律師莎拉・約瑟夫（Sarah Joseph）曾經考察了世貿組織和人權的關係，詳盡分析了世貿組織規則特別是多哈回合談判所代表的全球化對發展中國家人權的傷害，批判了長期以來自由貿易促進發展和進步的假說。[10]這

---

[10]　Sarah Joseph, 2011: *Blame It on the WTO? A Human Rights Critique*, Oxford University Press.

也是新自由主義全球化的一個幻覺，甚至是國際社會中支持中國融入全球化的人們的幻覺，他們期望這一融入將帶來人權改善和最終的民主化結果。

以勞工權利為例，陳佩華和朱曉陽通過對1,500個加工區內鞋廠工作紀律的研究發現，所謂「中國奇蹟」是以人身強制獲得的，與所謂傳統儒家文化毫無關係。[11]典型如富士康模式，工人被泰羅制流水線和半軍事化的集體宿舍管理所統治，工會徹底消失，工人除了央求超時加班別無權利，工廠頻頻發生如同19世紀古巴種植園裡的半奴役／契約華工所經常發生的自殺。

而且，如此組織化暴力的資本主義生產模式，從一開始就是全球化資本的共謀——超越了主權國家，也超越了人權的國際公約。在2003年中國政府按照加入世貿組織時的承諾，即將通過《勞動合同法》之際，歐洲商會和美國商會都向中國政府施加壓力，以撤資相威脅，要求消減對勞工權利的保護條款。只有在中國人權不斷惡化、逐漸對全球化和歐美的產業競爭形成實質性威脅之後，在2013年開始的中歐之間圍繞自由貿易區談判的過程中，才將勞工權利付諸談判議程，最終經過為時七年的艱難拉鋸，僅僅勉強通過了雙方承諾促進按照國際勞工組織（ILO）規定的勞工權利的模糊條款，方於2020年12月底達成協議。

因此，全球化背景下圍繞勞工權利的惡化、和國際間的貿易談判，提供了有關新冷戰更為隱藏的另類起源和人權政治的現實主義解決方案的啟示。如果從中國為其中國特色的人權道路辯護所持的傳統文明角度，也即1980年代初馬來西亞的馬哈蒂爾、李光耀等人所倡導的所謂亞洲價值入手，且不論學界或者大眾對所謂文明到底存在著多少種迥異的理解，這樣一種近乎地緣差異的交織在文化實體和過程的統合形態（syncretism），如康奈爾大學卡贊斯坦教授所說，就是一種政治形

---

[11] Anita Chan and Xiaoyang Zhu, 2003: "Disciplinary Labor Regimes in Chinese Factories", *Critical Asian Studies*, Vol. 35, No. 4, pp. 559-584.

式。而且，這種政治形式的差異對潛在衝突或人權政治的意義，在今天
的中美兩大經濟體和全球化背景下更顯得分外突出：從工業革命以來
的全球化進程其實伴隨著美國式的費城體系和費城體系所意味的全球
政體。這種政體的行為類似諮詢專家，在大部分情況下會引發討論，
而不是戰爭，相互之間遵循理性和倫理的競爭和學習。在這種全球政
體下，因為歷史性差異而存在的所謂文明體之間的差異也更接近現代
德國著名哲學家史懷哲意義上的「倫理觀念」的差異，史懷哲在二十
世紀第一次大戰後，陷入文明悲觀論浪潮中，轉向對非洲—歐亞中間
地帶的人道主義救援。[12]

　　而中國，作為一個更像文明體的國家，在全球政體論的約翰·邁耶
（John Meyer）看來，只有在超越中華人民共和國領土範疇、包含海外
華人發揮作用的時候，政體這個概念才有意義。[13]中國之政體或在此費
城體系下則先後經歷了全球化三個階段的演化，平行於中國共產黨官方
意識形態所稱的1840年以來的反殖民革命，對今日中國在貿易戰的心理
結構有著重大的塑造，甚至可視為中美貿易戰的歷史起源，其中關節卻
常常為世人所忽視：**第一階段**，從中國的鴉片戰爭和美國西部大開發的
「金山」熱開始之後的一個世紀，從西部鐵路的建設到1870年美國陷入
經濟危機，西部驅逐（排華）運動開始，以1882年通過的《排華法案》
為標誌，來自中國的「苦力」在美國西部特別是南加州的桔園和西部鐵
路工地上，用英國著名作家吉卜林的話說，做著「只有華人在做的工
作」，卻拿著最低的薪水，最終招致從同樣最底層的愛爾蘭工人到工會
組織的普遍排斥，排華最力者甚至包括那些由華工手把手幫助發展出柑
橘種植的南加農場主。雖然有著1868年《蒲安臣條約》和美國憲法第十

---

[12] 參考史懷哲，《文明的哲學》，誠品股份有限公司，2012年。（Albert Schweitzer, 2007: *Kulturphilosophie*, C.H. Beck）

[13] 彼得 J. 卡贊斯坦，〈多元多維文明構成的要素：多元行為體、多元傳統與多元實踐〉，《世界政治中的文明：多元多維的視角》，第35頁，上海人民出版社，2018年。（Peter J. Katzenstein (ed.), 2010: *Civilization in World Politics: Plural and Pluralist Perspectives*, Routledge）

四條修正案的微弱保護，但在排華運動的高峰時刻，「西部地區對華人的私刑、屠殺和圍攻改變了國家的政治景觀」。[14]即使1911年後中國開啟共和主義時代，中華民國也仍然只能以苦力大軍的方式投身歐戰，繼續著對美國和世界的苦力主義的刻板印象。

　　這種被孔飛力稱之為19世紀西部激進勞工運動的「反苦力主義」，可能不僅是2018年以來中美貿易戰的根源，也是中美間冷戰和新冷戰以及未來人權政治的共同心理根源。從**第二階段**全球化開始，也就是二戰結束帶來以美國為中心、以《北大西洋憲章》、《聯合國憲章》和《人權公約》等為基礎的國際秩序，這一全球化卻為冷戰期間兩大集團的對立嚴重分裂和延緩，中國也被竹幕隔離在以布列敦森林體制為中心的全球化體系之外，毛澤東則繼承了苦力主義，並將之運用到對內對外的戰爭動員和社會主義建設中，即以人海戰術和公社模式對民眾施加著半奴役的人身強制，發展出所謂馬克思主義中國化的道路，區別於蘇聯式的共產主義，而更激進。在1963-64間中國發表對蘇「九評」之外，還有兩份將苦力主義神聖化、革命化、世界化的聲明：周揚1963年12月27日在《人民日報》發表〈世界上事物都是一分為二的〉，林彪1965年8月發表〈人民戰爭勝利萬歲〉長文，發出以「農村包圍城市」的道路進行世界革命的號召。

　　它們共同構成了毛澤東在1966年發動文化大革命之前的對抗性邊緣策略，直到鄧小平1973年復出和稍後的改革開放才暫時中止了這一階段的「革命苦力主義」。但是在1989年，中國以華約軍隊1968年干涉布拉格之春的同等規模（25萬軍隊）鎮壓了本國的民主運動，觸發多米諾骨牌效應一般的共產主義陣營解體，然後保持著並且繼續以極權主義時代的「有組織暴力」體系返回全球化體系，得到了西方國家的承認，轉

---

[14] 瓊·菲爾澤，《驅逐：被遺忘的美國排華戰爭》（何道寬譯），第76頁，花城出版社，2016年。（Jean Pfaelzer, 2007: *Driven Out: The Forgotten War against Chinese American*, Random House）

而將極權主義時代的「有組織暴力」轉化為各種形態的非正式和非國家的、用於對勞動力進行控制的暴力形式，也是查爾斯·提利意義上國家暴力和資本雙重密集的國家資本主義。在1990年代，新自由主義主導下的市場化改革造成國營企業的工人大規模失業，他們的崗位很快被來自農村的農民工替代，後者帶入了農村集體化時期按年度結算工資的習慣，也很少對高強度加班和低工資、低福利有什麼怨言，工人階級作為一個階級整體上被消滅了。

這就是冷戰後新自由主義所標誌的全球化**第三階段**。中國的新苦力主義備受從布希到柯林頓政府的全球化秩序所歡迎，即華盛頓共識所代表的國家與資本的共謀。據此，中國政府才能夠與之合謀在1990年代美國國會的年度最惠國待遇談判中玩弄以異議人士換市場的人權政治，從而不僅逃避屠殺責任，也逃避真正的人權責任，而且造成中國自由派知識分子至今仍然無法突破對鄧小平1980年代改革開放的幻覺。鄧在1980年代推行有限放權的改革更接近赫魯曉夫式的改革，屬於後毛主義的極權主義國家建設，才可能重蹈蘇聯東歐陣營自1950、1953、1956、1968和1980年以來不斷發生的內部反抗，導致1989年的天安門民主運動。

只是，與19世紀在北美和東南亞的華工苦力和他們所面臨的暴力控制相比，很大程度上仍然重複著19世紀華工苦力的基本特徵：用盡可能低的薪水勤奮聰明地幹各種活計。而且，這些改革開放時代新一代中國勞動力特別是農民工主體的想法都和19世紀的北美華工沒有多少差別，「首先深信他們自己的犧牲能讓老家的親人過更好的日子；其次，其中許多人都顯然認定自己只需要忍受暫時的不適，不願承認往後長期都會過這種苦日子」。[15]甚至，這一個人主義的動機也吻合中國當局的倫理觀，即1989年鎮壓天安門運動後為所謂集體的生存權和發展權所做的辯

---

[15]　張純如，《美國華人史：十九世紀至二十世紀初，一百五十年華人史詩》（陳榮彬譯），第131頁，遠足文化。（Iris Chang, 2003: *The Chinese in America: A Narrative History*, Viking）

護，不僅通過發展市場經濟幫助中國執政黨在部分開放的威權主義下實現了有效的社會控制，而且迎合了全球資本的新自由主義邏輯，其中包括首先迎合了東南亞國家的要求。對他們來說，傳統華工苦力們可能發動的馬克思主義革命威脅一直是過去一百餘年東南亞地區與中國關係的緊張所在，而鄧小平1980年代初通過停止對東南亞各國共產黨的援助換得這一地區華僑資本的流入，既解除了東南亞各國的對華擔心，也獲得了改革開放初期最重要的海外直接投資。

其區別，只是在於19世紀的華工受制於秘密會社，如舊金山的華人社會被六大堂會所控制，馬來的華人苦力也被類似的源於天地會、按地域分化組織起來的華人會黨所控制，而過去三十年的中國新苦力們則為分散的公司化暴力所控制。這種新型的有組織暴力得到了國家暴力機器的背書，禁止獨立工會以及工人的結社和抗議權利，也部分源於1970年代以來單位制的暴力轉型。在遇到工潮的時候，如過去十年間在珠三角所發生的無數實例所證實，官方工會和警察力量往往第一時間站在資方和管理層一方進行干預。

而在全球維度，這種新苦力主義模式沿著「一帶一路」，既是曾經的華工苦力和華人移民作為一個散居民族的分佈地帶，也是世界體系的「半外圍」地帶，以包括電信在內的基礎設施建設為主，在移植中國式基礎設施─市場經濟─威權統治模式的同時，將原先的散居華人地帶重新國家化了，納入約翰·邁耶意義上的中華政體，也將這個1990年代後中國所聯結的「低端全球化」地帶升級了。或者說更確切的，這樣一個廉價帝國版的中華帝國，是以新斯密式馬克思主義的普遍模式代替了1960-70年代毛式「游擊戰」模式的革命輸出，也將傳統的中華政體轉換成一個建立在「新苦力主義」基礎上、以「中華文明」包裝的全球性的中華帝國。

相比人們通常認可的人權苦難，即自由主義和政治權利等第一代人權，這種新苦力主義指向的是經濟、社會和文化權利等構成的社會權利

的缺失，即聯合國1966年《經濟、社會與文化權利公約》所代表的第二代人權，而第三代人權則指以自決權為中心的集體權利，即人民的團結權。[16]本書中，我們看到中國的人權律師在過去二十年裡先後經歷了對這三種人權的捍衛，逐漸地從個人權利指向集體權利，雖然集體人權概念存在許多爭議，似乎偏離了個人主義的人權基礎，卻是最能引起國際社會關注的人權問題，也是中共玩弄人權邊緣策略的一個具體領域。

　　一方面，北京當局強調促進生存權、發展權等集體主義概念的人權，試圖以威權主義的治理模式展現「脫貧」能力，作為中國在國際社會所標榜的「中國特色的人權發展道路」，但是在缺乏基本民主制度安排和強烈的反民主政治驅動下，對西藏、新疆和香港的人民則罔顧其作為一個原住民群體的自治和自決權，包括中國憲法所規定的對少數民族的文化和語言的尊重和保護、以及對香港實行「一國兩制」、尊重香港自治等，自2011年後在這些地區先後採取了大規模鎮壓措施。總體上，從西藏、新疆到香港，從法輪功信徒到人權律師，從地下教會信徒到遭受強制拆遷的受害農民、民間金融受害者、罷工工人、政治異議人士等等，中國的司法機構都以各種集體性標籤將他們區別於普通公民，然後分而治之，製造出一個個集體性的人權受害者。這也是中國人權律師通過大量個案辯護所辨識出來的。

　　另一方面，不僅那些被歸入種種集體性鎮壓標籤的個體都同羔羊一般，喪失了基本的個體人權保護，在日常司法程序實踐中，中國人權律師們的個案經歷都在在證實以人的尊嚴為中心的人格權在中國憲法與法律體系、司法實踐甚至可能是整個社會生活中的缺失，以及他們為之「死磕」鬥爭、為程序正義所付出的苦難。這種對人格權的敏感，包含在人權律師們的「法感」或道德敏感性當中，也貫穿在幾乎每一例維權案件當事人的個體中。後者以著名的1990年代電影「秋菊打官司」式的

---

[16] 格奧爾格‧羅曼（Georg Lohmann），《論人權》（李宏昀、周愛民譯），第142頁，上海人民出版社，2018年。

民間法感所代表的，將他們個體主義的權利意識和維權訴求指向最核心
的人權概念。而且，基於人格權，群體權利也成為現實的可能。如拉茲
（Joseph Raz）所論證的「內含性群體」（encompassing groups），即文
化群體的互相認同在一個人的自我認同和對可能性的感受中起著重大作
用的群體，[17]在大規模的個體苦難中，個體對自尊的人格權利的人權意
識與群體權利前所未有地被加強了，人權受難者和人權運動的所有參與
者和同情者便可能形成一個新的內含性群體。

---

[17]　Joseph Raz and Avishai Margalit, 1994: "National Self-Determination", in Raz, *Ethics in the Public Domain*, pp.129-132, Oxford: Clarendon Press.

結論　人權的邊界

　　在這個意義上，中國人權律師們持續、普遍的人權辯護重塑了二十一世紀之初興起的維權運動，不僅將其納入人權運動的框架內，而且展現了一個與中共政權的人權邊緣策略完全平行、相悖的政治圖景，或者說一個經受系統性鎮壓的「新歷史集團」如何自救：把1990年代以來先後進行卻失敗的民主運動和迂迴的公民社會建設，轉向一條以人格權為核心的人權運動。

　　理論上，以人的尊嚴為中心的人格權作為人權的性質和特質，完全可能超越一般意義上對人權的生存權、福利權的理解，要求「一種最低限度資源的人權，這種資源是過一種規範行動者的生活必須具備的……比簡單地維持生存權所需要的資源更多，但比國際公約所規定的那種慷慨供給要少」。[1]這種格里芬式（Griffinian）的人權期望，從而既可能保證每個個體享有的基本尊嚴，如古希臘時代將公民尊嚴設定為能夠在公共場所得體地交談、交往的能力，今天的人權討論則歸之為能力導向的人權，也具有實用性，能夠作為普通人對人權的基本預期、以及作為共同體內部相互關係的基礎、或者作為國家對人權保障的基本義務。

　　意味著，這種人格權中心的人權觀，雖然是個體主義的，卻可能理論上連結個體、共同體和國家的人權期望，並且連結傳統的個人主義人權和有爭議的集體人權概念。這種基於所謂「最低限度資源的人權」要求，是一個共同體內部及外部對人格權中心的人權的普遍認同和期望，

---

[1]　詹姆斯・格里芬，《論人權》，第246頁，譯林出版社，2015年。（James Griffin, 2008: *On Human Rights*, Oxford University Press）

　　無論是通過公民塑造還是人權苦難得以形成的人權共識。德國法蘭克福學派哲學家阿爾多諾從這種受傷害生活的反思得出了一個相近的結論，「最低限度的道德」，或許也是2003年以來中國知識分子們介入維權運動的初衷，並且培養著律師們的「法感」。

　　在現實主義的人權政治層面，這種最低限度的道德卻提供了一種另類的普世主義人權觀，一方面可能作為一種對中國普通民眾來說最為容易被接受、被普及的、普遍的人權概念，並且從此出發理解民主和自由，例如人格權與隱私權的關係；另一方面，相對國際公約對人權戰爭的高門檻和經濟、社會、文化權利（ESC）的模糊性之間，這種「最低限度的道德」兼具較高的道義性和實用性，從而具有強的連結性，即作為一種更強的普世人權模式，不僅足以修正中國官方對人權特殊性的強調、對所謂生存權優先的人權觀的修正，也可能聯結中國公眾和國際社會、也就是世界主義的人權運動，並且聯結當下的人權運動和未來的民主化運動。

　　因此，這種強的、實用的、普遍的人權模式在新冷戰的框架下，可能改變傳統人權政治對現實政治緩慢、迂迴的影響方式，變成一種相對快速、直接的變革工具，並且主導新冷戰的發展。因為至關重要的是，雖然中國憲法和統治集團表面承認民主、自由、人權、甚至民族自決等等，卻不承認聯合國《人權宣言》所規定的人的尊嚴。這才是中國人權律師們所秉持的規範性人權期望與中國司法系統和中共政法委對人權與法治的認知期望之間最為要害的缺失，也是本書所述人權抗爭的核心，並且是現實、實用、可操作、可動員的，指向民主和自由等價值和制度改造的，也可能是唯一可能從內外同時破解中共政權人權邊緣策略的訴求本身。

　　首先，人權邊緣策略所依賴的條件，是對內部人權組織的逐步鎮壓和消滅，以期擴大內部人權侵害的自由度、掩蓋內部的人權侵害，但其結果，是在將原本內化的普世性人權期望和民族國家內部的人權鬥爭逐

漸轉移為外部即國際化的人權鬥爭，威權政府不得不在任何人權問題上都直接面臨國際人權組織和他國政府的直接壓力。也就是說，威權政府對內部人權組織和人權政治對鎮壓力度越大，威權國家的邊緣策略的持續性就可能越短暫，且其邊緣範圍在國際化之後越來越小，面臨人權問題擴大化且內部人權侵害空間縮小的困境。

其次，即使在中國國內，變化也在發生，只要市場經濟和經濟增長還在持續，隨之而來的社會和階級解構的變化就在消解人權邊緣策略的內部條件。譬如，當2021年2月北京宣佈「全面建設成小康社會」之後，也是吸納了人格權的《民法典》生效後的第二年，中共政權就不得不開始面對一個自我建構的人權困境：她自我宣稱和定義的生存權為中心的人權觀已經自動失效，被迫面對一個新的人權現實：在小康社會的前提下，以人格權為中心的人權觀符合日漸擴大的新興中產階級對「最低限度的道德」的需要，也是他們能夠主張並且作為幾乎唯一的武器去要求社會和政治進一步變化的基礎，因此整個新興中產階級既是新人權意識的天然受眾，也是中共政權是否獲得支持的政治關鍵階級，即中共十九大報告中所稱的中間收入群體。

很大程度上，他們的消費意願、對公共輿論的影響和最終的政治選擇等，至少在中共政權的眼裡被看作「中國夢」的主體階級。然而，雖然他們對人格權有著天然敏感性，卻是通過國家暴力而得以認識到自己的身份和權力。例如，「709」案後的2016年，在現在看來近乎於不可能的困難下，雷洋案中的中國人民大學校友也能以前所未有的精英大學校友集體抗議的方式主張人權，並且獲得了空前廣泛（儘管是潛在）的政治支持。這與索雷爾當年對工人階級通過「殘酷的暴力」認識到自身階級的身份與權力的解釋有著異曲同工之處，缺乏政治代表的中產階級們被國家暴力在街頭隨機遊獵的場景驚呆和激怒了。[2]

---

[2]　See Georges Sorel, 1999: *Reflections of Violence*, pp.17-18, 78-79, Cambridge University Press.

　　然後，我們所看到的，是一個從1990年代以來的公民社會自組織趨勢到人權律師團的形成，雖然一再被摧毀，但是在人權律師群體身上展現的「道德敏感性」，即作為倫理主體的自發性，正為整個新中產階級所繼承和顯現，在理論上可能是最具革命意義的。

　　其三，僅僅民法意義上對人格權的規定並不足以保障人格權，特別是對侵犯人格權的政府、司法機關以及執政黨等來說，固然也須承擔侵權的民事責任，但是顯然遠遠不夠。只要經過基本的教育，公眾終將認識到人格權保障需要在公法層面上予以體現，即要求人格權入憲、入刑，將人的尊嚴寫入憲法作為基本原則，從而形成人權推動的憲政運動。進而，在人權—憲政兩種運動的合流中，中國公眾才有可能，也必然將人的尊嚴擴展至廣泛的民主和自由的追求，轉向追求基於人權—憲政的民主和自由運動。

　　必須承認，上述三個潛在發展趨勢中中國知識分子的身影已經缺席了。在2012年以來的清洗運動中，他們被逐漸清洗出公共空間，以逮捕、恐嚇和汙名化的方式被剝奪了1980年代以來先後在民主運動、公民社會建設和維權運動中積累和重建的道德領導權，並且是以暴力鎮壓、意識形態審查和民粹主義運動的方式肢解著一個新的歷史集團。類似趨勢某種程度上也發生在「911」之後的美國，特別是川普政府期間，呼應著世界範圍的極右翼民粹主義運動和反智主義的政治思潮。然而，上述中國人權政治最新發展的三個跡象，卻有著非同尋常的理論意義，而可能產生出一個全新的人權政治框架，這也是本書在「709」案的分析基礎上所期望的理論結果。

　　理論上，在國際人權政治的層面，「在二戰後的國際人權文件中，人的尊嚴這個概念已經被重新設計，它已成為人權新的規範基礎」，不僅和此前尊嚴概念只與對待自身和他人的義務相關，也和權利緊密相關，從而要求人不僅是人權的主體，還是參與人權法律的制定者。這根本打破了一些國家將人權作為賜予結果的框架，而要求人權本身作為憲

政的政治過程，即要求權利並且以實現權利作為人的基本尊嚴。而且，不僅是在國際法層面上要求憲法化作為一種民主化，還直接要求與之相適應的民族國家內部的民主化。[3]這種對人權憲法化進而對民主化的普遍性的聯結，因而不僅是抽象的、原則性的，人格權中心人權指向的還是當下人權理念介於理想主義和懷疑主義之間的一個「中間地帶」，可能體現人權實踐的「交疊共識」，也是人格權所包含的全球「公共理性」。[4]

在人權理念的光譜一端，是傳統人權問題所關注的種族滅絕、群體性人權迫害等，以及防止被虐待、失蹤、任意羈押的分布式的人權侵害。另一端，如本書所示，以人格權為中心的人權被侵害，尤其是大規模、系統性地侵害，要求對人格權的許多集體形式的保障和改善，如婦女、兒童、LGBTQ、原住民等的集體權利，以及司法獨立、民主參與等憲法性的制度安排，以保障經濟、社會和文化權利和言論自由、信仰自由等公民權利和政治權利。然而交疊共識，如前所述，在努斯鮑姆看來，其基本意義就在於「人格視角」和「基本的可行能力」的聯結，前者是個人主義的，後者卻更社會的，從而可能經由某種社會結構進而聯結人權實踐和理念的兩端，譬如中國的中產階級。

在中國當下，尤其在知識分子被迫退出新歷史集團之後，那些居於人權理念另一端具體、豐富、現實的人權訴求，原本在中國只用於政府對外人權宣傳的領域，因此可能內化，正在逐漸被公眾特別是新中產階級們接受、並轉化為內部的人權主張，延續許志永等此前主張的平等教育權利等等，彷彿構成了邊緣「斜坡」上的里程碑或棘輪，從內部就阻滯了人權邊緣策略的繼續。

---

[3]　格奧爾格・羅曼（Georg Lohmann），《論人權》（李宏昀、周愛民譯），第88、93頁，上海人民出版社，2018年。

[4]　查爾斯・貝茲，《人權的理念》（高景柱譯），第71頁腳註、第217頁，江蘇人民出版社，2018年。這裡的「交疊共識」，又來自努斯鮑姆對羅爾斯原初概念在人權問題的引申。（Charles R. Beitz, 2009: *The Idea of Human Rights*, Oxford University Press; Martha C. Nussbaum, Women and Human Development, p.76）；另參考前註150。

　　重要的，新興中產階級此刻可能扮演最後一個潛在的新歷史集團，而且難以繼續被解構或者肢解，儘管其階級內部從來就是分散的、或者如哈特和奈格里所說的「諸眾」化（multitudized），而且這種諸眾化的網絡結構與全球化網絡高度重合，根本難以被嚴重依賴全球化的統治集團徹底「脫鉤」或割裂。2016年中，習近平在人大校友聲援「雷洋」案後聲稱要「善待中間收入群體」，正反映了中共統治集團對中產階級上升的承認。[5]儘管中產階級是社會秩序的天然愛好者，這固然是其階級保守性所在，卻如本雅明在他的《神學政治片論》中的論述，整個世俗秩序都建立在他們對「幸福生活」的概念和追求基礎上，是超越主權或警察關係的，即超越統治結構的，即構成階級國家內部的自反性，成為始終困擾舊歷史集團的新一個「述行性矛盾」所在。

　　因為，當冷戰後形成的公民社會與自由主義知識分子所代表的新歷史集團被摧毀、割裂之後，他們背後的新興中產階級便直接暴露在中共統治集團面前，而這種對峙卻如王全璋在看守所內與法官的談判情形驚人的相似：雖然整個階級都被國家、資本和城市牢牢控制，但是統治集團內生的專政主義至少在意識形態上、在階級性上卻因為這種面對面的對峙而失效了，無法對這個新的統治基礎繼續進行敵我劃分而實施專政，否則只能面對一個二階版的述行性矛盾，並且面臨再次的政治失敗——那只能意味著政治總崩潰的結局，一個與索雷爾意義上工人階級總罷工類似的效果，從而被迫接受與這個新興歷史集團圍繞人權議題的討價還價。他們所能做的，只是繼續割裂人權的普遍性，繼續區隔國際社會的人權壓力和國內新中產階級的人權要求，而難以拒絕新興中產階級因此獲得了前所未有的以人格權為中心的對人權聲索、進行討價還價的權利，即有關權利的權利。這可能就是新冷戰下中國可能出現的新人

---

[5]　哥倫比亞大學的黎安友在2016年四月號的Democracy雜誌上撰文，總結了近年國際學術界對中國中產階級政治意向的研究，然後提出，相對於世界範圍的中產階級對民主化的貢獻角色而言，中國中產階級對威權政權的馴服和忠誠是一個謎，認為他們存在著「政治麻木、疏離、接受威權、相信漸進改革」的問題。

權政治。

　　從此假設出發，我們看到了一條與拉克勞和墨菲曾經預言的相反的道路：大眾和階級之間的結構斷層不再有意義了，雖然這裡的階級已經從傳統的工人階級代換為中產階級，但是當一個公民社會─知識分子的新歷史集團被肢解、壓迫之後，中產階級卻可能在社會防線的最後以哈特和奈格里的「諸眾」呈現出來，擔當政治主體，而且重合於葛蘭西意義上的「集體意志」，繼續承載中國的人權律師群體和運動。儘管我們很難再想像可能重複馬克思、列寧主義式的大規模階級動員模式，更現實的，一個如哈特和奈格里的「分眾／群眾」（Multitude）模式是可能超越職業、團體和收入等傳統階級標誌，以創造性勞動和開放的網絡聯結來定義一個社會中間層，內含無數差異性，不能被化約為單一的認同或者統一體，然後展開行動。

　　然而，在階級政治重新復甦的同時，儘管是以全新的階級政治即諸眾的形式出現，我們卻看到人權理念和實踐分化的兩端正在演成現實中的中國人權政治的分裂：任何處在階級以及階級民族國家之外的群體，隨時面臨著成為「多餘」人群從而被清洗的危險。這就是在鄂蘭的《極權主義的起源》裡反覆討論的極權的邏輯，在剝奪了特定群體的法律人格和道德人格之後，「使人變成多餘者」，也就是最為極端的改變人性的實驗，如死亡集中營，最接近「根本惡」（radical evil）的核心和恐怖之處。[6]

　　在中國，1989年後，後冷戰時代的威權主義統治雖然放棄了階級鬥爭，不再將特定階級當作「多餘的人」進行清除和改造，但是從1990年代末當局對法輪功信徒的迫害開始，針對特定「多餘的人」的試驗卻從法輪功延續到對新疆、西藏和香港等地區的大規模人權侵犯。雖然表面上並沒有「毒氣室」所標誌的死亡集中營，這似乎也是中國當局的「人

---

[6]　理查德・伯恩斯坦，《根本惡》（王欽等譯），譯林出版社，2015年。（Richard J. Bernstein, 2002: *Radical Evil: A Philosophical Interrogation*, Polity Press）

權邊緣策略」所小心避開的界限，但是最初對法輪功信徒的「集體轉化學習班」模式都被沿用、擴大和強化到在新疆的「再教育營」模式。對那些被當局視為挑戰或危險的群體來說，最大的危險不是沒有權利（rightless），而是完全屬「多餘者」，誰也不承認他們，不屬任何一個共同體，從而處在生命的危險當中。而中國的人權律師和他們背後的公民社會，雖然他們成長於一開始對法輪功信徒的法律援助，但對新近的這一迫害幾乎無能為力。他們所能期望的只能來自國際社會的力量，那些「外部異議者」。

而且，這種內部隔絕或者清洗造成的政治景觀，還將通過一系列反人權的事件建構起中國作為一個法外國家的印象，通過激烈的外交爭吵和媒體批評，將羅爾斯意義上理論的法外國家變為事實上拒斥國際社會的法外國家。人權在其中逐漸凸顯作為可能最後唯一的「意義構成的邊界」，劃分著法外國家和正常國家，也因此重新定義著二十一世紀的暴政。

因此，對國際社會特別是國際人權組織和各國政府來說，他們面臨著國際人權機制的重塑。畢竟，中國人權邊緣策略的主旨就是癱瘓現有的國際人權機制，在「共同毀滅」的恐懼下，以各種宣傳和外交戰的方式使之無效、失靈。所以，在面對中國內部發生大規模人權侵害、越來越挑戰國際人權機制的時候，只能是在現有聯合國國際人權體系之外另起爐灶，以設立新的人權組織或者人權聯盟的方式予以反制，包括促成新的赫爾辛基協議的方式。

例如在圍繞全球化的多邊貿易協議中有意識地加入人權條款和查核條款，即小型化的赫爾辛基協議；或者是2021年初以來58國聯合發佈的反對外交任意羈押宣言；又有因為香港、新疆、西藏等等人權問題引發的多國聯合譴責，以及不斷演化的聯合抵制方式，如國際社會對2022北京冬奧會的抵制運動、各國政府基於「馬格尼茨基」法案形成的集體制裁等。

其中，任意羈押糾紛國家的公民不過是冷戰式的人質外交方式，延續著中國司法體制內的法外主義。2020年6月30日《香港國安法》通過之後，法外主義的人權侵害更是以法定方式擴展到了全球以及任何人。由此所展開的人權侵害和抵制的各種人權政治劇目，構成了新冷戰，即圍繞著人權為中心的道德世界和非道德世界的對抗，世界分化為兩個陣營以及廣闊的中間地帶，如同羅爾斯對萬民法的設想格局，儘管在全球化層面這三個空間都緊密相連、互相依賴、互相競爭。

理論上，如前所述，這對現有聯合國為中心的人權體系也是一個重大修正，因為它區別於康德所說的「無條件的道德義務」，這種康德式的道德義務是二戰後聯合國為中心的人權體系的倫理基礎，儘管某種程度上實現了康德意義的「永久和平」，卻對冷戰結束後歐洲巴爾幹地區和非洲盧旺達的種族屠殺缺乏預防，也對二十一世紀世界威權政治的興起及其對人權的「邊緣性」破壞缺乏反制。相比之下，從羅蒂式的反基礎主義出發，在感傷主義的同情維度，完全可能從下而上的、在世界範圍內、基於人格權的人權觀追求新的人權和道德進步，也為新冷戰下對抗式的新國際人權機制提供了倫理基礎，而可能促使人權機制向如何積極預防種族清洗、即針對人權災難的「預防性機制」方向發展。

目前，這些已見雛形的各種人權聯盟其形成本身，已經展現它的反制力度，似不同於目前各類人權機制，而屬一種新的國際人權機制。傑克·唐納利曾經將現有國際人權機制按強制性強弱，即與約束力、監督力強弱有關的國際決策、國際協調和國際準則等，依次劃分為強制型、執行型、促進型和宣示型四類，並各有強弱。[7]若從促成聯盟角度和國際集體行動其難易程度的角度，包括國際公民社會和各國政府機構的各種聯盟與行動，人格權為中心的人權作為貝茲（Beitz）意義上覆蓋現有

---

[7] 傑克·唐納利：《普遍人權的理論與實踐》（王浦劬等譯），第244頁，中國社會科學出版社。（Jack Donnelly, 1989: *Universal Human Rights in Theory and Practice*, Ithaca, NY.: Cornell University Press）

人權理念之中間地帶的概念，展現了一種前所未有的人權政治潛力，至少從上述現有不同形式的政治聯盟看來，不僅覆蓋宣示性、促進性、執行性和強制性四種機制形態，還具有傳統政治聯盟的對抗性，非常靈活和實用，大大填補了現有人權機制的不足，把人權政治從理想主義轉化到了現實主義政治的豐富操作層面。

雖然，在未來很長一段時間裡，我們都很難想像一個分裂的國際社會如何可能發展防範人權災難的積極「預防性機制」，但是，以人格權為中心的人權至少為世界提供了一個臨近人權災難的風向標，甚至因此可能轉為一個積極干預的戰場。這種人格權也是一個重新團結世界或者最低意義上民主世界的紐帶，甚至可能因此轉為一個積極干預的戰場。從長期來說，這意味著世界人權政治圖景的根本改變。

附表1

「709」案受迫害人員名單

序號	姓名	類型	備註1	備註2	待確認
判決結案：16人					
1	周世鋒	服刑中	北京	鋒銳事務所律師。2016年1月8日，以「顛覆國家政權罪」被逮捕，關押在天津市第一看守所。	
2	胡石根	服刑中	北京	鋒銳事務所律師。2014年5月因參加「六四研討會」被公安傳喚和刑拘，同年6月5日獲釋。2015年再次被捕，2016年8月3日上午，天津市第二中級人民法院判決胡石根觸犯顛覆國家政權罪，判有期徒刑7年6個月，並剝奪政治權利5年。	
3	吳淦（屠夫）	服刑中	北京	鋒銳事務所行政助理。2015年7月3日，吳淦被以煽動顛覆國家政權和尋釁滋事兩罪批准逮捕。2016年1月28日廈門市公安局通知吳淦已經移交給天津市公安局。2017年12月26日，被控「煽動顛覆國家政權」等罪，被判處有期徒刑八年、剝奪政治權利五年。	
4	余文生	強制約談＋短暫拘留＋服刑中	北京	鋒銳事務所律師。2015年7月9日上午被強制約談，20日15:00再次被強制約談，同時被強制約	

序號	姓名	類型	備註1	備註2	待確認
				談的還有其妻子。8月6日晚被帶走，家中遭搜查，短暫拘留後8月7日被釋放。2018年1月被當局註銷律師證，並因倡議修憲改革而被當局抓捕，4月19日被當局控以「煽動顛覆國家政權罪」，目前服刑中。	
5	李和平	緩刑	北京	鋒銳事務所律師。2015年7月初因中國710「維權律師」大抓捕事件被刑拘。2016年12月上旬，李和平被天津市檢察院以「顛覆國家政權罪」起訴。2017年4月25日，天津二中院對李和平顛覆國家政權一案進行不公開開庭審理。4月28日上午，天津市第二中級人民法院對李和平顛覆國家政權案公開宣判，認定李和平犯顛覆國家政權罪，判處其有期徒刑三年、緩刑四年，剝奪政治權利四年。	
6	翟岩民	緩刑	北京	2016年08月天津市第二中級人民法院宣佈翟岩民犯有顛覆國家政權罪，判處有期徒刑三年，緩刑四年，剝奪政治權利四年。	
7	勾洪國（戈平）	緩刑	天津	維權人士、社會活動家，網名戈平。2015年7月被抓，2016年8月5日，天津市第二中級人民法院以「顛覆國家政權罪」判處其有期徒刑三年、緩刑三年，剝奪政治權利三年。	
8	姚建清	刑滿釋放	山東濰坊	維權人士，網名小羊羔，維權人士，「濰坊615案」4人之一。6月15日在濰坊被刑事拘留。	
9	張婉荷	刑滿釋放	山東濰坊	維權人士，「濰坊615案」4人之一。	

序號	姓名	類型	備註1	備註2	待確認
10	劉星	刑滿釋放	山東濰坊	維權人士，「濰坊615案」4人之一。	
11	李燕軍	刑滿釋放	山東濰坊	維權人士，「濰坊615案」4人之一。2015年7月23日，被濰城區警方轉正式逮捕，並關押在山東省濰坊看守所；2016年8月7日，其案在山東省廣饒縣法院開庭受理，2017年9月8日被山東省廣饒縣法院以「尋釁滋事罪」判處有期徒刑2年5個月；2017年10月6日，刑滿釋放。	
12	王芳	刑滿釋放	北京	鋒銳事務所會計。7月28日上耿彩文家被帶走，以涉嫌「尋釁滋事」被行政拘留15，後轉刑拘。	
13	尹旭安	刑滿釋放	湖北武漢	7月28日被抄家帶走，以涉嫌「尋釁滋事」被行政拘留15天，後再加長10天。8月20日被轉刑拘，被拘逾45天。	
14	江天勇	刑滿釋放	湖南	2016年11月中旬，江天勇到長沙看望被羈押中的維權律師謝陽（709事件律師）的妻子陳桂秋，後到長沙市第二看守所要求會見謝陽但被看守所拒絕。11月21日晚間他在搭乘D940次列車回北京，在上車前失聯。12月17日，江天勇因涉嫌「非法持有國家機密文件」、冒用他人身份證以及為境外非法提供國家秘密遭到警方逮捕。2017年11月21日，江被長沙市中級人民法院以「煽動顛覆國家政權罪」判處有期徒刑2年，剝奪政治權利3年。	

序號	姓名	類型	備註1	備註2	待確認
15	王全璋	刑滿釋放＋監視居住	北京，鋒銳事務所	鋒銳事務所律師，7月10日13:00開始失聯，被以涉嫌「煽動顛覆國家政權罪」、「尋釁滋事罪」刑拘，其北京住所8月5日被公安搜查；8月31日律師獲知制措施由刑事拘留變更為指定居所監視居住。	
16	謝陽	限制出境／免於刑事處罰	湖南	2018年4月28日，謝陽在長沙市人口與出入境管理局辦理港澳通行證時，系統顯示他於2018年4月4日被長沙市公安局岳麓區派出所邊控。	
監視居住後取保候審：26人					
律師／律師助理：16人					
17	隋牧青	監視居住	廣東	7月10日被帶走，以煽顛罪被監視居住。	
18	黃力群	監視居住	北京	鋒銳事務所律師。2015年7月被捕。	
19	謝遠東	監視居住	北京	鋒銳事務所律師。7月10日被從家裡帶走，同日被以涉嫌「煽動顛覆國家政權罪」被指定居所監視居住。	
20	王秋實	監視居住	北京	王全璋的辯護律師。2016年1月10日被處以「指定居所監視居住」。	
21	劉鵬	監視居住	北京	張凱律師的助理	
22	方縣桂	監視居住	北京	張凱律師的助理	
23	李姝雲	監視居住	北京	鋒銳事務所實習律師	
24	高月	監視居住	北京	李和平律師的助理	
25	趙威（考拉）	監視居住	北京	李和平律師的助理	
26	王宇	監視居住＋限制出境	北京	鋒銳事務所律師。取保後2018年6月7日，王宇在內蒙烏蘭浩特公安局出入境管理局被拒辦理護照以及港澳通行證。	

序號	姓名	類型	備註1	備註2	待確認
27	包龍軍	監視居住	北京	王宇的丈夫	
28	任全牛	強制約談+行政拘留+限制出境+解除取保候審	河南	兩次被強行約談後，2016年1月6日，在河南省出入境辦證大廳被告知限制出境，不能簽注。因對趙威案發聲而於2016年7月8日被鄭州市公安局刑拘。2016年8月5日被控「尋釁滋事」，認罪取保。	
29	劉四新	解除取保候審	北京	鋒銳事務所行政助理	
30	李春富	解除取保候審	北京	李和平律師的弟弟	
31	謝燕益	刑事拘留+解除取保候審	北京	維權律師，2015年7月被抓捕，2016年1月被逮捕，起訴罪名為「煽動顛覆國家政權罪」。	
32	張凱	解除取保候審	北京	維權律師	
其他：10人					
33	黃益梓	解除取保候審	浙江溫州		
34	嚴曉潔	解除取保候審	浙江溫州		
35	張崇助	解除取保候審	浙江溫州		
36	劉永平（老木）	監視居住+解除取保候審	北京	2015年7月10日確認被捕，以涉嫌「尋釁滋事罪」被監視居住。	
37	林斌（望雲和尚）	強迫失蹤+監視居住+抄家+解除取保候審	福建	2015年7月10日中午在四川成都機場被帶走，失蹤63天，其主持的寺廟福建九仙禪寺7月9日被查抄，其母8月16日被強行帶離該寺，8月28日確認被天津警方以涉嫌「危害國家安全」被指定居所監視居住。	

序號	姓名	類型	備註1	備註2	待確認
38	唐志順（草根之怒）	解除取保候審	北京		
39	幸清賢	解除取保候審	江蘇		
40	張制	解除取保候審		教會人士	
41	程從平	解除取保候審	浙江溫州		
撤銷指控：1人					
42	陳泰和	刑事拘留＋監視居住＋撤銷指控	廣西	2015年8月22日由刑拘轉為家中監視居住，2016年3月初撤銷指控。	
限制出境：46人					
大部為北京市公安局以「可能危害國家安全」為由發出的限制出境禁令					
律師／律師助理／律所人員：31人					
43	張慶方	限制出境	北京	許志永的辯護人，2015年8月3日準備和女兒及朋友的孩子從首都機場飛往美國，被攔截。2016年3月30日解禁。	
44	梁小軍	強制約談＋限制出境	北京	2015年7月10日被強制約談；8月20日欲帶妻兒經由日本赴美學習訪問，在首都機場被攔截。	
45	蔡瑛	強制約談＋騷擾＋限制出境	湖南	李和平律師的辯護人，2015年7月14日被強制約談，被問及謝陽；後因代理李和平律師案再次被警告；8月17日從長沙飛往臺灣被攔截。	
46	斯偉江	限制出境	上海	2015年8月11日在浦東機場被北京市公安局限制出境。	
47	李方平	強制約談＋限制出境	江西／廣東	2015年7月中旬在江西萍鄉被兩次被帶走強行約談。7月下旬在廣東深圳福田口岸被攔截。	

序號	姓名	類型	備註1	備註2	待確認
48	李國蓓	限制出境	北京	2015年9月6日北京機場被攔截，禁止出境。	
49	陳建剛	強制約談＋限制出境	北京／安徽	2015年7月13日被強制約談，14日11:30國保再次到賓館強制約談；9月6日，在北京機場被攔截，禁止出境。	
50	陳武權	強制約談＋限制出境	廣東深圳	2015年7月14日01:40被上門強制約談；8月16日在羅湖口岸被攔截。	
51	燕文薪	限制出境	廣東深圳	2015年8月21日在深圳羅湖口岸被限制出境。	
52	葛永喜	短暫拘留＋限制出境	廣東	2015年7月11日21:20被警察帶走，12日01:56確認獲釋；9月5日下午從深圳福田口岸準備前往香港，被限制出境。	
53	劉正清	限制出境	廣東	2015年9月6日中午在深圳福田口岸被攔截。	
54	龐琨	強制約談＋限制出境	廣東深圳	2015年7月13日16:00在羅崗派出所被強制約談，00:15出來；9月8日從羅湖到香港被限制出境。	
55	葛文秀	強制約談＋限制出境	廣東	2015年7月11、13、15、17日四次被國保強制約談；10月12日上午從廣州東站坐廣九直通車去香港，被攔截。	
56	王全平	強制約談＋限制出境	廣東	2015年7月12日被強制約談，14日第二次強制約談；9月8日經珠海拱北口岸準備送兒子去澳門讀研究生，在檢查通行證時被攔截，出入境工作人員表示是北京市公安局第一總隊要求的，在7月6日限制出境。	
57	黃思敏	強制約談＋限制出境	湖北	2015年7月12日23:00被強制約談，13日01:40出來；9月6日黃思敏準備從武漢去香港，在機場被邊檢攔下，限制出境。	

序號	姓名	類型	備註1	備註2	待確認
58	游飛翥	短暫拘留+強制約談+限制出境	北京／重慶	2015年7月14日上午被帶走，20:55獲釋，28日晚第6次被強制約談；10月31日在北京機場出入境邊防檢查站被攔截。	
59	藺其磊	限制出境	北京	2015年11月10日在北京首都機場邊檢攔截。	
60	張科科	限制出境	湖北	2015年11月9日在北京首都機場被邊檢攔截。	
61	王興	限制出境	廣東	2015年12月6日在深圳羅湖口岸被攔截。	
62	黎雄兵	限制出境	北京	2015年11月30日北京首都機場被攔截。	
63	唐天昊	強制約談+限制出境	廣東／重慶	2015年7月22日09:00第二次被強制約談，10:00被帶往派出所，23:45獲釋。11月30日在深圳皇崗口岸被攔截。	
64	冉彤	限制出境	廣東	2016年1月8日，在羅湖出境被攔截。	
65	袁裕來	限制出境	浙江	2016年1月14日，持大陸居民往來臺灣通行證前往寧波市出入境管理局辦簽注遭拒，被告知「上海公安局有通知，不准出境」。	
66	覃臣壽	強制約談+限制出境	廣東／廣西	2016年1月8日在廣東深圳福田口岸被皇崗邊防檢查站限制出境。7月18日被廣西警方強行約談，10:00結束；2017年7月8日被司法局強制約談被要求不得參加任何709律師節的活動。	
67	文東海	傳喚+限制出境	廣東／湖南	2016年3月2日澳門拱北海關17號台被限制出境，被告知是湖南公安機關辦案部門稱其可能危害國家安全。7月12日約19:00在湖南被帶走，有傳喚證，涉嫌「尋釁滋事」，13日約02:00獲釋。	

序號	姓名	類型	備註1	備註2	待確認
68	馬連順	短暫拘留+限制出境	天津／河南	2015年12月9日晚8點被河南公安帶走，限制人身自由長達40小時。2016年4月26日，辯護律師馬連順被告知「限制出境，理由是天津市工藝品有限公司報備，天津市公安局批准。其他資訊無法告知」。	
69	李仲偉	限制出境	山東	2016年5月4日，李仲偉律師前往山東出入境管理中心辦理護照時，被告知「已被天津市公安局限制出境，不得辦理護照」。	
70	胡林政	短暫拘留+限制出境	湖南	2016年11月12日，從長沙飛北京轉飛巴黎，在長沙機場過安檢時，發現被列為布控對象，無法出境。7月被短暫拘留，12日06:00釋放，手機中被強行安裝可疑軟體。	
其他：15人					
71	包卓軒（包濛濛）	強制約談+限制出境	北京	王宇的兒子，三次被限制出境。2015年7月17日9:00第三次被派出所帶走，7月18日再次強行約談，此後被嚴控，護照及戶口本被沒收，現在內蒙古，只具備有限的行動自由。	
72	蘇楠	限制出境	北京	2015年8月10日在北京機場被限制出境。	
73	向莉	強制約談+限制出境	北京	2015年7月12日下午被強制約談6小時，7月16日被禁止出境。	
74	于合金律師的孩子	限制出境	北京	鋒銳事務所律師，其子在上海讀大學，2015年8月2日和同學隨老師前往牛津做交換生，在機場被攔截，理由是「可能危害到國家安全」。	

序號	姓名	類型	備註1	備註2	待確認
75	李和平律師的兒子	限制出境	河南	15歲，2015年8月17日在鄭州辦理護照，顯示由北京公安局發出的限制出境標註；2019年2月20日，他前往河南鄭州出入境管理局申請辦理護照，但再次被告知，因為李和平犯有所謂的「顛覆國家政權罪」，所以李和平的兒子屬「內控人員」，不予辦理。	
76	李和平律師女兒	限制出境	河南	5歲，2015年8月17日在鄭州辦理護照，顯示由北京公安局發出的限制出境標註。	
77	劉亞杰的女兒	限制出境	廣東	2015年8月，港澳通行證被當局強行剪毀。	
78	馮正虎	傳喚+限制出境	上海	2015年7月10日23:30被以「其他方法故意擾亂公共秩序」傳喚，11日04:30回；10月6日在上海浦東機場準備前往日本探親時被攔截。	
79	劉曉原律師的兒子	限制出境	江西南昌	原定出國深造，於2015年10月15日被南昌市公安局拒絕辦理護照，告知被北京市公安局第一總隊邊控。	
80	歐彪峰	監視居住+限制出境（在押）	廣東／湖南	2016年2月3日在深圳羅湖口岸被海關限制出境；2020年12月3日被株洲市蘆淞公安分局拘留，15日後家屬獲通知轉以「煽動顛覆國家政權罪」名被「監視居住」。7月13日約16:00在湖南被帶到公安局做筆錄，20:30分回家，21日11:00-14:00再次被約談。	
81	陳桂秋	限制出境	廣東	2016年4月4日，謝陽律師的妻子陳桂秋欲從深圳羅湖口岸過關到香港，後被海關工作人員	

序號	姓名	類型	備註1	備註2	待確認
				告知，接公安部門通知，因謝陽妻子出境可能「危害國家安全」為由，限制出境。對方拒絕告知具體是哪個公安部門下達的命令，以及限制出境的起止時間。	
82	呂動力	限制出境	陝西	2017年3月14日千陽縣公安局以呂動力涉嫌參與709事件及接受外媒採訪，而對呂動力不予簽發護照及港澳通行證。	
83	謝燕益的大兒子	限制出境	河北	12歲，2019年3月25日到河北省出入境管理局辦理護照，被當局引用出入境管理法中「危害國家安全」條款為由拒絕辦理。	
84	謝燕益的小兒子	限制出境	河北	10歲，同上。	
85	謝燕益的女兒	限制出境	河北	3歲，同上。	
被短暫拘留／被強制約談／被傳喚／被騷擾（目前已獲釋）：265人					
律師／律師助理／律所工作人員：125人					
86	張維玉	短暫拘留	山東	在北京鋒銳律所被拘	
87	左培生	穩控	北京	在北京鋒銳律所被控制	
88	倪玉蘭	強制約談	北京	2015年7月12日警察上門警告，23日再次上門強制約談。	
89	劉曉原	短暫拘留	北京	2015年7月10日晚被限制自由，13日上午離開公安局。	
90	程海	強制約談	北京	2015年7月13日12:30在法院外被公安強制約談。	
91	胡貴雲		北京	維權律師	
92	周澤	強制約談	北京	2015年7月19日晚上在辦公室被公安強制約談。	
93	劉連賀		天津		
94	馬衛	強制約談	天津	2015年7月10日被強制約談。	

序號	姓名	類型	備註1	備註2	待確認
95	李威達	傳喚	河北唐山	2015年7月10日22:30被傳喚，至11日19:00回家。	
96	梁瀾馨	傳喚	河北唐山	2015年7月10日22:30被傳喚，至11日19:00回家。	
97	么民富	傳喚	河北唐山	2015年7月15日14:30被傳喚，至17:00。	
98	姬來松		河南		
99	孟猛		河南		
100	常伯陽	強制約談+傳喚+監視	河南	2015年7月12日第一次被強制約談，11月13日第二次被強制約談；2015年12月12日被警方貼身跟蹤，並被傳喚就709研討會做了筆錄。之後一直被警方跟蹤監視。	
101	張俊杰		河南		
102	苗杰		河南		
103	周志超	強制約談	河南	2015年7月30日在律被公安強制約談。	
104	王磊	強制約談	河南	因代理劉四新案於2015年7月31日被強制約談。	
105	劉衛國		山東		
106	舒向新	強制約談	山東	2015年7月14日警察二次登門強制約談。	
107	徐紅衛		山東		
108	付永剛		山東		
109	王玉琴		山東		
110	熊冬梅		山東		
111	劉金湘		山東		
112	王學明		山東		
113	熊偉		山東		
114	李金星		山東		
115	張海		山東		

序號	姓名	類型	備註1	備註2	待確認
116	馮延強	強制約談	山東	2015年7月12日下午強制約談，因代理王宇案，被逼離開律所。	
117	許桂娟	強制約談	山東	2015年7月12日下午被強制約談。	
118	趙永林	強制約談	山東	2015年7月13日被強制約談。	
119	徐忠		山東		
120	劉金濱		山東		
121	劉書慶	強制約談+騷擾	山東	2015年7月14日下午被強制約談，16日準備坐車去代理李和平律師案，卻警方被帶去派出所，被禁止代理該案。2015年12月4日「七九研討會」結束後，被濟南市公安局警察兩次強制約談。	
122	張雪忠		上海		
123	李天天		上海		
124	薛榮民		上海		
125	秦雷		上海		
126	鍾錦化	強制約談+騷擾	上海	2015年7月14日被強制約談，17日09:30-11:30再次被強制約談，8月11日與妻兒在機場被扣查兩小時。	
127	王衛華	強制約談	上海	2015年7月15日被強制約談。	
128	劉士輝	短暫拘留+傳喚	廣東	廣東律師，2015年7月11日中午至12日18:00，被上海市國保以「故意擾亂公共秩序」行政傳喚24小時；後再被限制人身自由6小時；10月30日被上海警方約談。	
129	鄭恩寵	短暫拘留+抄家	上海	2015年7月11日下午被警方帶走並抄家，7月12日凌晨獲釋，7月17日、8月7日、10月15日，多次被抄家。	

序號	姓名	類型	備註1	備註2	待確認
130	張磊	強制約談+傳喚	江蘇	2015年7月11日在江蘇蘇州被強制約談，12日22:20被帶往長沙南站鐵路派出所，00:40出來。	
131	朱應明	強制約談	江蘇	2015年7月20日14時被強制約談。	
132	程為善	強制約談	江蘇	2015年7月23日被強制約談、8月26日15：00-17：00再次被強制約談。	
133	王成	強制約談+傳喚	浙江杭州	2015年7月11日第一次被強制約談，12日第二次被強制約談，遭尋釁滋事行政傳喚21小時，第三次警察上門時拒絕談話。	
134	莊道鶴	強制約談	浙江杭州	2015年7月14日在杭州被強制約談。	
135	呂洲賓		浙江		
136	汪廖	強制約談	浙江	2015年7月13日中午被國保強制約談。	
137	吳有水		浙江		
138	王萬瓊		四川		
139	于全		四川		
140	付劍波		重慶		
141	何偉		重慶		
142	游忠洪	傳喚	重慶	游飛翯的哥哥，2015年7月14日上午被傳喚，當日下午獲釋。	
143	張庭源	強制約談	重慶	2015年7月被強制約談；2017年7月8日被司法局強制約談，被要求不得參加任何709律師節的活動。	
144	雷登峰		重慶		
145	郭雄偉		湖南		
146	陳南石		湖南		
147	王海軍	強制約談	湖南	2015年7月13日被二次強制約談。	

序號	姓名	類型	備註1	備註2	待確認
148	石伏龍		湖南		
149	楊金柱	傳喚	湖南	2015年7月15日第4次被傳喚，此前為11日凌晨和14:00，以及14日10:25。	
150	楊璿		湖南		
151	張重實	強制約談	湖南	2015年7月21日因代理謝陽律師案再被強制約談。	
152	羅茜		湖南		
153	呂芳芝		湖南		
154	張玉娟		湖南		
155	龍浪奔	強制約談	湖南	2015年7月14日被強制約談。	
156	蔣永繼		甘肅		
157	曾維昶		雲南		
158	劉文華		雲南		
159	楊名跨		雲南		
160	王宗躍	強制約談	貴州	2015年7月16日下午再次被強制約談。	
161	李貴生		貴州		
162	周立新	強制約談	貴州	鋒銳事務所律師，2015年7月12日約16:00被警方帶往貴陽派出所強制約談。	
163	陳建國	強制約談	貴州	2015年7月14日被強制約談。	
164	鄒麗惠		福建		
165	陳學梅		福建		
166	吳魁明	強制約談	廣東	2015年7月15日在辦公室被警察強制約談。	
167	陳科雲	強制約談	廣東	2015年7月13日 17:00被強行約談。	
168	陳進學	強制約談	廣東	2015年7月13日被強行約談，14日被要求下午第二次約談，16日12:00三次強行約談。	
169	吳鎮琦		廣東		
170	聞宇	強制約談	廣東	2015年7月13日被強制約談。	

序號	姓名	類型	備註1	備註2	待確認
171	孫世華	強制約談	廣東	隋牧青律師的太太，2015年7月15日被國保要求寫信勸告隋牧青認罪。	
172	蔣援民	騷擾	廣東	2015年7月15日警察三次上門向鄰居詢問。	
173	劉浩	強制約談	廣東	2015年7月23日被司法局強制約談。	
174	崔小平		廣東深圳		
175	徐德軍		廣東深圳		
176	朱金輝		廣東深圳		
177	肖芳華	強制約談	廣東深圳	2015年7月16日上午被強制約談。	
178	覃永沛		廣西		
179	陳家鴻	強制約談	廣西	2017年7月8日被司法局強制約談，被要求不得參加任何709律師節的活動。	
180	楊在新	強制約談	廣西	2015年7月14日被國保上門強制約談。	
181	吳暉	強制約談	廣西	2015年7月14日被派出所強制約談；25日中午12點45分到南寧向陽派出所第二次強行約談，13點40分出來。	
182	吳良述	強制約談	廣西	2015年7月16日早上被強制約談。	
183	黃朝暉	強制約談	廣西	2015年7月15日被強制約談。	
184	龐信祥	強制約談	廣西	2015年7月15日被強制約談。	
185	張鑒康		陝西		
186	李昱函	強制約談	遼寧瀋陽	第一次強行約談沒有詳細記錄，第二次於2015年9月19日中午12點被瀋陽公安局約談，大約於1小時後約談結束。原因是之前給王宇的信。	
187	李浚泉	強制約談	遼寧	警察上門通知強制約談，後拒絕。	

序號	姓名	類型	備註1	備註2	待確認
其他：140人					
188	周慶		北京	鋒銳律所司機	
189	游豫平		北京	「洗冤行動」志願者	
190	馮斌	穩控	北京	在鋒銳律所被控制	
191	袁立	傳喚	北京	2015年7月10日中午被帶走問話，21:00獲釋。	
192	佳期	傳喚	北京	趙威（考拉）的室友，2015年7月10日被帶走，當日獲釋。	
193	李學惠	強行約談	北京	2015年7月10日、13日、16日10:59被第三次強制約談。	
194	李小玲	騷擾	北京	2015年7月15日珠海國保到北京找她，16日凌晨國保在另一人家里再次試圖找她。	
195	杜延林	強制約談	北京	2015年7月14日16:00去派出所被強制約談，約19:00出來。	
196	武文建		北京		
197	田衛東（金友園）	傳喚	北京	2015年7月14日以尋釁滋事名義被傳喚。	
198	呂上	強制約談	北京	2015年7月15日被強制約談。	
199	李麥子	強制約談	北京	2015年7月15日國保上門強制約談。	
200	王鵬	強制約談+威脅	北京	兩次被強制約談，國保威脅送他去精神病院。	
201	徐永海	強制約談	北京	家庭教會成員，2015年7月16日警察上門強制約談。	
202	郭予豪（戴仕橋）	傳喚	北京	2015年7月14日被帶走。	
203	慕容雪村	傳喚	北京	2015年7月17日18:00被傳喚，19:30出來。	
204	郝淑娥	強制約談	北京	2015年7月17日晚被帶去派出所問話，22日在四川綿陽再被帶去派出所。	

序號	姓名	類型	備註1	備註2	待確認
205	黃賓	威脅	北京	2015年江西國保說7月21日去北京找他。	
206	許豔	強制約談+騷擾	北京	余文生律師的妻子，2015年7月20日15:00被強制約談，8月6日警察再次上門滋擾。	
207	王金波	強制約談	北京	2015年7月22日被強制約談。	
208	李冬梅	強制約談	北京	因2015年7月20日在網上寫關於王宇的文章，被上門強制約談。	
209	劉荻		北京		
210	董璿	威脅	北京	倪玉蘭律師之女，2015年7月12日、23日兩次遭到警察威脅。	
211	趙末	短暫拘留	北京	2015年7月21日上午被方莊派出所抓捕，然後譴返山東聊城，拘押在古樓派出所，25日獲釋。	
212	王峭嶺	短暫拘留	北京	李和平律師之妻，被警方帶走，5小時後獲釋。	
213	樊麗麗	騷擾	北京	勾洪國（戈平）的妻子。8月27日被十個自稱民警的人控制了五個小時，快遞被沒收，且被要求搬家。	
214	鄭建慧	短暫拘留	天津	2015年7月12日 16:00被公安帶走，至13日04:00獲釋。	
215	包海英	強制約談	天津	包濛濛的姑姑，2015年7月18日16:00和包濛濛等4人一起被強制約談。	
216	佟彥春	強制約談+監視	天津	王宇的母親，2015年7月18日16:00和包濛濛等4人一起被強制約談。後長期處於被監視狀態。於10月5日至10月10日失去聯繫，共5天，期間其外孫包卓軒連同另外二人10月6日上午在緬甸被帶走。	

序號	姓名	類型	備註1	備註2	待確認
217	包龍軍的母親	強制約談	天津	2015年7月18日16:00和包女等4人一起被被強制約談。	
218	藍無憂		河南		
219	侯帥		河南		
220	岳三	強制約談	河南	2015年7月15日 18:00-19:00被約談。	
221	盧秋梅	傳喚	山東	2015年7月12日 13:00被傳喚。	
222	徐知漢	遣送+短暫拘留	山東	2015年7月11日 04:55被從濟南帶回河南，14日10:30獲釋，8月28日下午再次被短暫帶走詢問筆錄。	
223	李向陽	短暫拘留	山東	2015年7月15日 01:00以涉嫌詐騙罪帶走，審訊至18:00左右。	
224	丁玉娥	強制約談	山東	2015年7月15日15:55被強制約談。	
225	鞏磊	傳喚	山東	2015年7月12、13兩次被傳喚。	
226	趙作媛	強制約談	山東	2015年7月21日國保上門強制約談。	待核實
227	李發旺	短暫拘留	山東	2015年7月11日 04:00被帶走，13日11:00獲釋。	待核實
228	李大偉	短暫拘留	山西	2015年7月11日 04:00被帶走，13日11:00獲釋。	待核實
229	漁夫（王福磊）	驅逐	深圳	2015年7月11日在上海被驅逐，15日二次被驅逐。	
230	楊勤恒	短暫拘留	上海	2015年7月14日10:15被帶走，20:30釋放。	
231	王法展	短暫拘留	上海	網名磣山人，2015年7月14日12:10被帶走，16:05獲釋。	
232	周國淮	強制約談	上海	牧師，2015年7月16日被強制約談。	
233	李學政	強制約談	上海	2015年7月15日下午被強制約談4個時。	

序號	姓名	類型	備註1	備註2	待確認
234	任乃俊	短暫拘留	上海	2015年7月12日被帶走，已回家。	
235	陸鎮平	強制約談	江蘇南通	2015年7月13日被強制約談。	
236	單利華	強制約談	江蘇南通	2015年7月14日被強制約談，15日16:30再次被上門約談。	
237	瞿華	強制約談	江蘇南通	2015年7月13日被強制約談。	
238	張秀琴	強制約談	江蘇南通	2015年7月13日被強制約談。	
239	吉紅兵	強制約談	江蘇南通	2015年7月16日被強制約談。	
240	韓蕾	強制約談	江蘇南通	2015年7月16日被強制約談。	
241	胡誠	強制約談	江蘇常熟	2015年7月13日被強制約談。	
242	顧曉峰	強制約談	江蘇常熟	2015年7月13日17:30-19:30被強行約談。	
243	顧義民	強制約談	江蘇常熟	2015年7月16日14時～16時在派出所做筆錄，妻子徐燕陪同，24日再次被強行約談。	
244	許正彪（江淳）	強制約談	江蘇南京	2015年7月14日 15:00被強制約談，25日再次被強制約談。	
245	許娟	傳喚	江蘇南京	2015年7月14日被帶走做筆錄。	
246	趙長東	強制約談	江蘇南京	2015年7月17日18時被強制約談。	
247	潘露	強制約談	江蘇蘇州	2015年7月14日被國保上門強制約談。	
248	王明賢	傳喚	江蘇蘇州	2015年7月14日 17:30被帶走，22:30回。	
249	徐文石	強制約談	江蘇蘇州	2015年7月10、11日被強制約談，25日9～16時第三次被強制約談。	
250	姚欽	傳喚	江蘇常州	2015年7月14日 17:30被帶走，22:34獲釋。	
251	范永海	強制約談	江蘇蘇州	2015年7月18日晚被強制約談。	
252	王小璃	強制約談	江蘇常州	2015年7月14日晚 21:00被強制約談。	
253	丁紅芬	短暫拘留	江蘇無錫	2015年7月15日16:40被抓走，16日15:30獲釋。	

序號	姓名	類型	備註1	備註2	待確認
254	戈覺平	監視居住+騷擾	江蘇蘇州	網名奔博，2015年7月14日13:00起被特警包圍在家，未被帶走。9月4日上午8時，警方撤走，共52天。9月6日晚，戈覺平去北京，在蘇州火車站被騷擾阻攔。抗爭後戈先生夫婦登上火車，先是被乘警騷擾，在常州站又被警方攔截，後被蘇州警方帶回。	
255	陸國英	監視居住	江蘇蘇州	戈覺平的太太，2015年7月14日起被圍堵在家，於9月4日上午8時警方撤走，共52天。	
256	沈愛斌	傳喚+監視居住	江蘇無錫	2015年7月28日早上約6時被以「擾亂公共場所秩序」傳喚，29日早上約7時獲釋，7月30日早上再次被帶走，31日17時獲釋，在家被監視居住，8月7日、16日、28日再被傳喚。	
257	余懷謙	強制約談	浙江杭州	2015年7月17日16:30被強制約談。	
258	吳高興	傳喚	浙江	2015年7月15日被傳喚，獲釋。	
259	鄒巍	強制約談	浙江	2015年7月16日下午被強制約談。	
260	陳宗瑤（陳晨）		浙江		
261	甄江華	傳喚	廣東	2015年7月10日 21:20被帶走至11日凌晨3點。	
262	肖育輝	強制約談	廣東廣州	2015年7月13日、14日兩次被強行約談。	待核實
263	王愛忠	強制約談	廣東廣州	2015年7月13日約16:30派出所上門找，約八九點回家。	待核實
264	陳榮高	強制約談	廣東廣州	網名醉俠老高，2015年7月13日15:00開始強制約談，晚上回家。	待核實
265	賈榀	強制約談+驅逐	廣東廣州	2015年7月15日 11:00被強制約談，被強制遣送出廣東。	待核實

序號	姓名	類型	備註1	備註2	待確認
266	袁國枝	強制約談	廣東廣州	2015年7月16日被強制約談，在派出所做了一天筆錄。	待核實
267	吳斌（網名「秀才江湖」）	遣送+毆打	廣東廣州	2015年7月15日被浙江國保到從廣州強行帶回浙江，被毆打。	
268	黃義傑	傳喚	廣東廣州	2015年7月14日 17:37被帶走，21時獲釋，警方出示傳喚證。	
269	徐向榮	強制約談	廣東廣州	2015年7月14日被強制約談至當日晚18點。	
270	劉輝	驅逐	廣東廣州	2015年7月13日晚 22:00被強行送回陝西。	
271	利瓦伊國	強制約談	廣東廣州	2015年7月13日 08:30-13:30被強制約談。	
272	黃敏鵬	強制約談	廣東廣州	2015年7月16日 12:00-14:00被強制約談。	待核實
273	黃子敬	強制約談	廣東廣州	2015年7月18日被強制約談。	待核實
274	何延運（禹克）	短暫拘留+傳喚	廣東廣州	2015年7月22日早被國保上門帶走，關在派出所7個小時，並要求他搬走，8月14日國保再次被上門傳喚。	待核實
275	黃昭雲	強制約談	廣東深圳	湖南邵陽人，2015年7月16日在廣東深圳被強制約談。	
276	胡××	遣送	廣東東莞	湖南人，2015年7月9日晚被國保從廣東東莞譴返湖南。	
277	蘇尚偉	強制約談	廣東佛山	2015年7月17日 09:00-11:30被強制約談。	
278	劉四仿	傳喚	廣東	2015年8月14日約7時被帶往警局問話，約16時出來。	
279	郭春平	短暫拘留+遣送	廣州	2015年8月28日因收王宇文化衫快遞，在收快遞現場被帶走，隨後被遣返回原籍河南，手機計算機等物品被扣押，9月6日才歸還。	

序號	姓名	類型	備註1	備註2	待確認
280	黃熹	短暫拘留	廣州	因涉及「王宇文化衫」事件，2015年8月28日被新塘永新派出所帶走。9月6日獲釋。十天總共提審九次，其中派出所三次，增看六次，提審主要問題是文化衫事件。	
281	劉金蓮（化名「劉亞傑」）	刑事拘留	廣州	因涉及「王宇文化衫」事件，2015年8月28日被新塘永新派出所帶走。8月31日核實被刑拘，所涉指控為「尋釁滋事罪」，關押於增城市看守所。至9月29日獲釋。	
282	黃永祥	刑事拘留	廣州	因涉及「王宇文化衫」事件，2015年8月28日被新塘永新派出所帶走。以涉嫌「尋釁滋事罪」被刑事拘留，關押於增城市看守所。當局以「涉嫌危害國家安全」而不允律師會見。至9月29日。	
283	衛小兵	刑事拘留	廣州	因涉及「王宇文化衫」事件，2015年8月28日被新塘永新派出所帶走，以涉嫌「尋釁滋事罪」被刑事拘留，關押於增城市看守所。至9月29日獲釋。	
284	賴日福（網名花滿樓）	短暫拘留+短暫拘留	廣州	因涉及「王宇文化衫」事件，2015年9月9日下午被帶走，家中物品被警察查抄。9月11日獲律師會見，得知涉及「尋釁滋事罪」。至9月29日獲釋。	
285	黃雨章	強制約談	廣西	2015年7月14日 19:30被警方帶走，23:30回家。	待核實
286	蘇少涼	強制約談	廣西	2015年7月15日12:15-15:30在派出所被強制約談。	待核實
287	譚愛軍	強制約談	廣西	2015年7月15日約 16:00被強制約談，16日凌晨1時獲釋。	待核實

序號	姓名	類型	備註1	備註2	待確認
288	莫千里	強制約談	廣西	2015年7月12日被強制約談，約1小時。	待核實
289	周石臣	強制約談	廣西	2015年7月11日 16:30-17:30被強制約談。	待核實
290	張維	強制約談	廣西	2015年7月16日被強制約談。	
291	羅鳴	傳喚	廣西	2015年7月15日凌晨1點被約談，警方出示傳喚證。	
292	端啟憲	傳喚	廣西	2015年7月15日17:00～16日02:00被以「尋釁滋事」罪名傳喚。	
293	王德邦	傳喚	廣西	2015年7月15日15:00-17:00被傳喚。	
294	游精佑	強制約談	福建	2015年7月13日下午被強制約談。	
295	游明磊	強制約談	福建	2015年7月13日 15:00-17:00警察上門約談，8月10日第4次強制約談做筆錄。	
296	戴振亞	強制約談	福建	2015年7月12日 20:20-21:40被帶到派出所談話，20日晚再次被帶到派出所問話。	
297	潘細佃	強制約談＋監視居住	福建	2015年7月12日強制約談，半夜結束；14日二次被約談，21日失去工作，國保在其家門口24小時監視。	
298	尤錦旭	強制約談	福建	2015年7月13日 14:15-17:30被帶到派出所強制約談。	
299	陸祚鈺	強制約談	福建	2015年7月12日國保警察約談。	
300	吳鑫發	強制約談	湖北武漢	2015年7月27日 22:00-23:00被強制約談。	
301	魏鵬	行政拘留	湖北武漢	2015年7月27日失聯，以「尋釁滋事」罪名被行政拘留15天。目前已獲釋。	
302	耿彩文	強制約談＋行政拘留＋抄家	湖北武漢	2015年7月27日被強制約談，後被抄家，以涉嫌「尋釁滋事罪」被行政拘留15天；8月11日	

序號	姓名	類型	備註1	備註2	待確認
				轉為刑事拘留；於9月10日獲釋，被拘逾45天。	
303	黃智平（網名黃怡劍）	強制約談	湖南	2015年7月14日晚被強制約談。	
304	魏得豐	短暫拘留	湖南	謝陽律師的助理，2015年7月11日05:40被帶走，目前已獲釋。	
305	李錚然	強制約談	湖南	2015年7月16日 10:00-17:00被強制約談。	
306	肖勇		湖南		
307	徐琳	強制約談	湖南	2015年8月13日 15:00~14日12:00被帶走問話。	
308	許習蓮	強制約談	江西	2015年7月11日 08:30-11:30被強制約談。	
309	黃燕明	短暫拘留	貴州	2015年7月14日 07:40被帶走，15日02:00獲釋。	
310	羅亞鈴	強制約談	重慶	2015年7月12日、20日國保兩次上門強制約談。	
311	單亞娟	強制約談	黑龍江	2015年7月31日下午被強制約談。	
312	權玉順	監視居住	黑龍江	徐純合之母，被看管在哈市的養老院，8月9日已回慶安。	
313	姜建軍	刑事拘留	遼寧大連	2015年7月12日以「尋釁滋事」罪名被刑拘；在被拘37天後獲釋。	
314	俞明文	傳喚	四川	2015年8月28日下午被帶走傳喚，關於穿著王宇文化衫拍照一事，警方詢問衣服的來歷。	
315	康孝友	短暫拘留	浙江溫州	2015年8月29日被警方帶走，2015年11月27日被釋放。	
316	周愛平	短暫拘留＋監視居住	浙江溫州	2015年8月26日被鹿城區宗教局施文明局長以約談為名扣押，後被溫州市公安局指定居所監視居住。2015年11月24日被釋放。	

序號	姓名	類型	備註1	備註2	待確認
317	程超華	短暫拘留+監視居住	浙江溫州	2015年9月18日被警方帶走，家屬於10月20日得知被指定居所監視居住，2015年12月中旬被釋放。	
318	周劍	短暫拘留+監視居住	浙江溫州	2015年8月26日被警方帶走，後被指定居所監視居住，12月中旬被釋放。	
319	王運顯	監視居住	浙江溫州	2015年8月26日被警方帶走，8月30日家屬收到「指定居所監視居住通知書」；12月11日獲釋。	
320	張寶成		北京		
321	遲進春		哈爾濱		
322	於雲峰		哈爾濱		
323	李蔚		北京		
被查抄列表					
1	鋒銳律師事務所				
2	李金星律師辦公室（NGO組織「洗冤行動」辦公室）				
3	李和平律師在北京的辦公室				

	地域	人數	A／B		
	地區統計（事發地點） **A：被採取刑事強制措施、強迫失蹤或軟禁／B：短暫拘留、強制約談或限制出境**				
	北京	68人	（19/49）		
	廣東	59人	（1/58）		
	江蘇	24人	（0/24）		
	山東	31人	（5/26）		
	湖南	26人	（2/24）		
	浙江	24人	（6/18）		
	廣西	17人	（0/17）		
	上海	15人	（0/15）		
	河南	15人	（0/15）		
	福建	9人	（1/8）		
	重慶	8人	（0/8）		
	湖北	8人	（2/6）		
	天津	8人	（1/7）		
	貴州	5人	（0/5）		
	四川	3人	（0/3）		
	遼寧	3人	（0/3）		
	黑龍江	5人	（0/5）		
	河北	6人	（0/6）		
	雲南	3人	（0/3）		
	江西	4人	（0/4）		
	甘肅	2人	（0/2）		
	內蒙古	1人	（1/0）		
	陝西	1人	（0/1）		
	山西	1人	（0/1）		
	安徽	1人	（0/1）		
	緬甸	2人	（2/0）		

附表2

「709」案前中國大陸被懲誡的人權律師

序號	時間	姓名	省市	律師懲誡	案由和經過
1	2014	程海	北京	司法局處罰停止執業1年	北京市昌平區司法局於2014年8月22日告知程海律師，擬對程海律師處以停止執業一年的行政處罰，理由是程海律師在出庭為丁家喜辯護時，擾亂庭審秩序，干擾訴訟活動正常進行。為此，157名律師和法律學者聯合發表聲明，指出在法庭審理程序嚴重違法、律師多次努力仍無力阻止違法程序繼續進行時退庭前往法律監督機構控告的行為，完全是在履行律師的法定職責和維護社會公平正義。聲明促請昌平區司法局收回成命，司法行政部門不能淪為違法者打壓律師的工具。
2	2014	王全平	廣東	六個月沒有律所聘用，律師證被註銷	2014年8月14日，王全平律師到司法局公證、律師管理科瞭解到，廣東省江門市司法局以六個月沒有律師所聘用為由，把王全平律師的執業證上交給司法廳註銷，司法廳在7月10日發了公告，註銷了其執業證。一個月過去了，司法局各級領導沒有一個人通知王全平。隨後，王全平起訴廣東省司法廳秘密註銷其執業證、侵害其執業權。王全平律師曾代理並關注多宗人權案件。

序號	時間	姓名	省市	律師懲誡	案由和經過
3	2013	姬來松	河南	沒有律所聘用	2013年6月初，河南亞太人律師所受到相關部門壓力，律所主任約談河南鄭州律師姬來松要求其離開。姬只得重新尋找執業律師事務所。姬來松聯繫好新單位，本已打算接收姬的律師事務所相關人士稱，該所明確受到了來自鄭州市司法局的壓力；鄭州司法局的理由是姬來松參與過「公民同城聚餐」等運動。第一次轉所受挫之後，姬來松再擇新所準備繼續持業。不料，準備接收姬來松的北京華泰（鄭州）律師事務所忽然又表示，受到壓力不能接收。聯繫了五六家在鄭州當地律師事務所後，他們無一例外都說，「上面（司法局）知會過了，不能接收你」。
4	2013	羅茜	湖南	拒不頒發律師證	湖南省邵陽市新甯縣原中國人民大學學生羅茜，參加2012年司法考試，取得360分的高分成績，然而司法部門以他曾參與1989年春夏的中國民主運動並後來被以偷越邊境罪判刑6個月為由，不僅拒絕發給他律師職業資格證，而且於2012年12月31日宣佈取消他司法考試成績。
5	2012	王成	浙江	六個月沒有律所聘用，律師證被註銷	與律師事務所合同到期後，2012年2月加入浙江澤厚律師事務所。隨後杭州司法局表示二月中到五月底暫不辦理轉所手續。王成原本的律師事務所最初答應協助王成申請「暫緩考核」，讓王成先辦理好轉所手續後再做年度考核手續。原律師事務所收到司法局的指示指不可為王成申請年檢暫緩考核。新的律師事務所亦收到指示不可錄用王成。王成於2012年4月收到杭州司法局通

序號	時間	姓名	省市	律師懲誡	案由和經過
					知，指他半年內未有跟任何事務所簽定合同，所以被註銷律師執照。
6	2012	陳武權	廣東	六個月沒有律所聘用，律師證被註銷	2012年5月，汕頭市司法局向廣東省司法廳發函投訴陳武權發表《中國法治之路在何方—直擊許道明案庭審》屬不實言論，嚴重影響黨和國家的聲譽。汕頭市律師協會向廣東省律師協會投訴陳武權發表不實言論，給法官造成很大壓力，導致不能公正審判。2012年5月16日，廣州司法局據此暫緩了陳武權律師證的年審，並逼迫陳武權所在的律師所解除聘用合同。
7	2011	童朝平	北京	律所被迫解散	北京安匯律師事務所成立於2007年初，是經北京市司法局批准成立的合夥制律師事務所。主任童朝平，建所初期共有25名執業律師。但安匯律師事務所因堅持不解聘代理敏感案件律師，而多次被北京市司法當局考核整改，以致最後執業律師只剩3人。爾後唐吉田律師執照被吊銷，合夥人因少於三人而不得不被解散。童朝平律師因此無法執業。
8	2010	劉巍	北京	司法局吊銷	2010年4月30日，北京市司法公佈正式吊銷劉和唐吉田律師的律師執業證書，指他們「擾亂法庭秩序，干擾訴訟活動正常進行」，稱其違反《中華人民共和國律師法》第四十九條第一款第六項的規定。據唐律師和劉律師表示，他們於2009年4月27日在四川省瀘州市中級人民法院為一名被控「利用邪教組織破壞國家法律實施罪」的法輪功學員作刑事辯護時，在宣讀辯護詞時被主審法官打斷十幾次，兩位律師感到無

序號	時間	姓名	省市	律師懲誡	案由和經過
					法繼續其辯護而退庭抗議，卻反被北京市司法局指控及吊銷牌照。
9	2010	唐吉田	北京	司法局吊銷	2010年4月30日，北京市司法公佈正式吊銷劉和唐吉田律師的律師執業證書，指他們「擾亂法庭秩序，干擾訴訟活動正常進行」，稱其違反《中華人民共和國律師法》第四十九條第一款第六項的規定。據唐律師和劉律師表示，他們於2009年4月27日在四川省瀘州市中級人民法院為一名被控「利用邪教組織破壞國家法律實施罪」的法輪功學員作刑事辯護時，在宣讀辯護詞時被主審法官打斷十幾次，兩位律師感到無法繼續其辯護而退庭抗議，卻反被北京市司法局指控及吊銷牌照。
10	2009	劉士輝	廣東	沒有律所聘用	劉士輝2009年8月得知，廣州市司法局兩位處長曾約談他所屬律師事務所的主任和另一合夥人，要求事務所開除劉士輝。理由是7月7日他去廣東梅州監獄會見郭飛雄時，介紹信上有同去的另一事務所律師，因此當作「跨所辦案」。司法當局又指劉士輝「在廣東省內是別想執業了」，內地其他地方「恐怕也很難執業。」
11	2009	楊慧文	北京	六個月沒有律所聘用，律師證被註銷	2009年1月，在參選北京律師協會會長時，因散發公開信給全體會員，在會議上遭到保安暴力對待。自2009年，北京司法局一直沒有讓楊律師作執業資格考核登記，而楊律師申請加入其他事務所成為合夥人亦都受阻，北京司法局不但故意拖延，也都未給出任何理由。楊律師申請了多次行政覆議、行政訴訟，但都沒任何結果。執業證因此被註銷。

序號	時間	姓名	省市	律師懲誡	案由和經過
12	2009	江天勇	北京	司法局註銷	2006年開始，每年年檢和續取其律師執照均遇到問題。2008年，遭停牌兩個月才獲發還執照。2009年7月律師證被北京市司法局註銷。
13	2009	溫海波	北京	司法局註銷	加入晟智律師事務所和北京憶通律師事務所，為法輪功學員維權。北京市舜和律師事務所的牌照在2009年年檢時被取締，溫的律師執照在2009年年檢和登記時被取消，至同年11月仍未獲發還。
14	2008	張鑒康	陝西	司法局註銷	2005年10月在西安會晤北京維權律師高智晟，其時，高律師與郭國汀律師正在聯名為自由信仰者向全國人大及國家主席胡錦濤、總理溫家寶公開上書。同年被陝西司法當局以高壓手段踢出律師事務所合夥人行列。此後，張律師一直未能通過律師年檢。張在2008年3月14日「拉薩騷亂」後，是其中一位義務提供法律援助予西藏人的律師。同年，張和另外14名法律工作者聯合發表聲明，譴責民政部禁止中國家庭教會聯合會的活動。至5月，張被吊銷律師執照。
15	2008	滕彪	北京	司法局註銷	滕彪在2008年3月被北京市公安局人員強行帶走問話兩天。到4月，他和一共18名律師聯署發表公開信，表示願意為西藏314拉薩暴亂事件中被扣留疑犯提供法律辯護。在2008年的律師執業年檢中，滕彪遭北京市司法局註銷其執業律師證。
16	2006	唐荊陵	廣東	六個月沒有律所聘用，律師證被註銷	2005年8月為太石村罷免事件，擔任因為參與罷免被迫害村民的行政訴訟代理律師和辯護律師。更因為此案，支持唐律師辦案的律師事務所主任在受到政治壓力下被解職。三

序號	時間	姓名	省市	律師懲誡	案由和經過
					個月後律師所在政治壓迫下提前解除了唐律師的律師聘用合同。唐律師本來打算在2006年4月申請轉所註冊，但原本接受他的律師所在政治壓力下撤回了註冊手續，因此律師證一直被停用。
17	2006	張立輝	北京	刑事犯罪	張立輝律師2003年開始在北京擔任律師工作，亦是北京大學憲政與人權研究中心研究員、北京市律師協會憲法學委員會委員。張律師熱衷於公益事業，曾處理浙江東陽事件辯護案等多宗環境保護案件、被告人基本訴訟權利保護案件、基本人權保障等重大案件。本身戶籍在外地的張立輝律師，2007年5月與同為「北京新市民」的李方平律師，起訴北京網通利用壟斷地位，對「新市民」差別對待。曾參與山東盲人陳光誠案，惜於06年8月赴山東省沂南縣準備辯護時，被公安以盜竊罪名傳喚，最後失去辯護權利。（《律師法》第49條：律師因故意犯罪受刑事處罰的，應當吊銷其律師執業證書。）
18	2005	高智晟	北京	司法局註銷	2005年10月，高律師去信國家主席胡錦濤和總理溫家寶，呼籲中國政府尊重宗教自由及停止迫害法輪功人士。至11月4日，北京司法局撤銷高律師的執照，及勒令其事務所停牌一年。
19	2005	李蘇濱	北京	六個月沒有律所聘用，律師證被註銷	1991至1996年因幫助弱勢群體維權遭報復監禁400天。為了避開司法局的迫害，換所到北京。自2005年1月初，多次向北京司法局和河南省司法廳申請辦理律師執業證，但均被拒絕。

序號	時間	姓名	省市	律師懲誡	案由和經過
20	2002	倪玉蘭	北京	刑事犯罪	因為北京奧運，倪玉蘭居住的地方成為拆遷的範圍。為了小區的權益，倪開始了反抗強拆的行動，但反被警察毆打，並在2002年和2008以「妨礙公務罪」被分別判刑一年和兩年。隨後在2012年又被控以「尋釁滋事和詐騙」的罪名，被判入獄兩年八個月。同年7月，二審開庭，倪玉蘭的刑期改為兩年六個月。（《律師法》第35條：律師因故意犯罪受刑事處罰的，應當吊銷其律師執業證書。）

來源：中國維權律師關注組，https://www.chrlawyers.hk/zh-hans/content/%E5%A4%A7%E9%99%86%E6%97%A0%E6%B3%95%E6%%A3%E5%B8%B8%E6%89%A7%E4%B8%9A%E7%9A%84%E5%BE%8B%E5%B8%88%E5%90%8D%E5%8D%95。

後記

　　2022年的春天已經到來，新冠疫情仍未結束，中國大陸針對新冠疫情的「動態清零」政策愈加僵硬，到了四月間的上海封城，持續近兩年半的「抗疫」局勢發展到幾乎一場人權危機，在在印證了本書最後有關中國政府的人權邊緣策略下人權災難不可避免的結論。

　　這一悲劇性的人權政治圖景，大概是絕大多數中國人意識不到的人權惡化趨勢，但在2015年的「709」迫害案開始之後，卻是不少關心中國人權的駐華外交官和中國的人權活動家一直憂心忡忡的。他們尤其對「709」案當中中國政府對法律的任意性和對一些形式程序之間的刻意矛盾感到困惑，感到中國的政府官員似乎毫不在意他們自己的人權承諾，卻又常常因為西方外交官對中國的人權批評而有著令人驚訝的激烈反應。

　　直到2019年底，一個在北京舉行的聯合國人權日活動現場，有感於「709」案的律師妻子們的痛苦和人權官員的困惑，我向歐盟駐華大使郁白（Nicolas Chapuis）——一位精通中國文化的法國漢學家，表示自己可以試著寫一本書，從「709」受迫害的人權律師群體出發分析中國的人權政治。這個想法得到郁白大使和歐盟駐華使館的人權事務專員——來自立陶宛的外交官張放（Egils Dzelme）的支持，雖然只是口頭和道義上的支持，如同歐盟過去對中國人權問題的一貫態度，但對我開展訪談已經是極大的幫助了。畢竟，訪問「709」案的受害律師，讓他們放下心防、敞開心扉，敘述曾經的苦難，並不是一件容易的事情，無論在對待訪問的心理防禦層面，還是重述受迫害的經歷細節，以及事後

對自我人權律師生涯的反思。

　　對我而言，圍繞這本書的訪談和寫作同樣經歷了一個雙重的痛苦：一方面，在聆聽人權律師們自述的同時，還需要不斷發問，而且不僅核實細節、交叉詢問他人的經歷，更要追問這些律師們在時過境未遷的事後如何反思這一切，以至於每次重聽每一個律師的訪談錄音、核對有關筆記和細節的時候，都無法不感同身受，陷入難以自拔的抑鬱。對每個律師來說，混合著驕傲和痛苦的重溫經歷或許也算是一種治療，但對我卻是一次次從抑鬱到恢復的無數重複。這種重複的痛苦，甚至限制了我與更多的「709」案受害者進行更多的訪談。

　　而另一方面，從2019年底剛剛展開訪談，就遇到了新冠爆發。對「709」案的大部分受害者的訪談，以及整個研究和寫作，都是在新冠疫情期間完成的。在疫情持續兩年多裡，中國各地封城情形猶如黑死病肆虐的14世紀歐洲，我針對「709」案的訪談自然受限頗多，也因此延宕許久。

　　而且，在半封閉的疫情環境裡，在中國的學術界和法律界裡進行人權研究還有另類的隔離感：1990年代末期開始的人權理論譯介者已經難以繼續研究，更對法律層面的人權惡化無言以對。寫作中國人權政治就成了一種被雙重隔離的志業。能夠有效突破這種隔離的，是以盧曼主義的方法看待人權捍衛者的抗爭和威權體制的壓迫之間的關係，盡可能地超越悲情，通過分析每個人權律師的故事和系統的法外主義機制，把握何為最低限度的道德，並且探索最大限度的自由邊界。

　　既幸運又不幸的，新冠疫情期間的強力管控和社會隔離對普通人造成的苦難，正如本書所揭示的，當人權律師作為改革開放後逐漸形成的公民社會被打壓的最後一個群體，也就是「709」案之後，大眾也失去了最後一個維權屏障，意味著人權狀況的普遍惡化不可避免。在中國民眾還未普遍意識到人權律師的存在、甚至很快就已經遺忘了「709」案之後，就不得不直面一個系統性的反人權體制重新主宰人民的生活，也

反襯出中國人權律師群體的現實意義是多麼可貴。

　　只是，普通民眾尚未做好從維權時代轉向人權政治的心理準備、仍然沉浸在市場經濟殘存的自由幻象中，就被捲入了新冠病毒帶來的人權危機。也就是在2020年初以來「動態清零」的防疫政策下，中國各地充滿任意性和強制性的隔離，尤以2022年3月底上海開始的封城為最，人民在封城期間遭受了1949年之後前所未有的飢餓、集體禁閉、缺乏醫療和強制隔離等人權困境。這些預料中的極權趨勢來得是如此之快，以至於本書小心翼翼的推論都顯得多少有些保守。長期而論，未來中國人權狀況的惡化和人權政治的困難程度可能遠超本書也未可知。

　　儘管如此，本書能夠在新冠疫情還未過去的動盪歲月裡，趕在「709」案七周年之際付梓，不能不說是一種幸運。所以，這本書能夠誕生首先要歸功臺灣新銳文創的編輯鄭伊庭女士，她在我徘徊港臺出版界良久而未得之時果斷迅速地接過了書稿，又以驚人的速度推進出版合約、完成校勘等等瑣碎事務。

　　感謝歐盟駐華使館人權事務專員──來自立陶宛的外交官張放（Egils Dzelme）的支持。他在「709」案後的2016年赴華就任歐盟駐華使館人權專員。在他六年的任期內，我眼見著他以極大的熱情和專注，關心和幫助著「709」案涉及的中國人權律師、受害者家屬以及整個中國的人權捍衛者，包括盡力襄助本書從寫作到出版的全過程，深入見證著中國人權政治的變遷。或許，無需多說感謝，他也已經被銘記在中國人權事業的紀念碑上。

　　最後，我要感謝所有接受訪談、與「709」案有關的中國人權律師和人權捍衛者，感謝他們的每一個人，感謝他們願意接受訪談並且公開他們的心跡，其中有痛苦和屈辱，更多的是光榮與思考。對每一個「709」案的受害者來說，在時隔七年之後，「709」案遠遠沒有結束，心理創傷揮之不去，仍有周世鋒、胡石根、吳淦等人深陷囹圄，甚至不斷還有人權律師因為「709」案被繼續抓捕，如2021年底失蹤的

唐吉田。

　　但是，在一個以「非正式正義」和法外主義模式取代法治的「法外政權」下，他們為了堅持程序正義，集體倡導和實踐了「死磕正義」的人權模式，為中國的人權運動創造了歷史，也為國際社會認識中國的人權政治提供了可貴的經驗基礎。

　　所以，謹以此書獻給中國的所有人權律師和人權捍衛者。

2022年4月19日

血歷史223　PF0322

新銳文創
INDEPENDENT & UNIQUE

死磕正義：
709案和中國的人權政治

作　　者	白　信
責任編輯	鄭伊庭
圖文排版	蔡忠翰
封面設計	劉肇昇

出版策劃	新鋭文創
發 行 人	宋政坤
法律顧問	毛國樑　律師
製作發行	秀威資訊科技股份有限公司
	114 台北市內湖區瑞光路76巷65號1樓
	電話：+886-2-2796-3638　傳真：+886-2-2796-1377
	服務信箱：service@showwe.com.tw
	http://www.showwe.com.tw
郵政劃撥	19563868　戶名：秀威資訊科技股份有限公司
展售門市	國家書店【松江門市】
	104 台北市中山區松江路209號1樓
	電話：+886-2-2518-0207　傳真：+886-2-2518-0778
網路訂購	秀威網路書店：https://store.showwe.tw
	國家網路書店：https://www.govbooks.com.tw

出版日期	2022年8月　BOD一版
定　　價	390元

讀者回函卡

國家圖書館出版品預行編目

死磕正義 : 709案和中國的人權政治 / 白信著. --
一版. -- 臺北市 : 新銳文創, 2022.08
　面 ；　公分
BOD版
ISBN 978-626-7128-27-5(平裝)

1.CST: 中國大陸研究 2.CST: 中國大陸人權

574.1   111009753